GASTRONOMIA BRASILEIRA

Na linha do tempo

GASTRONOMIA BRASILEIRA

Na linha do tempo

Roberto Pinto

edições TAPIOCA

Copyright © Roberto Pinto, 2017
Copyright © 2017, Pioneira Editorial Ltda. São Paulo, para a presente edição.

EDITORA TAPIOCA

PUBLISHER
José Carlos de Souza Júnior

OPERAÇÕES
Andréa Modanez

PRODUÇÃO EDITORIAL
Crayon Editorial

ILUSTRAÇÃO DE CAPA
Nik Neves

PREPARAÇÃO DE TEXTO
Natalia Aranda

DADOS INTERNACIONAIS DE CATALOGAÇÃO NA PUBLICAÇÃO (CIP)
BIBLIOTECÁRIA RESPONSÁVEL: ALINE GRAZIELE BENITEZ CRB-1/3129

P731g Pinto, Roberto

    1.ed. Gastronomia brasileira: na linha do tempo / Roberto Pinto. –
1.ed. – São Paulo: Edições Tapioca, 2017.
    344 p.; 16x23cm. –

    ISBN: 978-85-67362-19-9

    1. Gastronomia. 2. Culinária brasileira. 3. Chefs Brasileiros. 4. Ingredientes brasileiros. I. Título.

CDD 641.5

Índice para catálogo sistemático:
1. Gastronomia: culinária 641.5

2023
Todos os direitos desta edição reservados à
Pioneira Editorial Ltda.
Estrada do Capuava, 1325 Box M
CEP: 06713-630 - Cotia – SP - Brasil

contatoeditorial@pioneiraeditorial.com.br

Para
Cecília, Maria, Ciça, Cê, Macê

Sumário

Prefácio 9

Parte 1: Presente

Manacá 15
Amado Bahia 35
Tordesilhas 69
D.O.M 77
Dalva & Dito 89

Parte 2: História

Cardápio à brasileira – Edinho, Mara e Alex 95
Edinho Engel – Uberlândia 99
Edinho Engel – Boemia com legumes 123
Mara Salles – Nó caipira 137
Alex Atala – Pelo mundo 151
Eu faço fé – Paladar 163
Camaradas 187

Parte 3: Futuro

Quem vem lá 249
Uruçu, Mandaçaia e Jataí 253
Pirarucu 259
Queijo, cogumelo e carne de rã 269

Caiu no mangue, subiu na vida 287
O bode *cabrito*.. 293
Bicho do mato.. 299
Fumeiro 311
Paraopeba.. 317
Palmito real 329
Peixe do dia... 333

Epílogo 339
Agradecimentos e créditos das imagens 343

Prefácio

Para quem gosta de comida

Alex Atala, Edinho Engel e Mara Salles – cada um em sua própria dimensão – são três dos principais chefs brasileiros responsáveis pela transformação da nossa gastronomia nos últimos 40 anos, influenciados pela chegada de três franceses ao Brasil no final dos anos 1970 – Claude Troisgros, Laurent Suaudeau e Emmanuel Bassoleil –, que reinterpretaram os ingredientes locais com sua técnica e experiência internacionais. Esse grupo revalorizou a cozinha regional, afetiva ou exótica do Brasil, elevando-a a um padrão gastronômico capaz de ser reconhecido em qualquer parte do mundo.

Por essa razão, Alex, Edinho e Mara são os personagens centrais desta narrativa, dividida em três partes: presente, que traz uma breve descrição de seus principais restaurantes, vistos de uma perspectiva atual (segunda década do terceiro milênio); história, que conta como tudo aconteceu, começando com um perfil de cada um desses mestres e com foco central no capítulo "Eu faço fé – Paladar", e, por fim, futuro ("Quem vem lá"), apresentando alguns dos fornecedores desses grandes cozinheiros, capazes de levar suas conquistas adiante. Dez depoimentos de chefs parceiros completam o capítulo "Eu faço fé – Paladar".

Quando os três franceses, seguidos pelo italiano Luciano Boseggia (convidado pelo restaurante Fasano) começaram a experimentar os produtos da nossa terra – jiló, caju, mandioca, mandioquinha, cavaquinha, maracujá etc. – em suas cozinhas internacionais (Le Pré Catelan e Le Saint-Honoré, ambos no hotel Le Méridien do Rio de Janeiro, em 1980, e Roanne, em São Paulo, dois anos depois), os três brasileiros davam os primeiros passos na mesma direção, em suas então modestas cozinhas: primeiro Edinho, no litoral norte de São Paulo, e um pouco depois Mara e Alex na capital paulista.

A simbiose do grupo rapidamente tomou o nome *Cozinha Bossa Nova*, uma coincidência com três importantes movimentos culturais no Brasil, dois deles também fortemente influenciados pelos franceses: a Semana Antropofágica de 1922, na literatura; a própria Bossa Nova, nos anos 1950 e 1960, quando os cariocas devoraram o jazz com boca de samba-canção e construíram uma história chamada MPB; e a moda, duas décadas depois, quando mestres estrangeiros como Marie Rucki, do Studio Berçot, e seus ex-alunos, Jean-Paul Gaultier, Claude Montana e Kenzo estimularam nossos então jovens criadores – entre eles, Reinaldo Lourenço, Gloria Coelho e Alexandre Herchcovitch –, a erguer a sua própria escola, pular o muro e ganhar o mundo.

Tudo isso pode ser vislumbrado pela janela do helicóptero – ou planador – do voo panorâmico que começamos agora. O mais importante para mim é mostrar como essas três pessoas construíram o núcleo da gastronomia brasileira nas últimas quatro décadas. O perfil de Edinho Engel é mais extenso por um motivo simples: comecei este relato com a proposta de biografá-lo, por admirar a sua cozinha, o seu carisma e o seu pioneirismo na construção de uma experiência de consumo impensável na década de 1980, no restaurante Manacá. E também por sermos bons vizinhos na praia de Camburi, no litoral norte de São Paulo, o que me permitiu constatar as qualidades que construíram a sólida reputação desse chef bem quisto por seus pares, amigos, parceiros e clientes.

Nos depoimentos dos chefs da mesma geração ou da segunda geração que sucedeu Alex, Mara e Edinho, fica patente o reconhecimento dos que trabalharam com, ou ao lado deles: Claude Troisgros, Emmanuel Bassoleil, Roberta Sudbrack, Carla Pernambuco, Rodrigo Oliveira, Jefferson e Janaina Rueda, Helena Rizzo, Ivan Ralston e André Mifano. Eles falam dessa relação e das mudanças que viram, viveram ou produziram, em um país que, justamente nas últimas quatro décadas, vem aprendendo a sentir, ver e comer melhor: em casa, nos restaurantes, na TV, nos aplicativos, nos *food trucks*, nas mercearias ou nas seções gastronômicas dos supermercados.

Comentam também suas agruras – a burocracia, o peso da carga fiscal, o transporte difícil e a falta de mão de obra qualificada –, além do legado que estão passando adiante, formando gente nova, desenvolvendo fornecedores artesanais, ajudando essas pessoas a superar as suas próprias dificuldades – nesse caso, em um Estado que não conseguiu acompanhar a evolução de seus próprios cidadãos. Como atravessar esse mar revolto e levar a gastronomia brasileira para além de nossas fronteiras? Essa é a surpresa reservada para o fim dessa viagem.

Na terceira e última parte do livro, dedicada ao futuro, reuni uma pequena amostra desses heróis que, a despeito de todos os entraves sanitários, burocráticos e de uma infraestrutura deficiente, estão por aí, produzindo o seu mel de abelhas nativas, catando o seu aratu em um lodaçal com mais de um metro de fundura, gerando o seu alevino de Beijupirá em um estado e criando no outro, tentando substituir o cabrito e o carneiro uruguaios por outros, tão ou mais saborosos que esses, em pleno sertão da Bahia; tudo isso em meio a uma brava luta para melhorar a própria qualidade de vida e o nosso bem-estar, no cardápio de uma vida mais saudável e mais prazerosa, que todos deveríamos ter por desejo e por direito.

⟨ ⟩

Parte 1
Presente

Manacá

O anfíbio anuro da família *Salientia hylidae*, a popular perereca, como o nome científico *denuncia*, gosta de saltar. Vive no entorno de lagos e riachos, em ambientes úmidos e, graças às ventosas nos dedos, consegue prender-se a superfícies verticais e em galhos de árvores, a alturas que variam de um a três metros. Um pântano e uma balaustrada de bambu, portanto, podem fazer parte do seu habitat natural. Entre a balaustrada e a árvore onde um macho atraente acaba de coaxar, na época de acasalamento, pode estar uma cabeça humana, por exemplo, sorvendo uma gostosa caipirinha de jabuticaba. A perereca consegue distinguir o macho que coaxa mais alto, mas a consciência de que sua plataforma de salto pode ser a esposa de um banqueiro importante não faz parte de suas habilidades.

 A senhora que gastou pelo menos meia hora do seu precioso tempo preparando-se para um jantar a dois no famoso estabelecimento de alta gastronomia, por sua vez, pode nunca ter se imaginado na condição de mero instrumento de apoio à reprodução de uma espécie nativa, em seu habitat natural. Por isso, e para evitar maiores constrangimentos, o garçom, que antevê a cena, veste discretamente a mão direita com um saquinho transparente preparado para essas ocasiões e, quando a perereca salta do beiral que cerca a varanda do restaurante e bate na cabeça da cliente, coloca-se em um ponto estratégico da trajetória *futura* do animal. Em um único movimento, agarra no ar e joga a perereca ousada no mato, logo após o impulso obtido por ela em sua inusitada plataforma, antes que a senhora, atônita, perceba o que acaba de lhe acontecer.

Situações como essa, com maior ou menor comicidade, aconteceram algumas vezes nos 26 anos do celebrado Manacá, uma joia da gastronomia brasileira encravada na Mata Atlântica da praia de Camburi, no litoral norte de São Paulo, por onde ainda passeiam cobras, preguiças, micos, saguis, gatos-maracajá, thiês e tucanos. É onde também floresce, entre outras espécies nativas, o arbusto perfumado que deu nome ao restaurante, depois de ter inspirado a obra da modernista Anita Malfatti. Uma reprodução dessa tela, aliás, decora uma das paredes da casa, repletas de pinturas à óleo e gravuras escolhidas a dedo por Wanda Engel, companheira do chef Edinho Engel, o desbravador do litoral e um dos responsáveis pela consolidação da culinária nacional, ao lado de craques como Claude Troisgros, Laurent Suaudeau, Emmanuel Bassoleil, Alex Atala e Mara Salles.

O Manacá começou a funcionar em 1989, em uma trilha do Sertãozinho de Camburi, para servir café da manhã e sanduíches para, como se dizia na época, "meninas e meninos" das praias de Juquehy, Barra do Sahy, Baleia, Camburi e Boiçucanga. Surfistas, hippies e alguns veranistas privilegiados povoaram a terra que foi dos tamoios no primeiro século da nossa colonização. Em 1991, o restaurante tornou-se um dos principais atrativos do litoral norte, ao combinar a valorização de ingredientes regionais a um conhecimento gastronômico universal – como fizeram os modernistas do século XX.

A mistura de ingredientes e processos culinários nacionais às técnicas aprendidas por Edinho com Wilma Kövesi, fundadora do primeiro curso de gastronomia do Brasil, em São Paulo, nos anos 1980, foi fundamental na formação do chef que ajudou a mudar o perfil da cozinha brasileira nas últimas décadas.

O resultado desse aprendizado pode ser visto em um dos primeiros cardápios do Manacá – que começava com o *Atum à mandacaru*, incluía o famoso *Prato dos pescadores* e também oferecia *Camarões e cajus flambados em cachaça* e *Bacalhau com batata-doce e alho-poró*. Hoje, o cardápio inclui vários pratos com camarão, lula e cavaquinha, assim como a *Lagosta ao creme de beterraba, iogurte e raiz forte* acompanhada pela *Salada quente de batatas e salsão*.

"Para o *Atum à mandacaru*", o chef ensina em seu primeiro livro, *O cozinheiro e o mar*: "corte o lombo do atum fresco em postas e tempere com sal, pimenta e ervas (menos hortelã); reduza meio copo de aceto balsâmico a um terço do volume inicial, até o ponto de calda rala, e bata, no liquidificador, iogurte, folhas de hortelã e azeite, com sal e pimenta a gosto. Frite as postas de atum em óleo de milho por dois minutos de cada lado ou as grelhe em frigideira antiaderente; disponha as postas sobre uma cama com o molho de iogurte no centro do prato e despeje sobre elas o caramelo de balsâmico".

Pé de manacá

O manacá-da-serra (*Tibouchina mutabilis*) pode atingir de seis a 12 metros de altura e tem ramos densos e folhas ovaladas, lisas e verde-escuras. As flores desabrocham brancas e vão se tornando violáceas, passando pelo cor-de-rosa. Na mesma árvore, podem ser observadas as três cores. É uma planta de zonas tropical e subtropical, adaptada a climas quentes, mas com melhor desenvolvimento em áreas com grandes diferenças de temperatura (dias quentes e noites frias). Era presença certa nos quintais das casas das vovós do século XX. Hoje, não é tão fácil encontrá-lo, porque boa parte dos jardins e pomares das casas antigas deu lugar a prédios. Além de disseminar o seu odor característico, o manacá costuma atrair borboletas, em especial, a borboleta-do-manacá (*Methona themisto*), que se desenvolve exclusivamente em suas folhas.

Os nomes usados por Edinho Engel em seus empreendimentos, pratos e criações são quase sempre emblemáticos: *Manacá*, *Amado Bahia*, *Prato dos pescadores*, *Filé do sol*, *Bode* au jus *e Punhados para começar* (Amadinho). Conto ao chef a delícia de ter encontrado, no bairro de Jorge Luis Borges (Palermo, em Buenos Aires), nomes de estabelecimentos que também refletem sua própria natureza: *Atempo Hotel*, *Demórate aqui* (joalheria), *No somos santos* (bistrô), *Alma secreta* (estética integral) e *Experiencia del fin del mundo* (culinária da Patagônia). Não por acaso, uma das obras do escritor argentino, *A biblioteca de Babel*, serve de pano de fundo ao livro mais famoso de seu grande fã, o italiano Umberto Eco (*O nome da rosa*).

Assim como o arbusto, o restaurante Manacá surge no meio da mata, com suas cores e cheiros estimulantes. Mas foi a capacidade de juntar opostos que inspirou a *alma secreta* do restaurante: inovação e tradição, rusticidade e sofisticação. Virou um lugar mágico, capaz de atrair frequentadores das praias, profissionais de gastronomia, intelectuais, empresários, turistas brasileiros e estrangeiros, mimetizados por seus sabores como o *Camarão crocante com vinagrete de amendoim*, o *Peixe com farofa de banana*, as *Vieiras no açafrão* e a *Cavaquinha com molho de tangerina*.

Além de valorizar ingredientes regionais, tentando, ao mesmo tempo, equilibrar inovação e processos aprendidos em sua infância rural, em Minas Gerais, e durante sua juventude como rato de praia, Edinho Engel liderou a tradição de uma gastronomia de qualidade no litoral norte de São Paulo. Hoje, somente as praias de Camburi e a vizinha Baleia (Barra do Sahy) abrigam, pelo menos, quatro outros bons restaurantes, além do quase simbólico Manacá: Tiê Sahy, Acqua, Ogan e Koma-Sushi. "Foi o Edinho que desenhou o meu primeiro cardápio", revela Valmir Alexandrini, proprietário do Ogan. "Além de generoso, ele queria fomentar a concorrência, criando um polo gastronômico na região, antes que qualquer um de nós pudesse vislumbrar essa oportunidade", diz. "E isso, de fato, acabou ocorrendo".

A psicóloga Rosana Brito, do Acqua e do Tiê Sahy, que trabalhou com Edinho Engel antes de criar seus próprios restaurantes, tem pelo Manacá a mesma admiração, assim como Fernando dos Santos, do Koma-Sushi, que, depois do Gendai, trabalhou no restaurante Cauhim, de Domingos Carelli, sob consultoria de Edinho Engel, e hoje costuma recepcionar o mestre em seu próprio restaurante.

No caso deste narrador, a *experiência de consumo* proporcionada pelo Manacá foi o ponto de partida mesmo depois de saber que a locação do empreendimento não foi estratégica, e sim a *possível*, em uma época que a atual Rua Manacá não existia e o acesso ao local era feito por uma trilha aberta na mata pelo cozinheiro e seus amigos, nos fundos do atual restaurante. O primeiro bloco do edifício foi erguido na margem direita do rio Camburi que, em tupi, quer dizer "rio do robalo".

A turma de Edinho se compunha de Paulo Lacerda (psiquiatra), André "Obelix" de Almeida (músico), Augusto "Magoo" Borges (engenheiro), Gilberto Fialho (arquiteto), Vera Flamínio (paisagista), Bia Arruda (artista), Georgeta Gonçalves (ambientalista) e Omar Hind (teatrólogo), entre outros *fugitivos* das grandes cidades que escolheram Camburi para criar a sua *comunidade alternativa*.

"Foi esse grupo que me ajudou a construir, literalmente, o Manacá", revela Edinho Engel. "Aprendi, na raça, a levantar uma parede de tijolos, a fazer uma instalação elétrica, a manobrar uma canoa", enfatiza, "assim como toda essa turma, que enxergava a praia como alternativa de vida, com toda a sua rusticidade".

No início do restaurante, segundo o chef, as compras eram feitas a pé, em Boiçucanga, de onde eram levadas, em sacolas pesadas, até o ponto de ônibus que liga esse pequeno núcleo urbano à praia de Camburi. A parada mais próxima do restaurante ficava a cerca de um quilômetro. Ao descer do ônibus, o chef esperava que ele se afastasse e escondia as sacolas pesadas no mato, enquanto ele ia buscar um carrinho de mão para transportá-las até o restaurante. "Esse começo foi o meu tudo ou nada", relata Edinho, com uma ponta de emoção. "O negócio tinha que dar certo, porque eu não tinha outra opção".

Caminho das águas

As casas da turma, todas simples e pequenas, começaram a ser construídas ao longo da trilha que acompanha o rio, mato adentro, em um cenário frequentemente alagado, que lembrava os países que entraram na moda naquela época: Laos, Camboja e Vietnã. Algumas edificações, como a casa de Magoo, na margem esquerda do rio, com acesso por uma ponte em forma de arco, continuam no mesmo lugar. Assim como as jaqueiras, jequitibás, paus-ferros e o velho portão que, na época, conduzia os primeiros clientes ao restaurante: aventureiros que chegavam da praia, a pé ou de moto, seguindo a mesma trilha aberta pelos moradores do Sertãozinho.

"Queríamos aproveitar o mato e a praia", frisa Omar Hind, que conheceu Edinho Engel na lendária Escola de Artes Dramáticas (EAD-USP) durante a *fase teatral* do chef (pré-praia). "Os sanduíches naturais do Edinho eram bem atraentes", recorda. "Ele chegou a alugar quartos no prédio original do Manacá, mas logo descobriu o filão do café da manhã", revela. "As pessoas iam chegando, ocupando as poucas mesas que havia no local. O papo ia esquentando, outros se juntavam à primeira turma e, no fim, o café da manhã virava um quase almoço. Em dado momento, o Edinho resolveu começar a servir refeições".

No verão de 1989, o chef convidou um dos frequentadores do Manacá, Luis Carlos Bach, para trabalhar com ele no recém-nascido empreendimento. Esse Bach nunca foi músico: estudou na Escola Senac de São Pedro, atual Centro Universitário Senac de Águas de São Pedro, primeiro centro de formação gastronômica do país, mas dedicado, no início, ao ensino médio profissionalizante. Os dois começaram a servir um cardápio trivial. "Simples, mas de ótima qualidade", define Omar Hind. "Conquistou a todos. Entretidos com o surf, ou com suas artes, muitos deixaram de cozinhar em casa e passaram a frequentar o restaurante, o que logo chamou a atenção do pessoal da praia com poder aquisitivo mais alto".

"Os economistas Fernão Bracher (ex-presidente do Banco Central) e Luís Carlos Bresser Pereira (ex-ministro da Fazenda no governo FHC), logo se tornaram *habitués*", lembra Lina – Eulina Borges –, *sous chef* do Manacá à época. "Em seguida, vieram os empresários Carlos Roberto de Mattos, da Caraigá, David Feffer, da Suzano, e Luis Gelpi, do América; os publicitários Antonio Lino e Mário Cohen (então casado com a atriz Carolina Ferraz), a doceira Mara Mello e o *marchand* Kim Steves".

"De vez em quando", conta o engenheiro Domingos Carelli, outro antigo frequentador do Manacá, "o rio Camburi, que, na época, desaguava na praia de Camburizinho, transbordava e a comunidade se unia para ajudar os moradores, principalmente os que tinham crianças. Tudo era feito de canoa", ele diz, "do transporte de pessoas às entregas de gás e compras de alimentos". Um dia, segundo Carelli, o Sertãozinho virou uma ilha, depois que um grande banco de areia, formado por uma tempestade, cortou o acesso do rio até o mar.

"Com a ajuda dos caiçaras, fizemos um mutirão para tentar abrir uma pequena passagem para a água da enchente escoar até o lado direito do ilhote que divide as duas praias, Camburizinho e Camburi", conta Carelli. Cada um trabalhou com a ferramenta que tinha à mão: picareta, enxada, pá, cascas de árvores. "No dia seguinte", continua, "conseguimos abrir um pequeno canal até o mar. Um dia depois, a própria água da enchente havia conseguido alargar o canal. A mão do homem deu uma forcinha à natureza, e o rio passou a desaguar na praia de Camburi, salvando a comunidade do Sertãozinho".

A passarela de madeira, dentro da mata, que, até hoje, conduz ao restaurante Manacá, não foi, portanto, planejada para compor o cenário exótico do estabelecimento: era o acesso possível à construção – muito simples, no início de tudo – sobre um terreno frequentemente alagado pelas cheias do rio Camburi. Foi sugestão de Gilberto Fialho e Vera Flamínio, que cuidam dos jardins do Manacá até hoje. Seja como for, o *conjunto da obra* impressiona visitantes e frequentadores.

Ralph Nader e Herman Engel

À exceção das novas tecnologias de propaganda programática, cujos algoritmos monitoram os passos dos clientes potenciais na internet para facilitar o acesso dos varejistas aos nossos domicílios cibernéticos, o conceito de *experiência de consumo* continua sendo um dos principais elementos das chamadas ciências do consumidor, que inclui o CRM (*customer relationship management* – gerenciamento das relações com os consumidores), pesquisas de fluxo de compradores nas lojas (físicas e virtuais), *branding* (construção e administração de imagem de marca) e inteligência analítica. Tudo isso começou com as ideias do advogado e ativista norte-americano Ralph Nader[1] que, nos anos 1960, comprou uma briga com a

---

[1] Ralph Nader, o avô do Código de Defesa do Consumidor (sancionado em 1990), foi um jovem libertário das universidades de Harvard (1955) e de Princeton (1958) que se tornou famoso, nos anos 1960, por enfrentar a poderosa indústria automotiva nos Estados Unidos e por impor restrições ao abate de bovinos em seu país: além da crueldade, o abate desses animais não enfrentava, até então, nenhuma restrição de higiene.
  O primeiro livro de Nader, *Unsafe at any speed* (em tradução livre, *Inseguro em qualquer velocidade*), originou a Lei de Segurança de Tráfego e Veículos Motores, inédita nos Estados Unidos. Foi lançado em 1965, quando Edinho Engel, criador do Manacá, era, assim como eu, apenas um garoto que ouvia *Help* e *Ticket to ride*. No ano seguinte, Nader conseguiu aprovar, no congresso norte-americano, a Lei da Carne Saudável. Em seguida, fundou uma entidade que poderia se identificar como a bisavó do nosso atual Procon. A associação produziu relatórios sobre diversos assuntos, de comida para bebês até contaminação de alimentos por mercúrio, dos perigos da radiação às condições de segurança nas minas de carvão, passando pela reforma previdenciária norte-americana.
  Nader concorreu como candidato independente à presidência dos Estados Unidos por quatro vezes (1996, 2000, 2004 e 2008) e tornou-se um espécime da família atualmente classificada como *ecochatos*. No entanto, legou à indústria de bens de consumo e aos consumidores em geral uma herança inestimável de avanço tecnológico e consciência dos próprios direitos, que acabaria se transformando em leis e em ciência, hoje pesquisada *bit* a *bit* pelos *experts* em gerenciamento e análise de informações do consumidor (consumer research management – CRM, e business intelligence analysis – BA). Tudo isso, em busca das preferências, ansiedades e necessidades daquele que, depois dessa revolução, se tornaria um rei, de fato e de direito: sua excelência, o consumidor.

maior indústria automotiva do mundo na época, a General Motors, para obrigá-la a adotar equipamentos e medidas de segurança em seus veículos.

Nader tornou-se protagonistas das grandes mudanças sociais produzidas pelos movimentos libertários entre o fim dos anos 1960 e o início dos anos 1970 (Maio de 1968, Direitos Civis, Black Power e Woman's Liberation), ao lado de figuras igualmente lendárias como o pastor Martin Luther King, o ativista Malcolm X e o boxeador Muhammad Ali (ex-Cassius Clay), além do ator e lutador de kung fu, Bruce Lee, dos escritores *beatniks,* Allan Ginsberg e Jack Kerouac, das supermodelos Twiggy e Veruschka (atriz de *Blow up – Depois daquele beijo*, filme de Antonioni), e de músicos e bandas como Bob Dylan, Jeff Beck, Jimmy Page, Beatles, Rolling Stones e The Who.

Depois de combater o *lobby* da indústria automotiva, Ralph Nader construiu a base legal dos códigos e práticas de defesa do consumidor (*consumerismo*). Ao se adaptar às conquistas dos consumidores, as empresas, em geral, descobriram um novo filão: os serviços de atendimento e, em um segundo momento, de gerenciamento das expectativas de seus clientes. Hoje, inúmeros "argumentos de venda" combinam-se para agradar o futuro comprador, construindo a sua melhor *experiência de compra*: um desejo – rastreado por meio de pesquisas –, um aroma, uma oferta, ou seja, um cenário cuidadosamente planejado.

No caso do Manacá, esse fenômeno foi antecipado pela intuição ou pela sabedoria de seu fundador. Segundo Edinho, tudo resultou de uma soma de predicados que ele enxergava como necessários a um empreendimento como aquele: encantamento, atendimento personalizado, ambiente de luxo, ingredientes impecáveis, pratos elaborados com o objetivo de, no mínimo, atender à expectativa de uma clientela com alto nível de exigência.

Talvez esses saberes tenham sido legados a Edinho pelo pai, Herman Engel, o atacadista que rompeu a sociedade com os irmãos para aventurar-se no setor de distribuição e logística na então nascente Uberlândia, em Minas Gerais.

O Manacá foi pioneiro em quase tudo: a combinação da cozinha tradicional com a alta gastronomia, a valorização dos ingredientes regionais, a preservação dos recursos naturais, a combinação de um ambiente rústico com o requinte dos melhores restaurantes do mundo, a coragem de juntar tudo isso em um empreendimento situado a 200 quilômetros dos grandes centros urbanos e fora dos roteiros turísticos e gastronômicos da época de sua criação.

Querendo ou não, o Manacá inaugurou práticas, de fato, inovadoras nos anos 1980. "Conheci o restaurante nos idos de 1993", relata o editor Alexandre Dórea, no prefácio do livro *O cozinheiro e o mar* (2009), sobre Edinho e o Manacá. "Adorei o ambiente meio mata, meio chique, sem horário, e a dose perfeita de inovações gastronômicas. Chegar ao Manacá e tomar um *Laila*, drinque inventado por Edinho, que mistura uísque e laranja, era o máximo. Sobre os pratos, nem se fala".

A minha primeira visita ao Manacá aconteceu um ano antes do relato de Alexandre Dórea, em 1992. No entanto, foi a ponte de madeira serpenteando sobre o pântano, no interior do que me pareceu uma selva exótica, lembrando-me do filme *Apocalipse now*, de Francis Ford Coppola, o que, de cara, me seduziu. Depois *As aventuras de Marco Polo (Il Milione)* e *Os segredos de Taquara Poca*, de Francisco Marins (uma espécie de Monteiro Lobato para adolescentes), passaram pela minha cabeça. Depois, vieram, nessa ordem: a caipirinha, a entrada, o relaxamento, a magia. Quando a comida chegou, nem precisava ser tão boa. Mas era. E a cerveja, gelada. Da sobremesa – mousse de coco com baba de moça – eu nunca mais esqueci.

Muito tempo depois, o chef André Mifano – que não aceita o rótulo de *vanguarda* na culinária brasileira, mas a representa –, e que frequentou o lugar quando criança, diria que o Manacá foi o primeiro restaurante sustentável de que se teve notícia no Brasil.

Dentro da mata

Depois de atravessar os 38 metros da passarela de madeira que leva ao restaurante, o visitante depara com outra paisagem, dessa vez, formada por uma ampla varanda que divide as duas salas do restaurante, ambas abertas para os jardins do Manacá (exceto em dias de chuva): uma com 13 mesas e outra com 18, todas cobertas por toalhas brancas impecáveis, guarnecidas por pratos de porcelana, artesanais e descasados, guardanapos limpíssimos e belos arranjos de flores nativas.

Na varanda do restaurante funciona um bar que poderia ser a minha representação do Jardim do Éden, ou do Nirvana, em oposição à quarta esfera do *Paradiso* de Dante: um balcão de cumaru e banquetas bastante firmes para suportar o entusiasmo etílico de alguns clientes; a área está cercada pelo mato, mas foi decorada por móveis rústicos e confortáveis, onde, até hoje, brindam-se amizades e caipirinhas das melhores frutas.

Nos bastidores desse cenário, potes de ouro vão sendo preparados pelas mãos mágicas de Maria Ferreira da Silva sob a regência – presente ou não – do mestre Edinho Engel: *Lagosta picante ao molho de coco e abacaxi*, *Polvo com grão de bico e agrião* e *Lagostins com alcachofras, vinagrete de tomates verdes e azeite de sálvia*. Muitas dessas delícias foram criadas pela dobradinha Edinho e Lina Borges, que comandou a cozinha do Manacá até 2000.

Antes de Lina e Maria, Edinho preparou, ensinou e indicou cursos e treinou toda a equipe que se formou no Manacá, ao longo dos anos 1990 e 2000. "Não havia, no litoral, ninguém com especialização ou algum conhecimento em gastronomia", observa o chef, "e, além disso, a mão de obra disponível era rara e cara". Mas Edinho afirma ter aprendido muito também com seus clientes, que lhe transmitiam dicas, sugestões e informações que serviriam de base às suas pesquisas.

"Lembro-me da primeira vez que resolvemos oferecer camarões grelhados. Para nós, era um grande passo. Mas um cliente perguntou com que molho os tais camarões seriam servidos, e eu, além do susto, aprendi uma lição básica da restauração: molhos, fundos, caldos e caldas não são apenas indispensáveis, mas carregam a marca da casa. Em um restaurante, não se pode cozinhar como se faz em casa".

A única escola de hotelaria que funcionava, entre o final dos anos 1980 e o início dos anos 1990, no Brasil, era o Senac de Águas de São Pedro, e foi para lá que o chef resolveu enviar sua equipe. Em 1991, Edinho casou-se com Wanda, e o Manacá ganhou organização, método e disciplina.

Mas o principal impulso à evolução do Manacá foi a ocupação das praias do litoral norte, proporcionada pela inauguração da rodovia Rio-Santos, em 1986.

"Conheci Camburi em 1978", conta Edinho, "atraído pela fama de *paraíso perdido* que dominava a região. A hospedagem era nas casas dos caiçaras, em quartos de aluguel. A comida era à base de peixe fresco, servido em bares e restaurantes rústicos, explorados pela população local. As casas de veraneio, como se dizia, eram raras naquela época. Sem estrada pavimentada, o lugar permanecia praticamente isolado, embora distante apenas 175 quilômetros de São Paulo".

Segundo Edinho, a abertura do mercado brasileiro às importações nos anos 1990, pelo então presidente Fernando Collor de Mello, ajudou não apenas o Manacá, mas também todo o mercado de bares e restaurantes. Dessa forma, mais consumidores tiveram acesso a sabores e bebidas até então conhecidos apenas por alguns privilegiados que podiam pagar o preço dos importados, que chegavam muito mais caros ao país pelo peso dos impostos.

Renda de coco

No fim dos anos 1980, Edinho Engel já oferecia a seus clientes uma experiência completa, em uma mistura de aventura, sofisticação e prazer. No caso de André Mifano e de seu amigo, Ivan Ralston, do Tuju – dois representantes da terceira geração de chefs brasileiros –, o que mais impressiona na história do Manacá é o respeito do chef pelos ingredientes e sabores regionais, preparados e apresentados com o requinte da alta gastronomia.

"Almoçar ou jantar lá, pelo menos uma vez, nos finais de semana, era programa obrigatório da minha família, que tem casa em Camburi, desde quando eu tinha três anos de idade", revela Ivan Ralston. Considerado o chef do *Melhor restaurante de São Paulo* em 2014 pelos jornais *Folha de S.Paulo* e *O Estado de S.Paulo* (*Estadão*), Ivan, com 30 anos, diz lembrar-se do sabor do peixe na folha de bananeira e dos *pestos* do Manacá, além das cores das caipirinhas, que ele só conseguiu experimentar muito tempo depois.

Para Ivan, o ambiente refinado do Manacá, em plena floresta, era único, mas o serviço já se mostrava além daquele tempo. "Aquela fórmula de cortesia, combinada com o conhecimento preliminar das características de cada cliente, mesmo com a casa cheia, só tem paralelo na maneira de agir dos chefs de hoje", ele observa. "Eu leio os comentários do nosso restaurante nas redes sociais", diz. "E quero melhorar sempre. Mas isso, naquela época, não era comum".

Além de ralar na cozinha dos pais (Liane Ralston e Roberto Bielawski, do premiado Ráscal), Ivan trabalhou dois anos com Helena Rizzo, do Maní, e foi discípulo do celebrado Andoni Luis Aduriz, do Mugaritz, depois de passar pelo não menos sofisticado Ryugin, de Seiji Yamamoto, em Tóquio.

"O Edinho, mais caiçara, e o Alex, mais amazônico, pavimentaram o nosso caminho", comenta Ivan. "Esses e outros, da mesma geração, como a Mara Salles e a Roberta Sudbrack. A nova geração tem se inspirado muito nas tradições antigas, mas graças ao receituário desenvolvido por esses chefs, uma parte desse trabalho tornou-se mais fácil. Há 30 anos, pouca gente sabia o que era uma renda de coco, manjuba na brasa, uma batata-doce ou uma banana-da-terra".

André Mifano compartilha a mesma opinião. "O que eles fizeram pela cozinha brasileira não tem precedentes", declara. "Acho terrível qualquer cozinheiro, hoje, não olhar para trás e não fazer, no mínimo, uma homenagem a essas pessoas, sem as quais nós não estaríamos aqui".

André não se lembra que idade tinha quando conheceu o Manacá. "Nossa família frequentava o Guarujá e não ia muito a Camburi. Mas quando ia, era sempre um momento especial. O que eu me lembro, claramente, era de enveredar na floresta para ir comer. Era uma aventura". O primeiro restaurante conservacionista do Brasil, na opinião do chef, sempre esteve inserido no ecossistema, sem agredi-lo ou transformá-lo. "O Edinho nunca tirou uma árvore para construir o restaurante e isso sempre me chamou a atenção", observa.

Essa característica acabou influenciando o cliente mirim do Manacá cujo primeiro restaurante, o Vito, tornou-se conhecido por ter reduzido o seu nível de desperdício a inacreditáveis 8% de recursos e ingredientes consumidos, com reflexos em um cardápio, ao mesmo tempo conservacionista e original.

"Há um aspecto de modismo nessa onda de fermentados e embutidos que eu uso", admite André Mifano, "mas esse nunca foi o meu principal objetivo". A moda é importante, porque tudo vai e vem. Nos anos 1980, nós comíamos estrogonofe. Não paramos de comer porque o estrogonofe fosse ruim, mas porque surgiram outros hábitos. A cozinha dos anos 1990 adotou aquele minimalismo inspirado, talvez, na *nouvelle cuisine*. Nos anos 2000, os olhos da gastronomia voltaram-se para uma parte específica do mundo, a Dinamarca e a Noruega, na forma como eles cozinham e, com essa forma, vieram os embutidos e defumados".

Na visão de André Mifano, essas mudanças refletem a inquietude do homem, que não consegue comer a mesma coisa todos os dias para sempre. "Cabe a nós, chefs, reinventar a comida constantemente. Na verdade, nós nem inventamos, apenas recombinamos as mesmas coisas, porque não sobrou muita coisa para inventar".

"O meu fascínio pelas carnes curadas, os picles e coisas assim", explica, "veio da motivação para fazer as coisas gastando o mínimo possível de recursos da natureza. Isso começou quando eu pensei como fazer para aproveitar absolutamente tudo, evitando desperdiçar alguma coisa. Eu tenho picles de talo de beterraba, que eu uso na minha cozinha, e como também faço vinagre, faço o picles desse talo. E uso também a folha. O Vito teve o menor nível de desperdício dentre todos os que eu trabalhei até hoje, na minha vida".

Sobre o Manacá, Mifano diz se lembrar, desde pequeno, do cheiro de camarão ocupando a casa quando entrou no restaurante pela primeira vez. "A minha mãe brincou comigo por muito tempo, dizendo que o peixe preparado pelo Edinho era insuperável".

"Uma ocasião", conta, "eu tinha começado a trabalhar em um restaurante chamado Melão, aqui em São Paulo, só com *menu degustação*. Isso foi há quase 20 anos. E, por acaso, no dia que o Edinho foi lá, um dos pratos desse menu era um peixe. Estamos falando da década de 1990, então o peixe era um linguado, o que tinha na época. A gente não sabia nada, não entendia de peixe. O meu foi feito com molho de *wasabi*, com base em creme. Ele comeu e entrou na cozinha perguntando: 'Quem fez este peixe?'. Ele não me conhecia, mas eu sabia quem ele era. Então me adiantei, e disse que tinha sido eu. E ele disse: 'Está muito bom, extremamente delicado, gostei muito', e foi embora. Então eu peguei o telefone na mesma hora, e informei a minha mãe: 'Olha, fique sabendo que o Edinho Engel adorou o meu peixe'".

Histórias como essa foram tecendo a reputação do Manacá, que continua encantando as pessoas. Em minha última visita antes deste relato, com dois outros casais e uma amiga, havíamos *bebericado* um pouco na casa de um dos casais. Ficamos de nos encontrar com um terceiro par, marido e mulher, no estacionamento do Manacá, que fica a cem metros da entrada do restaurante. Não era verão, mas fazia uma noite agradável. Uma das mulheres, Regina (nome fictício), mostrava-se um pouco mais *leve* que o resto do grupo. Ao chegarmos ao estacionamento do Manacá, o motorista-recepcionista da van que faz o traslado de clientes até o restaurante misturou-se ao nosso grupo. A simpatia do rapaz deve tê-la confundido: Regina tascou-lhe um par de beijos e um abraço carinhoso. Mais tarde, diante da nossa surpresa, disse ter pensado que o moço era do nosso grupo. Delicadamente, explicamos que toda aquela gentileza fazia parte do serviço de atendimento ao cliente do Manacá.

Lina Borges: um *cheiro* do Manacá

Tudo começou com uma torta de banana que conquistou, primeiro, os moradores do Sertãozinho, depois, as praias de Camburi para, finalmente, ganhar fama nacional nas páginas da *Folha de S.Paulo*. "Não era uma torta qualquer", descreveu a repórter Giuliana Bastos, na edição da Revista da Folha de 2 de fevereiro de 2009. "A combinação da fruta com uma *granola* de amêndoas, nozes, macadâmia, castanha de caju, aveia, açúcar mascavo e melado de cana deixou os turistas de Camburi apaixonados".

"Um dia", relatou a jornalista, "ela tirou uma fatia de sua cesta de ambulante e a ofereceu a Edinho Engel, do restaurante Manacá. Ele não resistiu e não teve dúvidas: convidou-a, imediatamente, para trabalhar em sua premiada casa".

Casada com Augusto "Magoo" Borges há 35 anos, mãe de dois filhos e avó de três netos, Eulina Borges não deixou de fabricar suas deliciosas tortas, hoje exclusivas da família e dos amigos: em 2010, depois de administrar em parceria com a filha, Ceres, o seu próprio restaurante, o Framboesa, também em Camburi – que durou quase uma década, de 1996 a 2013 –, Lina decidiu retirar-se do negócio de restauração para cuidar exclusivamente de seus imóveis, conquistados ao longo de 40 anos de vida gastronômica. Mas de uma coisa ela não se esquece: a aventura saborosa que ajudou a construir a reputação do Manacá, nesses 26 anos de vida do restaurante.

"O Edinho veio para Camburi pela primeira vez em 1977", lembra. "Tenho cópia de um filme, em Super-8, no qual eu apareço grávida do

Augusto, meu filho, que nasceu em 1978. A Ceres nasceu em 1979. Com o Edinho, vieram o André Obelix, que tocava violão maravilhosamente (hoje ele mora na Praia da Armação, em Florianópolis) e o Paulinho Lacerda, outro superamigo dele, de Uberlândia".

"Nós morávamos no Sertãozinho", relata, "e quase toda a nossa turma ocupava uma casa redonda, do Ivan, que era uma espécie de *Embaixada do Sossego* paulista. Formávamos uma *comunidade*, como se dizia na época, com artistas plásticos, filósofos, um médico, um engenheiro, um músico, um paisagista. Éramos muito unidos. O Manacá começou servindo café da manhã e sanduíches naturais. Eu me lembro que o condomínio *Masters do Camburizinho* estava apenas começando a ser construído. Os fotógrafos, que registravam as imagens da obra para levar aos empreiteiros e futuros proprietários se alimentavam no quiosque que deu origem ao Manacá".

O condomínio foi um marco na história do restaurante: alguns de seus ilustres moradores tornaram-se amigos e colaboradores da Casa, como o economista Luiz Carlos Bresser Pereira, que sempre gostou de cozinhar, assim como o empresário Carlos Roberto Franco de Mattos, que tinha casa em Maresias, mas ia sempre ao Manacá. Do *Masters do Camburizinho* também chegaram Emerson Fittipaldi e família, os Montoro, e os economistas Fernão Bracher e Pérsio Arida. "O Carlos e a turma dele vieram, pela primeira vez, de moto, no estilo *easy rider*, quando nós estávamos montando a passarela do futuro Manacá. Eu revejo a cena como se fosse hoje", conta Edinho.

Segundo Lina, Edinho já apreciava as suas receitas antes de experimentar a famosa torta de banana. "Eu fazia bolos, tortas e pães para vender por toda a parte. Ia até São Paulo em busca de ingredientes naturais – não havia nada disso aqui – e os usava para valorizar meus quitutes. Acho que ele me via como uma pessoa de iniciativa, e eu sempre apreciei a ousadia dele, aquele jeito de apostar sempre no positivo, de acreditar que as coisas vão dar certo".

Antes do Manacá, Lina Borges só cozinhava em casa, mas sempre gostou do ofício. A família dela migrou de Sergipe para São Paulo em 1939. Seus pais tiveram dez filhos. Moraram em Santos, mas não se adaptaram e foram parar em Presidente Venceslau, no extremo oeste de São Paulo, a 610 quilômetros da capital. O pai era agricultor e comprou um sítio, onde começou a produzir milho, feijão, café e arroz. A mãe plantava batata, cebola e alho. "Todo mundo tinha que ajudar", ela diz, referindo-se também aos irmãos. "Eu aprendi a fazer linguiça e a salgar a carne do porco que o pai matava, de vez em quando. Fazíamos sabão com gordura de porco e também com abacate".

"Quando o Edinho me convidou, eu não tinha noção de cozinha mediterrânea", confessa. "Mas aquele peixe caiçara eu já tinha visto antes, feito no borralho, com os peixes de água doce do rio Paraná. Aprendemos com os índios. Fazíamos uma fogueira e, depois, pegávamos um pouco daquele braseiro que estava começando a se apagar com uma pá e jogávamos sobre o embrulho do peixe, feito de folhas de abóbora", ensina. "No início do Manacá, esse prato era preparado em uma espécie de churrasqueira que construímos no antigo quiosque. Tornou-se o prato mais famoso do restaurante, enrolado na folha de bananeira e recheado com aquela farofa de camarão".

Mas o conhecimento de cozinha doméstica trazido por Lina era insuficiente e tanto ela como Edinho logo perceberam isso. "Nossos clientes traziam informações, faziam sugestões, nós sentimos que precisávamos avançar. Fizemos, por exemplo, muitas *paellas* para eventos promovidos pelos clientes. O Edinho nos conseguiu estágios, para mim e para a Maria, em grandes restaurantes como o Fasano, com o Luciano Boseggia – chef que comandou, além do Fasano, o Gero e o Pariggi, em São Paulo, e hoje dirige o Alloro, no Rio de Janeiro. Depois, fizemos o curso de gastronomia no atual Grande Hotel São Pedro, do Senac".

"No início do Manacá, nossos clientes gostavam muito do linguado, que era o peixe do momento. E o nosso estava sempre muito fresco", comenta Lina Borges. "Nós o servíamos com molho de laranja e arroz puxado na castanha de caju, passas e salsinha. Talvez não tivesse o glamour de hoje, mas era bem saboroso. Nossa caldeirada de frutos do mar também fazia sucesso. Preparávamos, ainda, um badejo à *belle meunière*, passado na farinha e servido com alcaparras. Mas, em seguida, criamos o filé de badejo com frutos do mar, suco de tomate e azeite, já inspirado na cozinha mediterrânea. Os risotos vieram depois".

Chefs como Emmanuel Bassoleil, Luciano Boseggia e Hamilton Mello participavam de alguns festivais gastronômicos do Manacá. "Eles sempre foram muito dedicados e carinhosos conosco", observa Lina. "Eu conhecia a cozinha dos restaurantes deles, fantásticas, e a nossa não tinha tantos recursos, mas eles não se preocupavam com isso. Cozinhavam com a mesma vontade e nós sentíamos o valor que eles davam para o nosso acolhimento, a nossa maneira de ser. Para mim esses momentos foram muito felizes. Eu adorava cozinhar para eles ou com eles. O meu nível de exigência culinária vem desse aprendizado. Até hoje, eu gosto de tudo muito certinho, ingredientes sempre frescos, cozinha sempre muito limpa. Para mim, cozinhar é algo muito sério. Sou muito exigente. Afinal, tudo o que tenho hoje veio dessa profissão e desse rigor".

"Eu e a Wanda ficávamos apavoradas, mas o Edinho sempre dizia alguma coisa como 'não se estressem, vai dar tudo certo'. E, nós: 'Edinho, essas coisas têm de ser muito bem planejadas, cada detalhe, há muita coisa em jogo, nossa reputação'. Não que ele não ligasse, mas estava sempre nos tranquilizando. No fim, dava tudo certo, mesmo. Vinham bons patrocínios, os pratos ficavam ótimos e a gente fazia sucesso".

"Esse otimismo do Edinho, sempre injetando ânimo na equipe, me faz lembrar uma passagem que eu nunca esqueci: estávamos perto do fim do ano e compramos dois novos freezers para acomodar camarões e peixes de primeira linha para aquela temporada. Houve uma enchente e perdemos tudo. Enquanto o Celino, que era o nosso caseiro, levava todo aquele produto para uma caçamba de lixo, as pessoas olhavam, desanimadas, sem vontade de fazer nada. O Edinho, que é a pessoa mais positiva que eu conheço, sacudiu todo mundo: 'Aconteceu!', ele disse. 'Se não vamos ganhar dinheiro, este ano, pelo menos, temos que repor o prejuízo. Vamos limpar tudo, comprar outro estoque e começar tudo de novo. Vai ser ótimo, para recuperar o nosso espírito de luta', propôs".

"Ele era assim: quando o movimento estava fraco, era o primeiro a pegar um baralho, sentar todos à mesa e comandar a preparação de uma sopa ou outro prato divertido para a equipe".

Lina viu o Manacá crescer, passo a passo: a pequena fábrica de sanduíches, o serviço de café da manhã, os almoços e refeições prontas e, só então, o restaurante. "Nós tínhamos peixe fresco em abundância, portanto, o nosso cardápio seguiu essa direção. Fazíamos almoços e jantares para grandes famílias, muitas vezes, sob encomenda. O famoso *Peixe cai-*

çara era feito com o vermelho ou a garoupa de tamanho médio, para servir duas pessoas. A folha de bananeira acabou substituída por outros tipos de envelope, porque sujava muito as mesas. O Edinho sempre foi chique. Gostava daquelas toalhas brancas impecáveis, tudo muito limpo. Como deve ser, aliás".

"Quando eu decidi deixar o Manacá", emociona-se Lina, "a atitude dele não foi diferente. Meus filhos tinham entrado na faculdade, o Augusto começou a fazer Direito em Mogi e a Ceres, Hotelaria em São Paulo. Eu já tinha juntado um dinheiro para o meu futuro, sempre fui assim, e havia comprado um imóvel na rua principal de Camburi, perto do Cantineta. Resolvi abrir um comércio de tortas, doces e salgados em 1996. Mas só deixei o Manacá em 1998", conta.

"Fiquei deprimida", assume a ex-cozinheira, "porque, depois de dez anos, o Manacá era quase a minha casa. Eu chegava às onze da manhã e me dedicava em tempo integral até o último freguês, como se diz. Procurei o Ivan, que é um excelente psiquiatra, porque estava me sentindo muito mal. Ele me deu uma força, assim como a Rosana, do Acqua, que também tinha trabalhado com a gente, e o próprio Bassoleil, que adorava as minhas tortas. Faltava o Edinho. Fui falar com ele, quase constrangida, e a reação dele foi a melhor possível. Quando abri o Framboesa, o Edinho começou a frequentar, a levar os amigos e me ajudar como sempre, em tudo o que fiz".

Saudosa, a antiga cozinheira do Manacá confessa ainda gostar de fazer comida, de reunir as pessoas da família, entrar no clima gastronômico. "Faço isso pelo menos uma vez por semana, mas já não preciso trabalhar como antes. Já consigo dedicar meu tempo aos filhos, netos e à administração do que consegui construir com o meu trabalho".

‹›

> No início do Manacá,
> nossos clientes gostavam
> muito do linguado,
> que era o peixe do momento.
> E o nosso estava sempre
> uito fresco.
> (Lina Borges)

Amado Bahia

Para o baiano, Salvador se chama Bahia

Chego cedo, às seis da tarde, em tempo de me acomodar na varanda escancarada para um rasgo de céu rosa e turquesa refletido no mar da Baía de Todos-os-Santos. Tons da *Noite estrelada sobre o Ródano*, de Van Gogh, que eu já tinha visto na lente de Xando Pereira, fotógrafo baiano de pessoas e paisagens e pai de outro chef, Diogo Pereira, que conheci ainda menino. Como bom baiano, Xando gostava de brincar com jovens editores da grande e louca São Paulo, sempre atacados dos nervos:

— Xando, corra para tal lugar, preciso de uma foto assim, assado.

— Rapaz, eu estou aqui na minha rede, embaixo de um coqueiro em Itapoã, você sabe onde eu moro? É muito longe disso aí, amigo. Como é que vou chegar nesse lugar de repente e te mandar a foto ainda hoje?

Xando morava, de fato, em Itapoã, cercado de coqueiros, mas quando recebia esses chamados estava, geralmente, saindo ou entrando apressado da redação do jornal *A Tarde*, na Rua Prof. Milton Cayres de Brito (Avenida Tancredo Neves), a poucos minutos da Praça da Sé, no centro de Salvador, ou em alguma sucursal, não muito longe dali. A intenção era sacanear mesmo, usando o estereótipo de baiano indolente que alguns de nós, do "sul maravilha", mantêm. Se o sujeito fosse um daqueles "focas"[1] subitamente transformados em chefes, melhor ainda.

[1] Jornalista iniciante.

— Só tenho que passar antes no Pelô, para entregar um tirante de surdo do Ylê-Aiê que estou devendo desde o Carnaval — dizia, para aumentar a irritação do sujeito.

O restaurante Amado Bahia, de onde vos falo/escrevo, na Bahia de Amado, o Jorge, de Ogum, Oxossi, Oxalá e todos os outros santos locais, está situado, justamente, na costa leste da cidade, entre o bairro da Graça e a Praça da Sé, onde ficava a Catedral – que Gregório de Matos (nosso primeiro *José Simão*) descreveu como *um palácio de bestas* –, em frente à Ilha de Itaparica, de João Ubaldo Ribeiro.

"A nossa Sé da Bahia,
com ser um mapa de festas,
é um presépio de bestas,
se não for estrebaria:
várias bestas, cada dia,
vemos que o sino congrega,
Caveira, mula galega,
O Deão, burrinha parda,
Pereira, besta de albarda,
Tudo para a Sé se agrega".

A caipirinha de cajá-manga que chega em um copo generoso é doce na dose certa – mais para o jeito paulista, é verdade –, contrastando com o ácido característico da fruta. Lembra o quintal de tia Nair em Nova Iguaçú, na periferia do Rio de Janeiro, que eu odiava visitar, na ida, por causa dos sacolejos do ônibus embrulhando o meu estômago, mas de onde nunca mais queria sair quando chegava: era o padecer da volta. Subíamos nas árvores, eu e meus primos, e nos fartávamos de frutas colhidas no pé, claro. Ela tinha sempre uma novidade em forma de muda: jamelão, jambo, sapoti – tia Nair tinha de um tudo, como diria Edinho Engel.

O sabor do cajá evoca a frase pronta de Carla Pernambuco ante à questão sobre quando a comida brasileira será, finalmente, incluída no roteiro gastronômico internacional: "O Brasil já se tornou um dos principais roteiros do mundo. Pelas praias, pelo carnaval, pelas paisagens exóticas, pelas frutas e, também, pela gastronomia. Fazemos parte de um distinto grupo de países com atrativos de toda a ordem", costuma dizer.

Deliciosa, a caipirinha. Exatamente como descreveu o *mâitre*, Carlos Eça, na melhor tradição Edinho Engel: copo bojudo, cachaça de primeira, cajá-manga (*Spondias dulcis*), gelo em lascas, folhas de hortelã flutuando sobre o fundo suave do melado de cana. Minha parceira de andanças e vida, Cecília, fica com a caipinha de jabuticaba com mel de uruçu, decorada com tiras de dedo-de-moça (de baixa pungência).

O homem do saveiro, que chegou sem ser notado, prepara a sua ancoragem na marina ao lado. Traz uma fome-desejo associada à coleta do dia de seu pescado. Mas aqui, no Amado, se a pedida for peixe, posso escolher entre os tradicionais robalo (*Centropomus undecimalis*), badejo (*Mycteroperca acutirostris*) e pescada amarela (*Cynoscion acoupa*), meu preferido, e as novidades inseridas por Edinho no cardápio como "peixe do dia".

Passo os olhos pelo *menu* e penso em tudo o que está por trás daqueles pratos, a começar pela configuração do restaurante: um antigo entreposto pesqueiro, cujo núcleo foi reservado à cozinha e áreas de estocagem, câmaras frias e preparação de ingredientes. As paredes do salão principal mantêm o pé direito elevado do antigo galpão.

Na área social, a primeira parte foi destinada ao bar, em frente ao acesso principal e ao *lounge* (estar), que se estende até o salão principal, interrompido apenas pela visão do jardim interno de plantas tropicais, à direita de quem entra. À esquerda, arcos de cantaria (pedra e argamassa de areia e cal), como os usados nas fortificações e igrejas coloniais. A área está separada do salão principal por um tabique de madeira, a meia altura, mas o salão fica um metro abaixo desse patamar.

No salão principal, um janelão de vidro, com vista para o mar, amplia o espaço que vai até a parede oposta, revestida com a mesma madeira que separa o salão da ala de serviço e ornada por uma antiga canoa olímpica, no alto, tratada com o mesmo revestimento do imenso balcão do bar, estantes, divisórias e piso do restaurante. No lado oposto ao *lounge* da entrada fica a adega que protege as garrafas de vinho do calor da Bahia.

"A iluminação é suave", descreve um visitante que resolveu divulgar a sua experiência no Amado pela internet, "criando um ambiente agradável e aconchegante. Optamos pela varanda coberta para ficar ouvindo o barulho das ondas e aproveitar a brisa. Só o ambiente já valeria a visita, mas o melhor ainda estava por vir. O cardápio tem várias opções que me interessaram, o que significa que terei de voltar outras vezes, para provar as outras opções".

Mosca azul

O Amado começou a ser idealizado em 2006, quando Edinho Engel e sua mulher, Wanda, decidiram que a filha Júlia, então com 11 anos, precisava *mudar de ares*. Até então, a família se dividia entre a praia de Camburi e a capital paulista, com sua boa coleção de escolas e restaurantes, porém, qualidade de vida sofrível: apesar de a cidade oferecer teatros, museus, shopping-centers e parques, além do comércio mais dinâmico do país e ótimos hospitais, a mobilidade é difícil e a segurança nem vale a pena comentar.

Wanda gostou da ideia de morar em Salvador: o mercador da Bessarábia soube *vender* à parceira um produto que ele próprio achara difícil de comprar, depois de dois meses de cálculos e deambulações pela Bahia, de março a maio daquele ano. Fez isso em companhia de um sujeito que, até então, conhecia muito pouco, e que se autodescrevera como *um gordo de camisa azul*, momentos antes do primeiro encontro dos dois, em uma sala de embarque do Aeroporto de Guarulhos.

O sujeito não frequentava o Manacá, não sabia nada de restaurantes e falou de um plano mirabolante que, segundo ele, poderia *mudar a vida* do chef. Apresentou-se como um *reciclador de empresas*, algo que, naquele momento, não ajudava muito como referência. Seu nome era Flávio Sales Machado.

Mas por que um economista de 50 anos, nascido em Batatais, São Paulo, formado no Mackenzie e disputado por empresas de aviação civil, engenharia e de turismo – por sua facilidade em identificar e solucionar problemas contábeis – abriria mão de um pacto secreto consigo mesmo de jamais se envolver em negócios alheios? A resposta estava logo depois da primeira curva à esquerda da Avenida Lafayette Coutinho, no sentido Sé-Farol da Barra, chamado, na época, Bar e Restaurante Galpão.

O local foi, de fato, um entreposto pesqueiro no início do século passado. O prédio não sofreu mudança estrutural desde a sua adaptação, no fim dos anos 1990, para a instalação do restaurante inaugurado, dois anos antes, por dois baianos e um paulista: Paulo Baiano, Pedro Paulo Bastos e Marcos Ferreira. Os sócios pretendiam combinar três prazeres: a mesa, o copo e um negócio lucrativo. Ficaram nos dois primeiros. Por volta de 2005, decidiram *chamar o síndico*.

Flávio Sales Machado, o *gordo da camisa azul*, na época, executava um projeto de consultoria para uma empresa de hotelaria e turismo na Chapada Diamantina, no mesmo estado, e mordeu a isca. Os sócios do Galpão queriam uma faxina completa: contabilidade, consultoria fiscal e liquidação. Só não sabiam que o consultor não terminaria a sua tarefa. Ao final da primeira reunião, ele não conseguia tirar da cabeça: "Como é que alguém pode pensar em abrir mão desse ponto comercial?".

Flávio tinha sido picado pela *mosca azul*, a transmissora do imponderável: virou médico e paciente de suas próprias contas bancárias, entabulando uma forma de viabilizar a compra do restaurante. Duas semanas depois, havia se transformado em arquiteto, empreiteiro, encanador e eletricista. A seguir, assumiu, também, as tarefas de gerente de compras, restaurador e paisagista. Depois de convencer Edinho Engel a dividir com ele aquele sonho, faltava dar forma ao empreendimento. O restaurante Amado começava a nascer.

O primeiro telefonema do consultor financeiro ao chef do celebrado Manacá aconteceu no dia seguinte ao da primeira reunião de Flávio com os sócios do Galpão. Edinho recebeu a ideia com algum entusiasmo, mas exibiu uma reserva característica de seu lado materno, que tem o DNA das Alterosas. Dias depois, ao conhecer o local, apaixonou-se pela ideia tanto ou mais que o seu sócio atual. O *bandeirante* gastronômico que, nessa época, acabara de participar do primeiro seminário de gastronomia brasileira do caderno *Paladar*, com Mara Salles, do Tordesilhas, e Alex Atala, do D.O.M., topou o desafio.

"Estouramos nossos cartões de crédito e quebramos enquanto pessoas físicas", revela Flávio. "Para o Edinho foi pior, porque a Wanda não saía do pé dele. Ainda bem, porque ela foi a nossa âncora, nessa época e nos anos que se seguiram".

Reforminha

"Eu me olhava no espelho e não acreditava no que via", continua Flávio, "um contabilista sonâmbulo, na terra de Raul Seixas". A reforma programada para o edifício do Amado seria rápida e barata: coisa de três meses. Os trabalhos demoraram nove meses e o orçamento multiplicou-se por quatro, como os dessas obras públicas que a imprensa costuma denunciar. Flávio e Edinho tinham combinado pagar, do próprio bolso, os salários dos antigos funcionários do bar Galpão durante o tempo da reforma. Só não esperavam que a renovação fosse durar tanto tempo. As dívidas avançavam mais depressa que as obras. Quase sufocaram o empreendimento.

"Queríamos tudo do melhor, tínhamos pressa e estávamos na Bahia", resume Flávio Machado. "Descobrimos, rapidamente, que essas três premissas não se encaixam. Começaram os desentendimentos, por exemplo: eu não abria mão de um deque maior e mais amplo, como o que hoje se estende na face leste do restaurante, em frente ao mar".

Flávio tinha razão: mesmo no calor, quem escolhe as mesas da área externa do restaurante fica em uma posição privilegiada: o espaço lembra o de algumas casas do píer de Puerto Madero, no Rio da Prata, em Buenos Aires, que não têm o mesmo panorama. Para quem está dentro do salão principal, protegido pelo ar-condicionado, a paisagem é uma tela com a capa do álbum *Cinema Transcendental*, de Caetano Veloso, um dos frequentadores do Amado.

"Na cozinha, Edinho, que é um ser evoluído", como descreve o ex--consultor, "quase trocou tapas com o antigo chef do Galpão, Marc Le Dantec, um francês recém-importado pelos antigos sócios que não tinha tido tempo de se adaptar ao país. Não entendia português, nem o Brasil e, muito menos, a Bahia. Hoje, ele e o Edinho são amigos. Na época, não havia acordo possível entre eles. A bem da verdade", admite Flávio, "nós também não entendíamos nada de Bahia".

Ao comentar com amigos que pretendia mudar-se e abrir um restaurante na *Boa Terra*, Edinho foi alertado por um amigo dos velhos tempos de São Paulo e Camburi, o psicanalista Antero Barbosa: "A Bahia não é para principiantes", avisou. "Vai fazer de tudo para que você se torne baiano. No momento que você se tornar um deles, será engolido. Terá que começar um novo processo de autoconhecimento". Segundo Edinho, esse fenômeno é real e cotidiano: "As pessoas sempre querem transformar o diferente em parte do todo", observa. "Por mim, tudo bem".

O novo restaurante tinha um desafio maior: em 2005, período pós--Antonio Carlos Magalhães no governo do estado – que havia impulsionado a indústria do turismo local –, Salvador tinha sofrido uma forte desaceleração em seu fluxo receptivo. Todo mundo dizia que o turismo da Bahia não era mais a mesma coisa, que tinha caído muito. "Até hoje", dizem Flávio e Edinho, "não sabemos se o nosso difícil começo foi consequência daquela crise, da resistência cultural, ou dos obstáculos comuns a todo novo empreendimento".

Pouco depois, os sócios do Amado perceberam que novos hábitos culinários costumam enfrentar resistência em qualquer cidade brasileira, exceto em São Paulo. "As pessoas vão a Paris, Nova York e Milão", avalia Edinho, "experimentam novidades, comentam com os amigos, postam fotos nas redes sociais, mas, em sua própria casa, dificilmente valorizam o novo. Os restaurantes que se colocam como "novidadeiros", não se viabilizam", acredita. "Quando você não captura o gosto do cliente, ou até onde você pode ir, acaba se dando mal. Eu costumo dizer que o empresário tem de estar três passos adiante do cliente, não dez passos. Se estiver muito à frente, o cliente pode não entender".

Para o chef-sociólogo, os consumidores se reconhecem como *conservadores* e não gostam muito disso, mas, ao mesmo tempo, gostam de viver nessa zona de conforto que não pede risco ou sacrifícios. "As pessoas sabem que essa atitude não vai levá-las adiante, mas se conformam com isso. O novo tem de chegar de mansinho, sem alarde".

Segundo Edinho, na Bahia, a situação não é diferente, principalmente quanto ao público dos restaurantes. "Como o dinheiro circula em menor escala que a das grandes capitais, as pessoas da chamada classe média são menos numerosas", ele supõe. "Essa faixa social é a que forma o mercado consumidor de restaurantes", diz. "A elite pode comer onde quiser, em casa ou na rua. Já as pessoas de classe média costumam frequentar os restaurantes quando têm alguma visita ou situação diferente para comemorar".

"Há 20 anos", observa o chef, "a distância entre a elite e a grande massa, na Bahia, era enorme. O Polo de Camaçari, que permitiu a migração de muitas indústrias para o estado nos anos 1980, mudou essa realidade. A cidade cresceu e continua crescendo, embora em ritmo mais lento, nos últimos anos".

Na opinião de Edinho, a principal característica de quem frequenta restaurantes, hoje, é a ascensão social. "Em uma cidade como Salvador e em muitas outras", afirma, "os restaurantes vivem em função dos chamados 'emergentes' e das pessoas que precisam comer fora de casa. Não por acaso, se diz que a praia de São Paulo é o restaurante. Sair para comer continua sendo um *programa*, como se dizia na minha época, por mais que você enfrente as dificuldades de acesso, como o trânsito e as grandes filas que se formam nos horários de pico".

"Em Salvador, não funciona assim", acrescenta o chef. "Depois da proibição da bebida, das *blitzen* da polícia de trânsito, além do próprio trânsito e da questão da segurança, ficou ainda mais difícil sair para comer fora", constata. "O crescimento da renda, observado entre 2005 e 2010, aumentou exponencialmente o volume de carros nas ruas, mas a cidade não estava preparada para isso".

"Nesse aspecto", prossegue Edinho, "eu tiro o chapéu para o velho Antonio Carlos Magalhães, que foi um coronel, como se diz, mas tinha uma visão de desenvolvimento urbano e gente tecnicamente qualificada trabalhando com ele. Todas as grandes avenidas e equipamentos urbanos de Salvador foram construídos durante o governo dele ou de seus aliados. Não fosse por isso, a cidade, hoje, estaria muito pior".

Família

Apesar do difícil começo, o arrependimento de Flávio Machado por ter abandonado o seu *manual de procedimentos* para mergulhar em uma aventura baseada nas cinzas de outro empreendimento, durou pouco: além da sociedade no Amado, a amizade entre o consultor financeiro e o chef prosperou, alcançando as famílias de ambos, que, hoje, têm outros investimentos. "Esses vínculos nos ajudaram a profissionalizar ainda mais os nossos negócios", festeja. "Além do orgulho e do prazer que o Amado nos trouxe nesses onze anos de vida, claro".

Além das famílias de Flávio e Edinho terem praticamente se fundido, o chef costuma agradecer ao consultor pelo papel de "fio terra" que ele desempenhou em sua vida – para além dos negócios –, e aquele agradece ao artista, que lhe despertou a sensibilidade: "O Edinho me ensinou a ser *gourmet*, não só na comida, mas na vida. Às vezes, o prazer está nas coisas mais simples, como uma cabana em uma aldeia indígena. Outras vezes, em um hotel de luxo. Passa pelo ambiente, pela qualidade, pelo momento, mas sempre depende do que você está buscando", filosofa. "No caso do Amado, a Wanda foi o nosso pêndulo", acrescenta. "Duas opiniões, muitas vezes, se opõem. Ela foi o fiel da balança".

O chef também influenciou a vida do financista: depois do Amado, a gastronomia tornou-se parte de todos os negócios de Flávio, de forma direta e indireta: o hotel cheio de charme no sul da Bahia (na praia Taipu de Fora), a Cerrado Carnes, o café tipo exportação produzido em Mococa, São Paulo, e a produção de cachaça, que ele vem aprimorando na mesma cidade.

A História é outra paixão do sócio do Amado. "Não compro nem uma cadeira sem saber de onde ela veio", comenta. Tetraneto do ex-presidente Campos Sales, que inaugurou a política do café com leite na Velha República (final do século XIX), ele é casado há 40 anos com Malu, da família Figueiredo Barreto, dos Laticínios Mococa, do Banco F. Barreto e da Metalúrgica Mococa, atual fornecedora das latas do Leite Moça, da Nestlé. Flávio gosta tanto de História que sua filha, Juliana, tornou-se arqueóloga e casou-se com outro arqueólogo. O filho, Roberto, é administrador de empresas e ajuda o pai a manter a fazenda produtora de ingredientes culinários, também em Mococa, onde, nas horas vagas, Flávio se dedica a recuperar uma casa de 1890 que virou o seu xodó.

Peixes do Brasil

O homem do saveiro que despertou minha fome já havia desaparecido na marina, enquanto eu relia o cardápio: *Moqueca de badejo com camarão, caju, arroz, farofa e pirão*; *Polvo grelhado com açafrão-da-terra e ervilhas frescas*, ou *Pescada amarela em crosta de castanha de caju, caruru, purê de banana-da-terra e arroz selvagem*?

A pescada amarela tem o dorso prateado, barbatanas e nadadeiras amareladas. Na forma, lembra uma pescada comum, mas, no tamanho, pode alcançar 1,30 metro; o badejo, cinza e marrom, tem a cara redonda e mau humorada – pode ser confundido com a garoupa; já o robalo se parece com uma flecha de prata, esguio e alongado. Os três são belos e apetitosos. Talvez por isso a pesca predatória – causada pela comercialização excessiva – os tenha tornado cada vez mais escassos.

Edinho Engel, o sociólogo formado nos anos 1970, tem consciência ambiental e vem tentando introduzir outras espécies no cardápio de seus restaurantes: cherne, agulhão, vermelho. Mas o perfil de sua clientela, tanto do Amado, como do Manacá, pressupõe a oferta das espécies clássicas nos cardápios dos dois restaurantes.

Um movimento recente, liderado por jornalistas especializados e por alguns fornecedores, propõe que as pessoas consumam peixes de tipos variados. Segundo o crítico Luiz Américo Camargo, alguns restaurantes, por ignorância ou por má-fé, passaram a vender o "abadejo" como badejo. "Tem gente que pensa que é a mesma coisa", ele diz. "Badejo é aquele peixão nobre", orienta, "que oferece filés *pedaçudos*, de carne densa, aparentado das espécies com alto teor de gelatina, como a garoupa e o cherne. Ocorre no litoral brasileiro, de norte a sul. Os que nos chegam são pescados na faixa entre Rio e Bahia. Estão rareando, infelizmente. Já os abadejos são peixes mais simples, com filés chatinhos, sem o sabor e a delicadeza do badejo. Lembram a merluza, para comparar. Muitos vêm do Atlântico Sul, lá da costa argentina, por exemplo. Chegam congelados e embalados".

Um estudo divulgado em setembro de 2013 por pesquisadores da Universidade Federal de Santa Catarina revelou que sete espécies de peixe antes comuns no litoral da Bahia estão, de fato, desaparecendo. O badejo-quadrado (*Mycteroperca bonaci*) e seus "primos" garoupa (*Epinephelus morio*), cherne-negro (*Hyporthodus nigritus*) e mero-gato (*Epinephelus adscensionis*) lideram a lista, seguidos pelo dentão (*Lutjanus jocu*), pela cioba (*Lutjanus analis*), e pela guaiúba (*Ocyuru chrysurus*).

O levantamento – feito pelos biólogos Sergio Floeter, Natalia Hanazaki e Mariana Bender – concluiu que essas espécies estão menos presentes nas redes dos pescadores e, quando aparecem, os exemplares são menores que em décadas passadas. O badejo-quadrado, por exemplo, podia ser encontrado, há 40 anos, pesando até 50 quilos por indivíduo. Hoje, os maiores não passam de 17 quilos. Durante a pesquisa, ficou claro que pescadores mais velhos, com mais de 50 anos, costumam pescar peixes maiores que os profissionais mais jovens.

O mais preocupante nesse estudo foi a constatação de que alguns peixes não são sequer reconhecidos pelos pescadores mais jovens. "Os que têm menos de 31 anos, confrontados com fotos dessas espécies durante a pesquisa, disseram não conhecer peixes como o mero-gato e o cherne", assinalou Mariana Bender. "Esses mesmos profissionais declararam não saber que esses peixes, hoje raros, foram abundantes no litoral da Bahia".

Para os cientistas, essa desinformação é tanto ou mais grave que a pesca não sustentável, feita em escala industrial (com bomba ou com radar), que interrompe a multiplicação natural das espécies. Outro motivo de apreensão, segundo eles, é a perda de habitats antes conservados para a manutenção dessa fauna, como os manguezais, que servem como berçários, e o assoreamento das regiões costeiras que abrigam os recifes.

Para Edinho Engel, os proprietários e chefs de bons restaurantes não podem ser crucificados por preferir as espécies mais conhecidas, por causa da demanda. Além disso, segundo ele, a atividade dos restaurantes se apoia em uma regrinha clássica: nas cozinhas profissionais, de fato, *tudo se transforma*. Além de fornecer filés com altura compatível de criações clássicas de restaurantes como o Amado, um peixe com peso aproximado de dez quilos tem uma cabeçorra que, em uma família comum de cinco pessoas, dificilmente seria aproveitada para fazer um fundo, ou mesmo um pirão, como acontece em um restaurante.

Os caldos e bases de um grande restaurante costumam conter tudo o que, até pouco tempo atrás, costumava ser desperdiçado em algumas famílias, como talos e cascas de vegetais, peles, ossos e sobras de carne. Barbatanas e nadadeiras de peixes, combinadas com ervas aromáticas e legumes, mantidos por algumas horas em fogo baixo, se fundem em um *espírito* raramente percebido por pessoas pouco familiarizadas com os processos culinários, mas que se manifesta nos aromas e paladares reconhecidos pelos consumidores da alta gastronomia. "Nós somos sustentáveis na medida certa", garante Edinho Engel.

Em uma de nossas conversas, em Salvador, o chef teve de se ausentar para receber, no aeroporto, a amiga de velhos tempos, Georgeta Gonçalves, a ambientalista que implantou, nos anos 1990, um dos primeiros sistemas de coleta seletiva e reciclagem de lixo na Riviera de São Lourenço, em Bertioga, São Paulo. Georgeta participaria de um seminário de gerenciamento de resíduos sólidos na cidade e aproveitou para estruturar o processo de separação de recicláveis e lixo orgânico para compostagem do Amado Bahia.

O que Edinho não costuma digerir facilmente são os exageros dietéticos que entram e saem de moda, como a polêmica sobre o consumo de ovos relacionada ao colesterol, a gordura animal *versus* as gorduras vegetais, a dieta da proteína e o *apocalipse* dos carboidratos, sem falar nas crises existenciais do patê de ganso e do caviar. Até que se prove o contrário, a intolerância à lactose (causada por uma deficiência da enzima lactase, que quebra as moléculas da lactose para transformá-las em galactose e glucose) e ao glúten (15% da humanidade, segundo os norte-americanos) é respeitada nas cozinhas de Edinho Engel.

A chef Alessandra Hattori, que comandou a cozinha do Amado durante dois anos, nunca se furtou a preparar refeições especiais para os frequentadores do restaurante, como a atriz Isis Valverde – que guarda distância do glúten, por questão de saúde –, ou o picadinho de carne com arroz, feijão e farofa, apreciado pelo cantor e compositor Bel Marques, ex-Chiclete com Banana. Aliás, esse picadinho foi, durante algum tempo, a comida predileta do próprio Edinho Engel.

Depois de uma entrada feita de folhas, manga, palmito e castanha de caju, além dos mexilhões ao vinho branco, chegam o meu prato e o prato de minha parceira: *Bode* au jus *com rosti de aipim recheado com coalho, agrião e tomate-uva*.

O *baby bode* em seu próprio suco, acompanhado pelo purê de aipim com queijo coalho gratinado no forno, ao lado de pratos como o do *Filé de sol* e do *Carré de cordeiro com risoto de feijões verdes* faz parte do repertório de pratos de inspiração regional inseridos no menu do Amado, como elemento da imersão dos chefs Edinho e Fabrício Lemos na pesquisa de fornecedores artesanais do sertão e do recôncavo baianos nos últimos anos.

A carne de cabrito fornecida pelo frigorífico Baby Bode, de Feira de Santana, assim como o catado de aratu e a carne de caranguejo produzidos pelas marisqueiras de Cai-Cai, na contra costa da Ilha de Itaparica, estão chegando a restaurantes como o Amado graças à revalorização dos ingredientes culinários regionais por grandes chefs e, também, a projetos sociais patrocinados no Brasil por organizações internacionais como a ONU e a União Europeia, conforme será descrito na terceira parte desta narrativa.

Caldos e poções

"Alguns dos preparos e poções empregadas na cozinha do Amado e dos restaurantes em geral, como o caldo de cozimento da carne de cabrito", lembra Edinho Engel, "também servem para modificar ou melhorar o sabor, textura, cor e aroma de alguns alimentos".

Os mais comuns são os fundos feitos com legumes, ervas aromáticas e pedaços de aves, peixes ou carnes como a vitela, o cordeiro e o boi – que podem ter denominações mais simples, como caldos brancos de peixe, de carne ou de ave, ou apelidos franceses, como *bouillon* (vegetais, ervas, especiarias e um ácido, derivado de vinho ou suco de frutas ácidas) e o *fumet* – elaborado a partir de sobras, ossos e aparas de carnes ou peixes, vinho branco e alho.

As preparações clássicas são o *mirepoix* (refogado de azeite com cebola e alho, podendo incluir, também, salsão e cenoura ou nabo), muito parecido com o *sofrito* ibérico, que pode agregar o tomate picado e ser enriquecido com um pedaço de bacon ou qualquer outra gordura animal para se transformar em um *matignon*. Também são consideradas preparações aromáticas: o *bouquet garni* (tomilho, louro, salsa, alecrim e a parte verde do alho poró, dependendo do prato que se pretende aromatizar) e o *sachet d'epices* ou saquinho de ervas, compostos por um dente de alho (opcional), um cravo da Índia (idem), um ramo de tomilho, louro, um talo de salsinha e pimenta em grão, envoltos em um pano fino. Assim como o *bouquet garni*, o *sachet* deve ser descartado após o preparo.

Uma cozinha profissional também não pode dispensar conexões importantes, ou *ligas*, que proporcionam o adensamento de fundos, molhos e cremes. As gemas de ovos são muito usadas como emulsificadores de molhos quentes, frios (maionese) e sobremesas. Nos salgados, as *ligas* mais comuns são feitas com alimentos ricos em amido, como o milho e o trigo, além das féculas de tubérculos como o polvilho. Essas farinhas também produzem *espessantes* como o *roux* – gordura e farinha de amido – e a *beurre manié* – manteiga e farinha de trigo. Gelatinas e algas (agar-agar) integram essa mesma prateleira.

Os pratos também podem conter outros ingredientes aromáticos, como o caldo japonês *dashi*, feito à base de filé de bonito seco e considerado um dos principais fornecedores do chamado quinto sabor, o *umami* (glutamato e monofosfatos de guanosina e imosina); além de baunilha, coentro, manjericão, hortelã, alecrim e raspas de frutas cítricas, entre outros, e, por fim, os *embelezadores* ou *melhoradores* (manteiga, páprica e açafrão).

Na cozinha do Amado, essas preparações costumam ser feitas principalmente no primeiro turno da cozinha, que inicia às 9 horas, quando chega um grupo de 15 profissionais, entre ajudantes, aprendizes e estagiários. A maior parte dos ingredientes chegou na véspera e já passou pela inspeção do chef da casa que, antes de assumir a sua atual função, foi gerente de suprimentos do Amado e conhece bem todos os seus fornecedores.

Considerado pelos próprios funcionários um administrador de pessoas competente e um bom formador de profissionais, Edinho transferiu aos chefs de suas cozinhas, como Fabrício Lemos e Leca Hattori (Amado), Maria Ferreira e Lina Borges (Manacá), e Gabriel Lobo (Amadinho), a mesma tenacidade no cumprimento de dois princípios que ele considera essenciais ao negócio da alimentação: ingredientes de primeiríssima linha e uma fidelidade quase canina ao cliente. Por exemplo: alguns pratos do Amado vendem pouco, mas são mantidos no cardápio, por respeito a antigos frequentadores.

"Com as pessoas, o Edinho costuma ser um paizão, capaz de relevar as pequenas falhas e ajudá-las naquilo que pode", diz Leca Hattori. "Já eu, costumo ser chata. Por ter trabalhado tanto tempo na Inglaterra e também pelo temperamento, sou muito exigente com as pessoas e tenho um limite mais estreito de tolerância".

A baixa tolerância ao erro de Leca Hattori trouxe alguns benefícios ao Amado. Em 2013, depois de três reclamações encaminhadas a um fornecedor de carne de cordeiro, a equipe do Amado teve de pesquisar e desenvolver uma alternativa junto a um criador que tem o seu próprio abatedouro, em Petrolina, Pernambuco, e que passou a fornecer ao restaurante um produto melhor. Mais tarde, o Amado descobriu um fornecedor de carne de cabrito com as mesmas características, o Baby Bode, localizado em Feira de Santana, a 120 quilômetros de Salvador.

Investimento em pesquisa

Outro hábito transmitido por Edinho a seus auxiliares é o da pesquisa. O chef adora experimentar novas fórmulas, produtos e restaurantes de amigos. Em Salvador, destacam-se: Beto Pimentel, do Paraíso Tropical, José Morchon, do La Taperia, Leila Carreiro, do Dona Mariquita e Aloísio Melo, do Lôro. O chef também dá suas escapadelas até os mercados de São Joaquim e do Rio Vermelho. "Sempre tem um novo tipo de feijão, um peixe ou uma fruta diferente", justifica.

A renovação do cardápio do Amado não cumpre um rígido cronograma, mas costuma ocorrer a cada verão, por influência do clima de festividades, férias e renovação que acontece nessa época. Em 2014, quando este relato começou a ser elaborado, a novidade entre os peixes foi o linguado com molho de laranja acompanhado por risoto de palmito. Na mesma ocasião, o salmão voltou ao cardápio do restaurante, sob o corte chanfrado, preservando um pedaço da pele. Uma viagem recente de Edinho Engel à Grécia também contribuiu para dar um toque mais mediterrâneo ao *menu* do Amado.

O mantra do chef, "esteja sempre três passos à frente das demandas de seus clientes", costuma ser levado a sério por suas equipes. Quando a batata-doce, por exemplo, invadiu os cardápios dos restaurantes, por ser considerada um carboidrato perfeito, o ingrediente já tinha sido incorporado há anos nos *menus* do Amado e do Manacá, inclusive em contraste com proteínas de paladar acentuado, como o bacalhau. "No momento", informa Edinho, "estou testando um molho de beterraba que tem me surpreendido". A tendência de acompanhamentos mais simples, em lugar de molhos muito rebuscados, segundo o chef, deve ganhar algum espaço no restaurante.

Em minha segunda visita ao Amado Bahia, peço ao garçom que renove as miniaturas crocantes de massa recém-desenformada para acompanhar os patês de gorgonzola e de ricota temperada, o *pesto* de manjericão, a *caponata* de berinjela, lâminas de pepinos e anchovas marinadas, servidas como *couvert.* O rapaz, compreensivelmente rechonchudo, movimenta-se com agilidade surpreendente, sem prejuízo do seu jeito baiano de nos deixar à vontade: quer saber quem somos, de onde viemos e desde quando conhecemos o chef Edinho.

"*Paleta de queixada confiada* ou *Galinha d'Angola?*", pergunto-me, passando os olhos rapidamente pelos peixes, para não sucumbir à tentação do famoso *Prato dos pescadores* ou do *Linguado ao molho de manga.* Volto às entradas e fico entre o *Figo com espuma de gorgonzola* e a *Torre de carne de sol sobre* mousseline *de aipim com queijo coalho e calda picante de banana-da-terra,* criação da dupla formada por Edinho e Fabrício Lemos. Um prato capaz de desmontar qualquer resistência à terra que Amado, o Jorge, descreveu como *libertária e conservadora, ao mesmo tempo* (Bahia de Todos os Santos, 1986).

"No início, o entendimento de alta gastronomia do nosso público pressupunha uma cozinha clássica, requintada e com raízes europeias", revela Edinho. "Hoje, porém, a nossa clientela passou a aceitar a combinação de sabores da terra, preparados com ingredientes de alta qualidade, usando processos sofisticados da cozinha contemporânea".

Lembro-me de uma oficina de Edinho Engel no evento Paladar de 2014, na qual os chefs Caco Marinho, do El Cabalito, e Fabrício Lemos, trabalhando na época no Al Mare, explicaram qual a distância máxima necessária para se guisar uma carne de fumeiro – a 40 centímetros do braseiro e com uma temperatura que não pode passar de 100ºC – e me decido pela *Torre de carne de sol*, cujo acompanhamento lembra o do prato (fumeiro) preparado pelo trio durante o evento, cuja produção acabei por conhecer de perto em Maragogipe, Bahia.

"A defumação da carne tem de ser cuidadosa", explica Edinho, "para que ela não absorva moléculas de hidrocarboneto e alcatrão." Já o controle da temperatura – que não pode passar de 100ºC, usando uma lenha específica (resinosa) – me lembrou as exigências descritas por Michael Pollan no livro *Cozinhar* (*Cooked – A natural history of transformation*), na preparação do autêntico churrasco de porco *do* Skylight Inn, da Carolina do Norte, nos Estados Unidos.

Não sei se a carne usada na entrada do Amado vem do mesmo produtor que fui visitar em Maragogipe em 2015, mas reconheço no prato a mesma textura úmida da carne de fumeiro, quando comparada à da carne seca tradicional, embora tenha o mesmo aroma e o mesmo sabor da espécie comum. Tenho certeza de que o produto do Amado não vem do processo industrial chamado defumação a frio (entre 25ºC e 35ºC), que usa fumaça produzida pela queima de serragem disfarçado por corante e conservante, o que, obviamente, altera o sabor da carne.

Esse tipo de cuidado, visto como sofisticação em um passado recente – preservar os modos de preparo da cozinha regional, acrescentando o conhecimento adquirido na alta gastronomia –, foi o que seduziu a clientela baiana do Amado, que, segundo Fabrício Lemos, já representa 75% da frequência do restaurante. Os outros 25% são compostos por turistas do sudeste do país (60%) e gringos (40%).

Por causa dos turistas que visitam Salvador, o Amado mantém em seu cardápio os dois cortes tradicionais de filé mignon que o seu açougue prepara diariamente: o medalhão, feito com a parte mais fina da peça, e que pode pesar de 150 a 200 gramas cada um; e o *Chateaubriand*, feito com a parte do meio, com cerca de três a quatro centímetros de altura e peso variável de 300 a 400 gramas.

Esse último corte foi criado pelo cozinheiro do escritor francês François René Auguste de Chateaubriand (1768-1848), em uma época na qual os escritores eram mais badalados que os mestres-cucas. Contam os livros que esse precursor do Romantismo mandou servir a iguaria em um banquete em homenagem a Napoleão Bonaparte, que se aproximara dele depois de ler sua obra *O espírito do Cristianismo* (1802). A criação acabou rendendo a Chateubriand uma Secretaria Geral na Embaixada da França em Roma. Outra versão, menos romântica, garante que o *Filé a Chateaubriant*, com "t" no final, nasceu na cidade de Chateaubriant, no Vale do Loire, cujos cozinheiros souberam explorar as qualidades do gado local, conhecido em toda a França.

A parte do meio do filé mignon, que costuma render quatro filés *Chateaubriand,* também pode resultar em dois *tournedos*, assim chamado porque um *maître* do famoso restaurante francês Café Anglais virou-se de costas, envergonhado, para anotar um pedido – na época, considerado exótico – do célebre compositor italiano Giachinno Rossini, no século XIX, em Paris: filé mignon frito na manteiga, com uma fatia de *foie gras* passada brevemente pela frigideira, no topo, servido com finas fatias de trufas negras e finalizado com molho de vinho Madeira preparado nos resíduos de carne que restaram na frigideira (*deglaçagem*).

Best sellers

Em pesquisa sobre a impressão de alguns consumidores sobre o Amado Bahia, encontrei o seguinte depoimento da blogueira Camila Dourado: "O Amado do restaurante é uma referência ao Jorge, mas poderia facilmente se referir ao sentimento que nutrimos por ele, o restaurante", registrou. "A escolha dos pratos principais foi uma tarefa muito difícil, a vontade que eu tinha era escolher um *mix* de três ou quatro. Acabamos optando por medalhões de filé mignon, para o Lucas, camarão para o Lu e peixe pra mim".

"O camarão escolhido pelo Lu era ao molho de gorgonzola e pistaches, com purê de mandioquinha e espinafre. Os camarões eram graúdos, mas vieram somente seis. Para um prato principal composto somente de camarões, acho que deveriam vir mais. O molho estava muito bom, sem ser enjoativo, o que infelizmente ocorre com alguma frequência em molhos à base de gorgonzola, por ter o sabor muito forte. Ponto pra eles".

"Mas o campeão da noite foi o prato que eu escolhi. A pescada amarela em crosta de castanha de cajú, servida em uma cama de caruru, com purê de banana-da-terra e arroz selvagem. A crosta de castanha deu uma textura especial ao peixe, que combinou perfeitamente com o caruru. O sabor adocicado da banana-da-terra fez o contraponto. Não sou muito fã de arroz, acho uma coisa meio sem graça. Este estava gostoso, mas acabei deixando no prato, até porque achei desnecessário ao conjunto. O prato me causou um problema e bagunçou o meu planejamento. A ideia era voltar lá pra experimentar outras opções do cardápio, mas desde aquela noite, sonho com aquela pescada amarela com purê de banana".

Edinho revela que o *Camarão do mar, com molho de gorgonzola, purê de mandioquinha e pistache* é o maior sucesso do Amado até hoje. No que diz respeito à reclamação da cliente, explica que a pesca desenfreada resultou na redução do tamanho dos camarões "importados" pelo Amado do sul do país. Por determinação do chef, o restaurante passou a aumentar a porção, sempre que o tamanho do camarão é menor, mas sempre mantendo o padrão de 250 gramas só de camarão nesse prato.

Ao lado da moqueca mista de badejo e camarão, servida com um caju assado, o camarão do mar é um exemplo da fórmula de contemporaneidade associada ao respeito à culinária local que compôs a fórmula de sucesso do Amado. Graças a essa alquimia, Edinho Engel foi eleito *Chef Revelação* em seu primeiro ano em Salvador e, depois, *Chef do Ano* pela revista *Veja Salvador*, nos anos de 2007, 2008, 2010, 2011 e 2012. Homenagens que vieram somar-se às badaladas estrelas do *Guia 4 Rodas* (2006 a 2011), prêmios do *Gula/Diners* e *Brasil Gastronomia*, também obtidos à frente do Amado Bahia.

Baianidade nova
Entrevista com Fabrício Lemos[2]

Na véspera desta entrevista, feita em um domingo chuvoso em agosto de 2015, Fabrício Lemos, de 35 anos, então braço direito de Edinho Engel no Amado Bahia, testou no restaurante um novo menu degustação composto dos seguintes pratos: Cake *de bode* (ragu da paleta) *com picles de pepino do mato e pimenta-doce; Beiju da massa da mandioca com espuma de queijo coalho e paçoca de carne-seca; Vieira com maçã-verde, carvão de umbuzeiro e purê de mandioquinha; Tucupi com farinha de ovinha* (uarini) *e camarão* (seco e fresco); *Gema confitada com trufa negra,* Mousseline *de aipim e batata-doce* (em três estágios) e, por fim, *Chateaubriand com* torchon *de foie gras e mil folhas de mandioquinha descontruído.* A sobremesa era *brownie* de chocolate e cupuaçu, guarnecido por *mousse* e farofa de chocolate e servido com sorbet de cupuaçu.

Fabrício, depois que a notícia se espalhou entre as mesas ontem, eu soube que você teve que servir 26 menus degustação. O que significa preparar e servir 156 pratos em menos de duas horas?
Essa maratona me dá mais motivação. Todo desafio, dentro da cozinha, tem esse efeito. E me renova, porque eu trabalho para que o cliente saia daqui mais

---

2 Fabrício Lemos percorreu toda a hierarquia da restauração, formou-se na Escola de Gastronomia Le Cordon Bleu, em Paris, e trabalhou nos Ritz Carlton de Key Biscaine e Coconut Grove, em Miami, nos Estados Unidos. Começou na cozinha do Amado em janeiro de 2015, e foi escolhido como Chef Revelação de 2014, em Salvador, pela revista *Veja*, e no Brasil segundo a *Prazeres da Mesa*, em 2015.

feliz que quando entrou, dizendo interiormente "A minha experiência nesse restaurante foi incrível". É cansativo, porque, além de tudo, nós temos um *timing* rigoroso, mas compensa. Tudo tem de bater certinho nas mesas, porque os pedidos não entram na mesma ordem. O menu degustação tem de ser operado pelo chef, pessoalmente. É diferente dos outros pratos que são produzidos por uma *brigada*. Fico realmente feliz com o bom resultado.

Esse prazer me parece coisa de artista, porque tem generosidade, técnica e talento, em troca de realização e reconhecimento. Estou certo?
Sim. Um prato não nasce do nada ou de livros. A base teórica dá o fundamento, mas a maneira como você vai concretizar a sua inspiração é que vai dizer se a criação foi bem-sucedida. Isso inclui até a louça onde o prato vai ser servido. Tudo tem de ser pensado e executado para gerar aquele resultado estético. Eu penso primeiro no visual, o que tem muito a ver com arte. Primeiro, você tem de encantar o olhar, depois o paladar. O prazer de degustar um peixe ou um aspargo com a textura correta. A inspiração vem daquilo que o artista está sentindo. Por isso que eu digo que a minha tendência gastronômica vem do coração. O que eu coloco no prato é o que eu vivo, o que eu sinto. Se a minha cabeça não está boa, eu nem começo. Essa entrega precisa transparecer no produto final.

Mas essa correria exige preparo físico. Você fez ou ainda pratica algum esporte?
Quando era pequeno, eu gostava de correr. Não essas corridas de tiro curto, mas aquelas de percurso mais longo. Com 17 anos virei professor de capoeira. Parei quando fui para os Estados Unidos, mas até hoje, quando escuto um berimbau, fico feliz. Atualmente, como tenho que provar muita comida, tento manter a forma correndo na esteira e puxando um ferrinho com o apoio de um treinador. Na minha profissão, se você não faz isso, fica obeso. Além disso, como os meus horários de comer são diferentes, procuro manter a educação alimentar sempre em dia.

Falamos do aspecto artístico e do preparo físico. Do ponto de vista de gestão, como funciona a sua cozinha?
Logo que cheguei ao Amado, em janeiro de 2015, montei uma equipe e um organograma com base na minha formação, o que me deu muita confian-

ça. Usei o que aprendi na escola Le Cordon Bleu e na prática profissional, nos hotéis Ritz Carlton, em Miami. Tenho um subchef, que me substitui, um cozinheiro líder, um responsável por risotos, massas e guarnições, outro por molhos e finalizações, uma pessoa na chapa, uma nas sobremesas e duas nas entradas. E, claro, tenho ajudantes em tarefas de apoio, incluindo a lavagem de pratos. Quando eu me desligo e vou para a sala, o meu subchef fica na linha de comando, provando e organizando a montagem e saída dos pratos. O cozinheiro líder comanda o processo, mas pode pular do fogão para a chapa ou para a sobremesa, e vice-versa. Ele vai para onde é mais necessário.

Como você consegue administrar o timing *dos pratos? Alguns têm de chegar à mesa quentes...*
Existe um *timing* de finalização, sim. Mesmo um prato complicado como o *Chateubriand*, que tem um risoto e um molho como acompanhamento. A pessoa do risoto, por exemplo, tem de começar e parar em determinado ponto, assim como a do filé, que deve interromper o processo a 50% do ponto que eu quero. A pessoa do molho, enquanto isso, tem de estar atenta: esse molho tem de permanecer quente, esperando o meu comando de finalização. Quando eu aciono esse comando, eles têm três minutos para montar o prato. Mas quem manda em mim é o *maître*, que lidera a *brigada* de garçons.

E não tem briga entre vocês, salão e cozinha?
No meu caso, não. Eu exijo integração. O garçom me representa lá fora. Ele informa o tempo que eu tenho. Ele sabe quando o cliente está terminando a entrada e me passa a informação. Está sempre acompanhando as mesas e me diz "Em cinco minutos, vou limpar e preparar a mesa para o prato principal". Nesse tempo, eu tenho que comandar a saída. Aqui no Amado, a comunicação funciona. O meu *maître* me dá esse *timing*.

Qual o seu segredo para gerenciar todas essas pessoas, em uma atividade tão exigente e sendo tão jovem?
Eu nunca quis ser só mais um cozinheiro. Sempre quis ser diferente. Por isso, fui buscar a minha formação lá fora. Eu tento colocar em prática o

que aprendi na minha principal escola, o Ritz Carlton. Na profissão e para a vida. Quando se trata de serviço, eu sei que jamais vou conseguir deixar um cliente feliz se o serviço não for bom. Ou se ele for de primeira, mas a comida apenas razoável. Para isso, tenho que formar desde a pessoa que está no caixa até aquela que finaliza os pratos, passando pelo pessoal de manutenção. Não adianta o restaurante ser perfeito se os banheiros estão descuidados, por exemplo.

Isso pode ser fácil lá fora, onde você trabalhou, mas e aqui?
Pode ser mais difícil, mas quando entre dez pessoas você encontra duas dispostas a se comprometer, você puxa essas duas e prova que, à medida que você cresce, elas crescem com você. Serve de exemplo aos demais. Em nosso país, muitas pessoas que estão na parte de cima da pirâmide social, às vezes se esquecem que, para chegar lá, contaram com alguma coisa ou com alguém, não chegaram sozinhas. Eu costumo levar o meu time comigo sempre. Quando digo que uma pessoa da equipe está errada, ela acredita. Por exemplo, eu almoço com a minha brigada. Não pelo gesto, mas para compartilhar as mesmas condições, trocar ideias e mostrar que todos nós fazemos parte de um mesmo time. Não tem segredo, isso faz parte da minha filosofia de vida.

Bolo de aipim com sorvete de tapioca e brulê de banana, chocolate com cupuaçu, cocada com creme anglaise e sorbet de coco, verrine de goiaba com farofa de castanha-do-pará, mousse de coco são algumas sobremesas do Amado. Por que essa forte presença de ingredientes baianos na cozinha do restaurante? Isso não briga com a contemporaneidade que o Edinho queria imprimir ao restaurante?
O melhor ingrediente é o que eu tenho mais perto de mim. Se eu morar ao lado de uma fazenda de búfalos, pode estar certo de que eu vou servir carne de búfalo e muçarela de búfala. Nós valorizamos o ingrediente e a cultura locais, em um cardápio sofisticado. O público de alta gastronomia, em Salvador, vem sendo formado. Talvez uns 5% da população soteropolitana conheça e saiba distinguir o que, de fato, é alta gastronomia. Essa mentalidade vem sendo formada, mas temos muito trabalho pela frente. Não estamos em Nova York, onde você pode exigir que tudo em

um restaurante de alto nível seja perfeito. O próprio chef Edinho foi um pioneiro no desenvolvimento dessa mentalidade aqui. Enfrentou muita dificuldade no início. Essa pedra ainda precisa ser lapidada.

Eu já percebo um ambiente gastronômico aqui...
Mas o público ainda é pequeno. As pessoas, em geral, são resistentes à mudança. Hoje, eu vivo uma fase melhor. A informação, a internet e o acesso às viagens melhorou a percepção das pessoas. O que estamos fazendo aqui é uma nova gastronomia baiana. A gente foge do dendê. E eu não tenho só o coco na minha carta de sobremesas. Aquela sobremesa que nós chamamos de coco-cocada é um prato inspirado no meu avô, que tem 86 anos e ainda a faz em todas as festas da família. Mas eu trouxe isso para uma linguagem contemporânea. Já a *mousse* de coco é um clássico do Edinho, desde o Manacá. Aqui, hoje, 70% do cardápio são criações minhas, mas os outros 30% são clássicos do Edinho, que ainda está presente, embora, hoje, ele seja mais empresário que chef, no dia a dia.

Em 48 horas na Bahia, além do Amado, eu almocei ou jantei em restaurantes como o Lôro, na praia de Stella Maris, La Taperia e Dona Mariquita, no Rio Vermelho. O Edinho é um pouco responsável por essas novas atrações?
Sem dúvida, ele foi o precursor e um dos pioneiros, junto com outros chefs, como Laurent Suaudeau, Marc Le Dantec, do antigo Galpão, e o próprio Claude Troisgros, que comandou a cozinha do Trapiche em dado período. Eles fizeram esse esforço. O Edinho trouxe outros chefs, como o Erick Jacquin, para promover menus degustação a quatro mãos, eventos e seminários. Tudo isso para criar esse novo ambiente e novos hábitos para a Bahia. Todo restaurante que abre hoje em Salvador tem como referência esse movimento.

Dizem que quando ele começou aqui, há dez anos, toda vez que entrava em um restaurante local, o povo tremia...
Com certeza. Eu mesmo sou um exemplo disso. Tenho muito respeito pelo chef Edinho. Recentemente, estive no Manacá e pude entender os fundamentos da trajetória dele. Fica mais fácil compreender esse pro-

cesso todo. Quando eu estive na inauguração do restaurante do Lôro[3] [Aloísio Melo], na praia de Stella Maris, por exemplo, também presenciei esse fenômeno. Eu o ajudei a montar o cardápio e o conceito gastronômico do estabelecimento, então estava lá quando o proprietário soube que o Edinho também tinha ido. Quando soube, disse: "Meu Deus, e agora?". Tudo tem de ser impecável. No mundo gastronômico, o Edinho é um nome nacional.

Mudando de assunto: Principalmente durante os períodos difíceis da economia, como o que estamos vivendo agora, eu li e ouvi críticas ao tamanho das porções dos restaurantes de alta gastronomia. Como você encara isso?
Essa questão do brasileiro achar que os restaurantes servem pouca comida é cultural. Eu pesquisei muito as cozinhas da Itália e da Espanha, por ter grande interesse na cozinha mediterrânea, mas metade da minha formação é francesa. Para mim, uma experiência gastronômica, para ser completa, precisa de entrada, prato principal e sobremesa. Não acho bom quando o cliente come demais e depois passa mal. Mas, no Brasil as pessoas estão mais acostumadas a entrar em um restaurante, compartilhar com seu acompanhante, ou comer tanto, a ponto de sair dali direto para a cama. Aos poucos, vamos tentando mudar um pouco esse hábito, para que o cliente não sinta tanto essa pressão e se convença a fazer o percurso completo.

Mas, afinal, as porções ficaram menores?
Eu gostaria de servir, aqui no Amado, porções de 150 a 170 gramas de peixe, por exemplo, mas as nossas porções variam de 210 a 230 gramas. Eu não concordo com essa quantidade, principalmente à noite, mas o cliente prefere assim.

---

3 Aloísio Melo, o Lôro, dirige a *melhor barraca de praia da Bahia*, segundo as revistas *Veja* e *Gula*, desde 1995. Situada na Praia do Flamengo, a 30 quilômetros do Farol da Barra, a barraca trouxe novos conceitos para uma atividade até então praticada de forma amadorística: ações de ecologia, esporte e saúde, incluindo alimentos saudáveis e um serviço de qualidade. Isso no reconhecimento do público e da mídia. Por lá passaram celebridades como Caetano Veloso, Jimmy Page, Cristiane Torloni, Suzana Vieira, Mariana Ximenes, Marcos Pasquim e outros globais, músicos e artistas plásticos da Bahia. Em 2014, o proprietário inaugurou o seu segundo estabelecimento, o restaurante Lôro Stella Maris, na praia vizinha.

No auge da crise [entre 2015 e 2017], eu ouvi de empresários respeitados, como o Paulo Cunha, do Grupo Ultra, nunca ter vivido um período pior no Brasil. Como é que um restaurante como o Amado vem enfrentando essa fase?
Primeiro, o Amado tem uma infraestrutura sólida. E uma boa administradora, Wanda Engel, esposa do Edinho. Temos um forte controle de custos, via Compras, e sabemos como isso vai se refletir na ponta do consumo. Não adianta criar um prato sensacional se ele não tem qualidade ou fica muito caro. Exemplo disso é o badejo. Nós não temos condições de oferecer esse peixe no almoço, que tem um cardápio mais econômico. E não posso levantar a bandeira da mesmice, porque afrontaria a nossa vocação. A saída é pensar, planejar e oferecer novos cortes ou novos produtos que não sejam tão conhecidos. Mantendo as nossas premissas de valorizar o produto local, mesmo que ele seja visto inicialmente como um patinho feio. É o caso do bode (cabrito), que tem cortes fantásticos além do carré, que está custando 65 reais por quilo (20 dólares). No repasse ao consumidor final, esse corte seria inviável. A ideia é manter a qualidade do tipo A, agregando novos itens que antes, por problemas de execução ou de conhecimento, deixaram de ser apreciados pelo grande público.

Atrair o turista estrangeiro não seria uma alternativa?
Felizmente, a nossa proposta agrada, e muito, ao consumidor local. O turista estrangeiro passa por aqui, mas não é ele que mantém o nosso faturamento. Geralmente, ele quer comida baiana e nós não servimos aquela comida típica, carregada de dendê, que ele encontra nos restaurantes locais. Esse turista só vai entender a nossa proposta daqui a algum tempo.

Amadinho

No dia 29 de março de 1549, duas caravelas e um *bergantim,* comandados pelo governador geral do Brasil, Tomé de Souza, passaram pela Ponta do Padrão (atual Farol da Barra), para fundar a cidade-fortaleza de São Salvador. A esquadra trazia o prior da recém-criada Companhia de Jesus, Manuel da Nóbrega, e uma recomendação: buscar o apoio de um patrício radicado naquelas terras para proteger o domínio português na região.

Quatro décadas antes, em 1509, um náufrago tinha sido encontrado pelos índios tupinambá, a cinco quilômetros dali, na praia do Rio Vermelho. Caído entre as pedras e coberto de algas, foi chamado pelos índios de *Caramuru* (lampreia). Seu nome era Diogo Álvares Correa[4]. Ficou amigo da tribo, sem perceber que o tratavam com respeito porque pretendiam devorá-lo.

Caramuru tornou-se uma lenda ao matar uma ave com um arcabuz, para não ser comido pelos índios. Tomou como esposa a filha do cacique Tapira, Paraguaçu, e transformou a praia do Rio Vermelho no primeiro entreposto comercial do país, negociando com europeus de diferentes origens, sobretudo franceses, nosso primeiro produto: toras de *Caesalpina echinata*, também conhecida como pau-brasil.

Com a mediação de Caramuru, a aldeia ganhou habitações, alguns currais e uma armação de pescadores, ali presentes até hoje. O Mercado do Peixe[5] foi a primeira praça comercial do bairro, que também abriga o Memorial Jorge Amado (na casa que o escritor viveu), um circuito gastronômico e o Ceasinha do Rio Vermelho[6], entreposto criado no bairro em 1973, como alternativa à Feira de São Joaquim, que fica dez quilômetros ao norte, na entrada do chamado Recôncavo Baiano (municípios do entorno da Baía de Todos-os-Santos).

Em 2012, a Empresa Baiana de Alimentos (EBAL) começou a reformar o Ceasinha do Rio Vermelho apoiada na vocação mercantil do bairro. A proposta era agregar lojas de artesanato ao entreposto de alimentos, que foi ampliado e modernizado para atrair turistas e moradores de outros bairros, habitados pela classe média da cidade.

---

4 O naufrágio e a vida de Diogo Álvares Correa com os indígenas sempre foram envolvidos em contornos de lenda, sobretudo na obra do padre jesuíta Simão de Vasconcelos, de 1680, na qual se inspirou, um século mais tarde, o frei José de Santa Rita Durão, para compor o poema épico em dez cantos *Caramuru* (1781). A história também inspirou a comédia de Guel Arraes e Jorge Furtado, *Caramuru – A invenção do Brasil* (2001).

5 O tradicional Mercado do Peixe está situado entre uma colônia de pescadores e um hotel cinco estrelas, no Largo da Mariquita, em Rio Vermelho. Ao contrário do que o nome sugere, o comércio gira em torno de comida e bebida, sobretudo, cerveja. O lugar funciona 24 horas, todos os dias da semana.

6 Em 2014, foi reinaugurada a revitalização do Mercado do Rio Vermelho (Ceasinha). A área comercial cresceu 88%, de 4.637 m² para 8.725 m², e os espaços comerciais subiram de 100 para 171 *boxes* no total.

A revitalização foi inaugurada no fim de 2014 e o chef Edinho Engel foi convidado a participar de um sorteio das (poucas) áreas remanescentes dos antigos restaurantes que funcionavam no local. Edinho decidiu apoiar a iniciativa, embora a área destinada ao Amadinho – uma versão popular do tradicional Amado Bahia – tenha sido um *box* com menos de 50 metros quadrados, do lado esquerdo e no fundo da praça de alimentação do novo mercado. Na entrada, ocupando o dobro do espaço, um competidor de peso: o tradicional Restaurante do Edinho, o xará de Engel que serve comida regional no bairro há trinta anos.

O Amadinho começou a funcionar em março de 2015, com três ingredientes que o chef sempre usou em suas receitas de empreendedor: fé, trabalho e criatividade. Muitos clientes do Amado que vêm ao Ceasinha do Rio Vermelho se confundem e acabam comendo no restaurante do "outro" Edinho. É difícil enxergar o letreiro do Amadinho à distância. "Mas", conforta-se o chef, "era o que havia naquele momento".

Montar um cardápio popular de porções individuais, com base em uma experiência de alta gastronomia, também não foi fácil, assim como planejar as compras e ingredientes de pratos vendidos a preços de *fast-food*, sem perder a qualidade e o paladar da cozinha feita em casa (*confort food*).

Mas o restaurante trabalhou a todo vapor desde a sua inauguração, servindo, em média, 40 almoços por dia, com um cardápio que não deixa nenhuma dúvida quanto a sua origem ou vocação: *Bobó de camarão com farofa de dendê e arroz*; *Carne de sol com farofa, vinagrete e arroz*; *Moqueca de camarão com chuchu, ovo, arroz e farofa de dendê*; *Galinha ensopada à mineira com quiabo e arroz*; *Virado à paulista*; *Rabada com pirão*; *Paleta de bode com legumes e arroz*, além dos clássicos: *Feijoada, Dobradinha, Costela, Macarronada, Galinha nagô, Filé de peixe* ou *Bife à milanesa com arroz e feijão* e *Ensopado de carne de carneiro com legumes e arroz*. Tudo isso em porções individuais, a preços que, no início de 2016, variavam entre 22 e 30 reais (6 a 8 dólares), exceto duas iguarias mais caras: *Paleta de bode*, de 48 reais (14 dólares) e a *Rabada*, de 42 reais (12 dólares).

O Amadinho funcionou até fevereiro de 2016, quando Edinho Engel resolveu abandonar o empreendimento, pressionado pela demanda do Bufê Amado, que começou a crescer nessa época, ao mesmo tempo que os problemas da gestão pública do Ceasinha aumentavam: infraestrutura de espaço público a preços de shopping center. "A ideia de um restaurante popular está mantida", garante o chef, "mas preferimos adiá-la por algum tempo e aumentar a nossa aposta no bufê".

Temperatura e pressão

Quem comandou a cozinha, sob a liderança de Edinho Engel e a consultoria de Fabrício Lemos, foi o chef Gabriel Lobo de Souza, formado pela Faculdade de Gastronomia Estácio de Sá de Salvador e atual presidente da Associação de Food Trucks & Comida de Rua da Bahia.

Gabriel tinha, em 2016, 27 anos e começou como estagiário no Amado, seis anos antes. Ele e os subchefs que conheci ao visitar o Amadinho, Fábio Oliveira e Antonio de Jesus, trabalhavam em um espaço pequeno, sob altas temperaturas e a agitação peculiares de uma praça de alimentação de shopping center, por onde podem passar três mil pessoas em dias de pico. Nada disso conseguia alterar o bom humor do jovem chef que, depois do Amadinho, abriu sua própria casa, no mesmo bairro, o Sagaz – Tapas e Pintchos.

"A cozinha é meu paraíso", afirma Gabriel, com a segurança de quem adora o que faz. "Experimenta aí a minha croqueta de cordeiro", oferece em tom de desafio. "Ou este polvo com batatas bravas". No Amadinho, os pratos mais pedidos eram a rabada, a linguiça caseira e o hambúrguer da casa, que Gabriel servia com cebola caramelizada, queijo coalho e aipim frito. "Também tínhamos um sanduíche de pernil de fazer inveja aos paulistas, com refogado de pimentão, cebola e tomate", registra.

Assim como seu mestre, Edinho Engel, Gabriel Lobo aprendeu a repassar a seus colaboradores diretos todos os conhecimentos aprendidos de técnicas de cocção e temperos à associação de ingredientes regionais e o *timing* da montagem dos pratos. Faz isso sem nenhum esforço: à noite, ele costuma completar o orçamento doméstico dando aulas de culinária em um galpão situado nos fundos de sua casa, das 20h às 23h, onde já formou mais de 400 pessoas.

O curso começa com uma aula sobre o ato de cozinhar, que abrange desde a compreensão do papel do calor no rompimento das moléculas e fibras dos alimentos até processos químicos com a liberação de açúcares das carnes e vegetais e a combinação de elementos que se libertam, se juntam e se modificam, alterando ou levantando o sabor dos ingredientes e seus temperos.

Em seguida, o chef explica o que significa selar uma carne, como produzir um picles, confitar um pato e reduzir um molho. Fala de fermentação, de assados, guisados e grelhados, sempre trabalhando com um ingrediente principal, do início à degustação final: frango ou frutos do mar, aves ou carne bovina. As últimas aulas do programa, geralmente, são dedicadas a pratos leves, pizzas e confeitaria.

Gabriel acredita que, mesmo sabendo cozinhar, as pessoas nunca vão deixar de frequentar os restaurantes, porque o seu tempo é cada vez menor. "Além disso, a comida também pode ser encarada como prazer ou diversão", sugere. "Em casa", confessa, "eu quase nunca tenho tempo de preparar a minha comida. Gosto muito de arroz, feijão e ovo". Para o chef, a moda de comer bem, como fenômeno social, vai permanecer, assim como o varejo de autosserviço (criado por um americano, Michael Cullen, em 1930, e que se instalou, definitivamente, no Brasil, a partir da década de 1950).

"A moda da boa comida", pondera Gabriel, "coincidiu com a consciência da importância da saúde na melhoria da qualidade de vida, e isso está diretamente ligado aos hábitos alimentares".

Sobre a associação de *food truck* e comida de rua, que luta por uma regulamentação municipal em Salvador, Gabriel acha que essa nova modalidade de serviço vai atender a uma demanda reprimida por uma alimentação de rua de melhor qualidade. Na opinião do chef, os veículos-restaurantes vão absorver uma parte da alimentação rápida, com boa relação de custo-benefício e a vantagem adicional de melhorar o desempenho daqueles que souberem encarar esse desafio. "A gente consegue enxergar isso nos eventos, que já permitem o funcionamento dos *food trucks*", observa.

O Ceasinha do Rio Vermelho fica ao alcance dos bairros de classe média alta de Salvador, como Pituba, Horto, Candeal, Brotas, Itaigara e Nordeste de Amaralina, mas convive com a realidade da favela de Santa Cruz, que fica a cerca de 200 metros ao leste de suas instalações. "Poucas pessoas da comunidade frequentam o shopping", observa Carlos Eça, ex-

-*maître* do Amado, que foi sócio do Amadinho e migrou para o bufê Amado. "A crise acentuou as diferenças sociais", ele diz, "e o Ceasinha compensa mais para quem costumava ir de carro à Feira de São Joaquim".

Para os executivos que trabalham na região, os preços dos restaurantes do Ceasinha continuaram convidativos. Mas, para os empreendedores, o custo-benefício acabou inviabilizando o investimento. Carlos Eça aponta, como exemplo, o preço do aluguel e de algumas matérias-primas, como o rabo de boi, que encareceu muito depois que comer bem virou moda. "O prato sempre foi popular", explica, "mas tornou-se o mais caro do Amadinho depois que a demanda aumentou. Nós tínhamos que comprar dez quilos para ficar com quatro quilos de carne".

"O pior é que, tanto a crise, quanto a moda da comida vão durar", vaticina o antigo sócio do Amadinho. "As pessoas que frequentam o Ceasinha gostam de comer, mas, também, de fazer as suas *brincadeiras* em casa", ele diz. "Alguns clientes passavam pelo restaurante, beliscavam alguma coisa, bebericavam com amigos e depois saíam para comprar um peixe e fazer o seu assado em casa. Certa vez, um deles conseguiu uma folha de bananeira ali por perto, que eu acabei preparando para ele em nossa chapa. Saiu do restaurante feliz da vida e eu ganhei um amigo, mas perdi o cliente".

"Em uma praça de alimentação", observa, "as coisas são complicadas. Os frequentadores do Ceasinha podiam ocupar qualquer uma das 650 mesas da área central, comum a todos os restaurantes. Certa ocasião, um casal sentou-se em frente ao nosso balcão, com pratos de cozinha regional de um concorrente. Na primeira garfada, o rapaz abandonou a sua refeição. Sua acompanhante teve a mesma reação. Acabaram pedindo o nosso cardápio. Desavisado, o nosso garçom recolheu os pratos rejeitados à nossa cozinha. Nenhum dos nossos cozinheiros teve coragem de experimentar o que viu. A qualidade sempre foi a nossa força".

O maior desafio do Amadinho, no entanto, segundo Carlos, foi o recrutamento e a formação da equipe. "Tivemos uma funcionária que não conhecia cebola", revela. "Eu perguntei o que ela comia, e ela me disse que costumava cozinhar um macarrão e jogá-lo em cima de um ovo frito. Era a sua principal refeição". Parte da tarefa dos administradores de um restaurante é ensinar aos garçons e ajudantes dar seus primeiros passos no mundo da gastronomia. "É uma questão de saúde pública", acredita ele.

Quanto à internet, Carlos Eça não abre mão desse recurso. "No Amadinho", conta, "um cliente do Rio de Janeiro, que tinha experimentado a galinha mineira, postou um comentário que foi visto por seus 15 mil seguidores. Nos dias seguintes, dezenas de novos clientes chegaram ao restaurante mostrando esse mesmo comentário aos garçons. Depois, um usuário do Twitter, com 600 seguidores, fez a mesma coisa, e 45 minutos depois, chegaram quatro pessoas que tinham visto aquele *post*".

"Comida boa, bebida gelada e preço acessível", avisa Carlos Eça, "formam uma combinação imbatível". Ele tentou convencer as operadoras turísticas a incluir o Ceasinha do Rio Vermelho em seus roteiros, em substituição à Feira de São Joaquim, que passou por reformas ao longo de 2016, mas não conseguiu. O movimento de todos os restaurantes começou a cair e a administração do Estado não conseguiu mudar o rumo de sua administração em tempo de salvar o projeto.

Na visão de Edinho Engel, o maior desafio de qualquer restaurante é construir uma ponte entre as pessoas que supõem ou pretendem entender de culinária – muitas delas, em busca de uma cozinha de resgate cultural, outras, motivadas pelos atrativos da gastronomia contemporânea – e as raízes de cada região, alteradas por novos hábitos e ingredientes, tudo isso em um ambiente econômico e regulatório cada vez mais complexo.

"Os restaurantes onde você come em baixo da mangueira", diz, "não têm de se preocupar com regras e com a fiscalização rigorosa, porque nós vivemos em um Estado paternalista que prefere fechar um olho para aquele pescador que vende lagosta fora do período de defesa ou para a lanchonete que não segue todas as normas de higiene. Um restaurante mais exposto", pondera, "recebe visitas constantes do Ibama, Secretaria da Fazenda e todos os outros órgãos reguladores".

"Além disso", observa o chef, "aqui na Bahia, a cozinha sofisticada quase não existia. O pessoal não aceitava, por exemplo, a cozinha do Beto Pimentel, um chef que sempre valorizou os ingredientes locais, porém usando técnicas das mais apuradas. Muita gente, aqui, confundia gastronomia com culinária", pondera, "o que só começou a mudar com a chegada de chefs como o Laurent Rezette, o Marc Le Dantec, o Claude Troisgros e eu, entre outros".

Para Edinho Engel, a disseminação da informação gastronômica, a abertura de escolas de gastronomia, a realização de eventos e a internet têm ajudado a mudar os hábitos do consumidor baiano, que começa a aceitar novos postulados na hora de comer. "Com isso", constata, "já temos novos restaurantes e novos negócios, segmentados, nas áreas de restauração e de sobremesas. Acho que estamos entrando em uma nova era, que vai favorecer aquela ponte que sempre tivemos a ambição de construir", conclui.

A base teórica
dá o fundamento,
a maneira como
ocê vai concretizar
a sua inspiração é que
vai dizer se a criação
oi bem-sucedida

Fabrício Lemos)

Tordesilhas

Tordesilhas é uma cidadezinha de oito mil habitantes, a 30 quilômetros de Valladolid, na região de Castela, na Espanha, na qual, em 1494, o rei de Portugal, dom João II, *o perfeito*, e a rainha espanhola Isabel, *a católica*, assinaram um acordo que concedia ao primeiro o direito de explorar as terras do Novo Mundo situadas a 370 léguas do arquipélago de Cabo Verde, na costa da África, e à segunda os domínios encontrados a partir das ilhas Caraíbas, no mar das Antilhas, por onde navegara Cristóvão Colombo, patrocinado pela coroa espanhola.

Tordesilhas, o restaurante – eleito o melhor de cozinha brasileira pelos guias *Veja São Paulo*, *Época*, *Folha de S.Paulo*, *Estadão*, *Prazeres da Mesa*, *Gula* e *Go Where* –, não fica longe da linha imaginária do Tratado de Tordesilhas no Brasil (latitude 23,5º, longitude 46,6º), assim como a cidade paulista de Penápolis, onde nasceu a chef Mara Salles, uma das donas do restaurante. No entanto, o lugar, um casarão da Alameda Tietê, no coração dos Jardins, em São Paulo, não parece separar territórios, ao contrário, é celebrado tanto por estrangeiros – sua principal clientela –, como por vizinhos e seus *habitués*: a doceria Carole Crema, o escritório do arquiteto Márcio Kogan, o ateliê da estilista Wanda Borges, o bar Brejinho e a padaria Julliet. Aos 25 anos de vida, o restaurante tornou-se um amálgama de culturas que se transformam em quitutes de sabor inigualável.

Espanha, Itália e Portugal passam, todos os dias, pelas mãos do pernambucano Sandro Alves, chef de bases e preparos do Tordesilhas e fiel escudeiro da chef Mara Salles, que trabalha na parte mais baixa do casarão onde o Tordesilhas instalou-se, há três anos, depois de funcionar por 13 anos na Rua Bela Cintra, na banda oposta da Avenida Paulista. Foi lá que o restaurante construiu a sua reputação, servindo disputados almoços executivos e jantares sofisticados com alma brasileira.

No casarão dos Jardins, Sandro Alves não guarda segredos: "Ensino tudo, porque aqui aprendi o que sei, nos últimos 15 anos". A cozinha de preparos, situada no plano mais baixo do edifício, abriga a etapa menos glamorosa, embora crucial, do que se passa na parte de cima do restaurante, com seus 80 lugares, uma charmosa cozinha de finalização e um amplo bar de fórmica vermelha, no qual o cliente pode degustar cachaças tão boas quanto as que eram fabricadas pelo avô de Mara Salles no engenho da fazenda onde ela nasceu.

Com seu uniforme impecável, que não dispensa a cartola branca, Sandro amassa, corta, retalha, reduz e vai moldando preparos de um cardápio que resume todas aquelas influências, apoiado por seus dois ajudantes aprendizes, Heloísa e Alexandre: ela pulveriza um quilo de parmesão que vai ser misturado à massa de mandioca cozida "um pouco antes do ponto" do bolinho servido como entrada no restaurante; ele pica a cebola para o refogado do bobó de camarão. A seguir, é a vez dos pimentões – verdes e vermelhos, em um corte miudinho –, que o chef vai acrescentar ao refogado de quatro litros de dendê da marca Palma – tem de ser dessa marca –, no qual o alho picado por ele e a cebola começam a dourar.

O caldo de tucupi, congelado em pacotes de três litros, chega do aeroporto – vem de Belém do Pará –, mas a mandioca do bobó, mergulhada em 21 litros d'água, mais 4 litros de fundo de camarão (cascas) para os 22 quilos desta empreitada, foi trazida há pouco por Ivo Araújo – sócio e parceiro de Mara Salles – da feira de Lauzane Paulista, na região da Cantareira, onde ele mora. "O fornecedor traz de Sorocaba, três vezes por semana", explica Ivo. "Além de deixar o bobó mais saboroso, o produto fresco economiza energia de congelamento e armazenagem". A couve que os ajudantes começam a preparar para a feijoada de sábado, quem traz é a própria Mara, que frequenta a feira de orgânicos do Parque da Água Branca, duas vezes por semana.

Dona Dega

Tudo acontece sob a vigilância serena de dona Dega, 84 anos, mãe de Mara e herança viva de boa parte das tradições, habilidades e influências da chef. Esse legado também se revela na conduta, processos e cardápio do restaurante: a cozinha afetiva, as origens europeias dos ancestrais e a cultura cabocla do interior de São Paulo e de Minas Gerais. Em seguida, vêm as receitas que Mara começou a pesquisar, estudar e experimentar trazidas do Pará, da Bahia, do Mato Grosso, de Goiás e do Paraná. "Arroz, só tempero com alho", segreda dona Dega, saudosa do tempo que a comida e as pessoas eram mais simples: "Linguiça, queijo, conservas, doces, pimenta, era tudo feito em casa", ela diz. "A pessoas não tinham esse medo de tudo. Eram mais tranquilas, educadas".

Depois de cozinhar com dona Dega desde os seus 10 anos, em uma família com oito irmãos, de montar o seu próprio restaurante e de viajar pelo país, Mara diz ter aprendido que a cozinha brasileira se manifesta de duas maneiras principais: a comida tradicional de festa, nas comemorações religiosas e laicas, dos círios, divinos, São João, carnavais, batizados, terreiros e mutirões, e a comida do dia a dia – feita de viradinhos, farofas, picadinhos, bifes, paneladas, cozidos e refogados, que junto com o arroz e o feijão compõem uma deliciosa mistura.

O pato (coxas e sobrecoxas) acaba de deixar o saco plástico onde ficou marinando por 24 horas em uma solução de vinagre de vinho branco, cebolinha, salsinha, sal, cebola, noz moscada, pimenta do reino, louro e azeite e vai para o forno, combinado a vapor, em formas de alumínio. Para Sandro Alves, as de aço inox ressecam o assado. No forno, as coxas de pato assarão por duas horas, à temperatura constante de 120ºC. Depois de fria, a ave será embalada em sua própria gordura (*confit*), em porções individuais, até o momento de ser servida em um caldo de tucupi (temperado com pimenta de cheiro e chicória em vez de coentro), com folhas de jambu, também "importadas" do Pará.

Dona Dega chega com o feijão preto, escolhido na varanda do salão de refeições e de estar dos 22 funcionários (fora a brigada extra de garçons do fim de semana), ao lado do escritório que o separa da cozinha de preparos. Não resiste a *virar*, com a colher de pau, um panelão de carne moída refogada que vai abastecer cerca de 500 pasteizinhos servidos como entrada no restaurante (músculo bovino e pernil suíno), e que já recebeu um punhado de coloral e outro de farinha de trigo das mãos de Sandro: "Para fritar direito, o recheio do pastel não pode soltar nenhum líquido", explica. Depois, ela joga na carne moída um punhado de azeitonas da *tapenade* preparada por Alexandre e outro de cebolinha fresca orgânica higienizada pouco antes de cair na panela.

Uma vez cozida, a mandioca do bobó passa pela etapa mais trabalhosa do processo: a retirada dos fios, com ajuda de uma pinça, pelo chef. Em seguida, é triturada com a ajuda de um mixer gigante e, finalmente, recebe o refogado de dendê que vai dar a cor e o sabor característicos do prato – a pimenta de bode triturada é o último tempero, e só entra no final. Depois, a mistura é armazenada em sacos PET de três quilos, para ser consumida nos dias seguintes. O camarão (12 unidades de porte médio, sem cabeça) só entra na composição na hora da finalização do prato, grelhado rapidamente na manteiga.

Mapa gastronômico

"O mapa gastronômico do brasileiro é diferente do físico", ensina Mara Salles, que foi professora nas primeiras escolas de gastronomia criadas no Brasil, "porque os hábitos regionais foram influenciados pelos que habitam ou habitaram as regiões e seus respectivos biomas, diretamente relacionados à oferta de matérias-primas culinárias. "É difícil entender as diferenças porque as interferências ultrapassam as fronteiras geográficas", ela admite.

Para a chef, a mestiçagem brasileira faz parte da cozinha desse povo que se expressa com vigor e naturalidade: jovem e vibrante, embora referendada nos fogões a lenha, nos fundos de panelas, borras e pimentas aromáticas – como as que entram nos molhos preparados pelo especialista Zé Maria, garçom do Tordesilhas há dez anos. Na base desses sabores, os frutos da terra: o milho, as mandiocas e suas farinhas crocantes e as abundantes espécies de frutas. "O Tordesilhas serve arroz, feijão e farofa", ela diz, "porque é isso que o brasileiro mais gosta de comer".

Mas o cardápio também exibe alguns clássicos regionais: o barreado, o tacacá, pato no tucupi, moqueca, pirarucu, costelinha de porco, pasteizinhos e queijo coalho. "Revelar essas delícias é a maneira que encontramos para expressar nossa grande paixão por este país", diz a chef. "Mas a enorme diversidade de ingredientes e de fazeres nos instiga também a novos experimentos".

"Entendemos", pontifica Mara Salles, "que o futuro da gastronomia brasileira não deve ignorar os rumos da atividade no mundo, mas buscar foco e referência nas nossas técnicas, nas formas de preparo e nos hábitos de comer dos brasileiros, agregando o talento e a criatividade dos nossos cozinheiros. Quem sabe este não seja até um dos ingredientes para a receita de nos tornarmos uma grande nação".

Além da feijoada dos sábados que costuma reunir a vizinhança, frequentadores gringos e amantes locais do prato, sempre precedido por um caldinho de feijão com torresmo e acompanhado pelas imperdíveis farofa de dona Dega e a couve de Mara, cortada bem fininha, o Tordesilhas oferece, todas as últimas quintas-feiras do mês, a melhor versão paulistana do Tacacá paraense, que também compõe o cardápio de todo dia do restaurante.

Entre os clássicos do Tordesilhas, merecem reparo, além do *Bobó da Bahia*, do *Barreado paranaense* e do *Pato no tucupi com jambu*, do norte brasileiro, a *Moqueca capixaba* e os famosos *Costelinha de ripa com risoto mulato e couve* e *Galeto assado* de Mara Salles, com *Curau de milho verde e arroz de abobrinha com perfume de pequi*, o "nosso picadinho" com arroz e feijão, farofa, banana grelhada e ovo pochê. Para quem gosta de peixe de água doce tem pirarucu e filhote; e de água salgada, além da caldeirada e da moqueca, há o *Peixe do dia ao molho de moqueca, acaçá e farofa de dendê*.

Tem tacacá na Tietê
Texto de Ivo Ribeiro (sócio do Tordesilhas)

Nas cidades amazônicas, sempre no final da tarde, depois da chuva, quando o calor úmido se torna quase insuportável, as tacacazeiras montam suas barracas nas esquinas, sob mangueiras e em praças, para servir esse exótico preparo.

Curiosamente, o caldo muito quente, sorvido aos goles, traz uma agradável sensação de que uma suave brisa chega para refrescar. Servido em cuias, o tacacá é uma instigante mistura de tucupi (líquido amarelado, levemente ácido, extraído da mandioca brava), goma (amido de mandioca que depois de cozido se torna transparente e com textura de mingau), jambu (verdura com sabor muito particular que, ao ser mastigado, provoca uma leve sensação de dormência na boca) e camarão seco.

Nós adoramos o tacacá e embora ele esteja no nosso cardápio, ficamos com vontade de servi-lo do jeito de lá, para que aqueles que já conhecem matem a saudade e aqueles que só ouviram falar tenham a chance de prová-lo da maneira mais típica, saboreando essa gostosura e conhecendo um pouquinho das nossas tantas riquezas.

Nossos ingredientes são genuinamente amazônicos, vindos de Belém, de um único e respeitado fornecedor com o qual trabalhamos há mais de 15 anos.

O tacacá fica ainda mais gostoso com uma pimentinha amarela chamada Cumari-do-Pará. Cumari, em tupi-guarani, significa alegria do gosto. Queremos compartilhar essa alegria com vocês na calçada.

⟨ ⟩

Aos 25 anos de vida,

um amálgama de culturas
que se transformam
em quitutes de
sabor inigualável

D.O.M.

A noite começou tensa: o ex-presidente Lula apareceu em uma foto com Leo Pinheiro, da OAS, no sítio de Atibaia, em São Paulo, e o ministro do STF, Edson Fachin, decidiu homologar a delação premiada de Joesley Batista, da JBS, contra o presidente atual, Michel Temer, em uma séria ameaça à estabilidade institucional do país e ao andamento das reformas (previdenciária e trabalhista). Eu, por meu lado, acabara de sair de uma cintilografia do miocárdio e temia explodir, a qualquer momento, caso o contraste radioativo que ainda circulava em minhas veias resolvesse reagir com um daqueles ingredientes exóticos do jantar: puxuri, botarga, aviú.

Passei pelo chef Alex Atala antes de entrar em seu templo, na Rua Barão de Capanema. Ele conversava com alguém de sua equipe, brandindo um grande papel, como uma partitura, ou uma planilha de custos – nunca saberei. Gesticulava, como se orientasse um alto executivo a convencer seus pares do Conselho de Administração a aprovar uma nova emissão de debêntures, ou uma *due diligence* sobre alguma empresa concorrente ou, ainda, a acrescentar uma pitada de flor de sal ao caramelo de cebola do restaurante. Discreto, mas enfático.

Adentrei ao recinto, como se dizia antigamente, e fui engolido pelo ambiente, a princípio, intimidador: um grosso balcão de cumaru escurecido, à direita, embaixo de duas lanternas de tecido leve, medindo um metro de altura cada uma, penduradas em um teto com pé direito de, no mínimo, oito metros de altura. Paredes revestidas de acrílico semifosco em tom cáqui – o mesmo dos sofás das paredes laterais –, contrastando com o mogno encerado de mesas quadradas de dois lugares, seis de cada lado, e duas de quatro lugares, além de uma enorme mesa redonda de 13 lugares, que começava a ser ocupada por um bando de executivos seguidos por malas de rodinhas, carregando câmeras Nikon.

Apesar de clássica – cadeiras Oscar, aparadores lustrados, trançados artesanais, livros e objetos relacionados à gastronomia –, a decoração do restaurante remete à brasilidade, a começar pelas esculturas da cozinha, feitas pela artista popular Conceição dos Bugres, de Campo Grande, Mato Grosso do Sul.

O clima, dentro e fora do restaurante, era ameno, a cara de São Paulo: entre 18ºC e 20ºC. Uma noite agradável, não fosse pela inquietação externa que a pesada porta de entrada parecia filtrar. Aécio Neves, Michel Temer, Lula e todas aquelas notícias do dia tinham ficado do lado de fora. As coisas começavam a entrar em foco: um pequeno torrão de cachaça com mel e limão, quase rapadura, se desfez no meu palato. Em seguida, um *sorbet* de pimenta, acompanhado por um *shot* de saquê servido em um copinho feito da própria pimenta de cheiro abriu caminho à ostra com creme de cupuaçu e tiras de manga. Outros bocaditos: biscoito de polvilho desfeito e untado com botarga, torresmo de pirarucu com purê de banana e aviú (camarão pequeno do rio Amazonas) e, finalmente, um purê de camarão e moranga servido em uma cabeça de camarão pistola.

Deixei de me interessar pelo que se passava ao redor: um miniflan de cogumelos Yanomami sobre um caramelo de cebola, acompanhado de miniarroz crocante com algas secas e alecrim me exigiram máxima concentração. Só nesse momento o mundo pareceu ajustar-se à minha lente.

O flan, cuja textura eu sempre admirei, desde a infância (nos pudins de caramelo), veio na temperatura perfeita: morno, sem perder a consistência gelificada, permitindo a manifestação de seu sabor delicado em toda a extensão e intensidade. Segundo Geovane Carneiro, lugar-tenente do chef há vinte anos, foi cozido no vapor e conservado frio, mas servido depois de receber um bafo de forno por dois minutos.

Depois, veio o pirarucu grelhado com pimenta de cheiro e creme de açaí. Olhei para o balcão, agora preenchido com cinco felizardos sorvendo, possivelmente, um daqueles drinques do D.O.M.: *gin sour* com vinagre de mel e limão, pisco com baunilha, goiaba e xarope de hibisco, licor de lichia com fava de baunilha e espumante Cave Geisse.

O chef Atala tinha desaparecido da cozinha envidraçada – talvez pela porta dos fundos –, mas o seu *sous chef* e sósia – pelo menos, de longe –, Giovane, continuava por ali, no comando do espetáculo: beiju de mandioca, alho assado, coalhada com azeite da serra da Mantiqueira e pão de queijo, codorna com cacau do combu e stinco de cordeiro com quibebe de abobrinha. Embora calvo, Giovane sabe que a barba grisalha, o dólman e a cartola – fora o gestual – facilitam o mimetismo: a maioria dos fãs estrangeiros pensa que Alex está no comando dos 16 cozinheiros do D.O.M. o tempo todo.

Prestei atenção nos garçons. Gente da melhor qualidade, bem treinada na arte de descrever aquelas delícias:

— Vocês experimentam tudo? — perguntei.

— Claro — respondeu um deles. — Senão, como é que a gente ia vender?

Lembrei-me de Antonio Maciel Neto, executivo do Plano Brasileiro de Qualidade e Produtividade (PBQP), nos anos 1990: virou CEO da Ford. Ele adorava contar, em palestras, de que forma os operários de uma fábrica de sapatilhas de balé de Santa Catarina conseguiram alcançar o padrão de qualidade do produto concorrente, importado da Argentina: inspirado por um consultor, o dono da fábrica promoveu um espetáculo de balé clássico, com orquestra e tudo, para o pessoal da fábrica. A ideia era fazer que eles entendessem como aquilo se passava. O resultado não se fez esperar: um mês depois, as sapatilhas manezinhas começaram a ser disputadas no mercado. Hoje, penso com meus botões que o tal empresário, no máximo, compartilharia com o seu público interno um podcast do Grupo Corpo pelo Twitter.

Quando olhei para a cozinha outra vez, Atala tinha voltado. Fui ao beija mão e comentei com ele como aquele dia tenso tinha começado tranquilo: na falta de jogos de futebol, o *Bom Dia Brasil*, da TV Globo, publicara matéria sobre o treinamento de falcões e gaviões que protegem a aviação comercial, no Aeroporto Tom Jobim. "Ao assistir à reportagem", eu disse, "eu não consegui entender o que os treinadores fazem para convencer os bichos a não devorar as suas presas no ato da caça: pombas, almas de gato, ben-te-vis". "Só depois de conhecer o seu menu degustação, ao vivo", completei "pude perceber como isso é possível. A refeição dos gaviões – carne limpa e bem preparada – deve ser uma espécie de menu do Alex Atala para gaviões".

Abençoado por Deus

A sigla do restaurante, D.O.M., não esconde nenhuma pretensão: *Deo Optimo Maximo*, de fato, abençoou o seu filho punk da Mooca, que nunca frequentou nem a paróquia de Nossa Senhora do Bom Conselho, nem a de São Januário, ambas em seu bairro natal. "Eu era um garoto punk, aberto às tentações do meu tempo: o rock, as drogas, a violência", diz Alex. "A cozinha, com sua porosidade, me absorveu. É por isso que essa atividade tem tanto potencial de transformação social".

Os menus degustação do restaurante D.O.M., Optimo ou Maximo, não saem por menos que o equivalente a 200 dólares e 300 dólares por pessoa, respectivamente. Mas são a vitrine da pesquisa e da criação do chef, frequentemente renovada. Segundo Alex, o D.O.M. não começou como um restaurante gastronômico: o ex-DJ e mochileiro que, em 1986, aos 18 anos de idade, aventurou-se pela Europa lavando pratos e recolhendo informações nos lugares por onde passou, só queria ganhar dinheiro quando montou o seu restaurante.

Depois de frequentar a Escola de Hotelaria de Namour, na Bélgica, no final dos anos 1980, Alex Atala trabalhou em uma casa de Jean Pierre Bruneau, em Grenshoren, ao norte de Bruxelas, capital da Bélgica, e, depois, no prestigiado Hotel de la Cote D'Or, em Semour-em-Auxois, na França. Em seguida, passou por cozinhas de Montpellier e Milão. Quando voltou ao Brasil, em 1994, dominava a técnica gastronômica, exatamente como os franceses que já "causavam" no país, mas queria aprofundar essa fusão entre a técnica e os produtos da terra, principalmente a amazônica, alguns ignorados, outros desprezados pelos cozinheiros dos grandes centros.

Foi nessa ocasião que o então chef dos restaurantes Filomena e 72 – ambos na capital paulista – conquistou o seu primeiro prêmio como chef revelação da Abredi – Associação Brasileira de Bares e Restaurantes Diferenciados. Em 1999, iniciou sua atual carreira de chef-empresário ao fundar o Namesa, um restaurante despretensioso que alcançou rápido e estrondoso sucesso no bairro dos Jardins. No final de 1999, abriu o premiado D.O.M., considerado o 9º melhor do mundo pela lista da revista inglesa *Restaurant* (The 50 World's Best Restaurants – Edição 2015). No ano anterior, a revista apontou Alex como o melhor chef eleito por seus pares (Chef's Choice Award).

Acostumado ao mato desde criança, levado pelo pai e pelo avô em caçadas e pescarias – inclusive na Amazônia –, Atala respeita a floresta, mas acha que o homem pode estar nela incluído: "a cozinha tem tudo para ser o elo entre eles", ele diz.

A história do Instituto Atá (que significa fogo, em tupi-guarani) teve origem nessa certeza: depois de comprar uma área na qual existia uma zona de conflito com uma tribo indígena que se mudara para a região, em São Gabriel da Cachoeira, no Amazonas, no Médio Rio Içana, ele começou a desenvolver no local, em 2012, uma cooperativa de produção de ingredientes culinários como a Pimenta Baniwa do tipo Jiquitaia, usados em seus restaurantes e distribuídos pela empresa Retratos do Gosto para empórios de todo o Brasil.

Segundo Alex Atala, no manifesto de criação do Instituto, "o entendimento dos biomas pode criar o manejo sustentável de alimentos quase desconhecidos das mesas brasileiras como a maçã do coco, esponja formada no centro da amêndoa no momento da brota do coco; o cogumelo brasileiro e variedades especiais de arroz e feijão pouco ou quase desconhecidos dos brasileiros".

Alguns dos produtos comercializados pela Retratos do Gosto: uma variedade inédita de miniarroz produzida em parceria com o rizicultor Francisco Ruzene, do Vale do Paraíba, feijão-guandu, geleias, baunilha do cerrado, cachaças, granolas brasileiras e farinhas especiais.

Diz a lenda que quando Alex começou a pesquisar e a usar produtos amazônicos em receitas gastronômicas, nos anos 1990, o Brasil não acreditou nele, mas o mundo, sim. Com a ousadia que sempre foi marca de sua personalidade, com técnica apurada e obsessão pela qualidade, ele tornou-se uma figura de dimensões muito acima daquilo que um dia pode ter sonhado. E sentiu o peso disso: em entrevista ao jornal português *O Século*, em 2014, declarou-se o seu "pior inimigo": "Se não tivermos uma nova geração de chefs convencidos dessa proposta, todo o nosso esforço terá sido em vão", afirmou.

Visão da floresta

Situado, hoje, no topo da gastronomia mundial, Alex Atala se mostra mais tranquilo em relação a uma gastronomia tipicamente brasileira, feita a partir dos nossos processos, pesquisas, produtos e sabores. "Nossa mensagem está mais acessível", acredita. "Os nossos ingredientes e a melhor maneira de prepará-los já estão no centro da sala de jantar".

Na sala de jantar do D.O.M., com certeza. O restaurante mostra-se, em seu site na internet, como uma espécie de avalista da relação entre o consumidor e a fonte dos recursos que abastecem a nossa mesa. "Queremos fortalecer a ideia de preservar nossos recursos naturais e estabelecer uma nova relação entre o homem do campo e o da cidade – quanto mais puro o ingrediente natural chegar ao nosso prato, melhor".

Criativo e dinâmico, Atala foi ganhando títulos e prêmios como um grande campeão da culinária da floresta amazônica, de onde ele recebe muitos dos produtos exóticos que povoam a sua cozinha e de um *terroir* brasileiro. Foi capaz de dar categoria contemporânea para uma geografia desconhecida até então.

Em seu livro *Redescobrindo ingredientes brasileiros*, Alex admite que, no início do D.O.M., a técnica era, para ele, o mais importante. "Com o tempo", diz, "dei-me conta que a principal mensagem era passar o melhor do sabor dos ingredientes brasileiros, que às vezes ficava disperso na técnica e na complexidade da receita".

O livro traz um libelo, reconhecido em todas as manifestações do chef, em favor da mandioca, segundo ele, o alimento dominante na cultura gastronômica brasileira. E joga um facho de luz sobre outros, como frutos, peixes, moluscos, carnes de caça, ervas, caldos, temperos e até insetos que ele têm pesquisado, como as formigas que chegou a servir no D.O.M., gerando um folclore em torno de Atala, para aqueles que estão pouco familiarizados com o seu trabalho.

Alex conta como conheceu dona Brazi, em São Gabriel da Cachoeira, que, questionada por ele sobre o tempero usado no preparo de um tucupi, respondeu, simplesmente, "formigas". Isso, segundo o narrador, ia muito além da antiga tradição conhecida por ele, em algumas regiões do país, de caçar e colher saúvas rainhas com asas, na época do acasalamento, para fritá-las e servi-las como tira-gosto. Dona Brazi veio a conhecer a cozinha do D.O.M. na qual, ao saborear preparos temperados com gengibre, capim-limão e cardamomo, insistiu tratarem-se de receitas preparadas com a sua velha conhecida, a *hormiga limonera*.

Existem na Amazônia, segundo Alex, mais de 300 espécies vegetais selvagens usadas como alimento e não catalogadas, como o cambuci – usado exaustivamente por ele nos primeiros anos do D.O.M. –, e o jambu, sem mencionar o tucupi com ou sem formiga: "elegante, pungente, complexo", nas palavras do chef.

O chef fala de produtos como a chicória do Pará – quase um coentro selvagem –, lembrando que o coentro, em Latim (coriandro) significa "cheiro de percevejo", com seu fascínio de estranheza, que sempre desperta nas pessoas um misto de medo e tolerância; a alfavaca da Amazônia, com sua nota simples e aguda; o cariri (de textura especial e forte acidez); e a folha de vinagreira, de acidez acentuada. O chef também revela a sua paixão pelos peixes amazônicos – filhote (de piraíba, que pode pesar até 200 quilos), pirarucu, tambaqui e tucunaré –, e lamenta o desprezo do pescador brasileiro por moluscos como o caramujo brasileiro e o bivalves, ostra brasileira de pequenas dimensões cujo sabor carrega uma nota de mangue, como o sururu e o maçunin (barbigão).

"Na década de 1990", lembra Atala, "o governo decidiu romper as barreiras do país à importação. As pessoas tiveram acesso a outros tipos de queijos, vinhos e azeites. E produtos como o pistache, avelã e frutas vermelhas, que rapidamente conquistaram o mercado de sorvetes, por exemplo. Agora, com certo orgulho, vejo um movimento diferente, com fabricantes dedicando uma parte da sua produção às frutas brasileiras. De vez em quando, recebo e-mails e fotos de nossas frutas no Japão, Estados Unidos e Europa. Estou cada vez mais convencido de que, se existem hoje novas fontes de sensações gustativas, o Brasil é uma delas".

Mercado de Pinheiros

Em 2015, Atala estabeceleu uma parceria com a Prefeitura de São Paulo para gerenciar algumas áreas de varejo dentro do Mercado de Pinheiros, na zona oeste da cidade. Por meio de seu Instituto Atá, que tem como foco a promoção da diversidade alimentar brasileira de maneira social e ambiental, o chef se encarregou de trazer produtos de cinco biomas do país para São Paulo, de forma consistente e acessível. "Quero mostrar que esses ingredientes não precisam estar apenas nos menus de restaurantes *high-end*. Eles precisam ser acessíveis para todos", explicou na época.

Em dezembro do mesmo ano, o espaço ganhou a adesão do chef Rodrigo Oliveira, que abriu no local uma versão menor do seu célebre Restaurante Mocotó, situado na Vila Medeiros, também na capital paulista, outro considerado um dos *50 Melhores do Mundo* pela revista *Restaurant*. Oliveira, que costuma traduzir os pratos da culinária nordestina em linguagem contemporânea, também oferece, no lugar, petiscos como dadinho de tapioca (o original), caldo de mocotó e pratos rápidos para o almoço, como o seu famoso *Baião de dois*. Os outros estandes também representam ricas regiões alimentares brasileiras, como o cerrado, os pampas, a Mata Atlântica e a Amazônia.

"Graças a algumas associações que nos unimos para este projeto, será possível comprar ingredientes de todas as regiões que até hoje eram difíceis de encontrar em São Paulo", diz Atala. "Ou que quando você os encontrava, eles custavam muito. Eu quero mostrar que esses produtos podem ser acessíveis para todos. Isso também é biodiversidade". No mercado, o chef mantém três lojas: uma com produtos dos pampas, outra com especialidades do cerrado e da caatinga e uma terceira com ingredientes da Mata Atlântica e da floresta amazônica.

Atala estima que dezenas de produtores estarão representados no mercado, que passou a oferecer, entre outros produtos, a pimenta Baniwa – colhida por índios na floresta amazônica –, a erva-mate de pequenos produtores dos pampas e o pequi proveniente do Parque Nacional do Xingu, onde vivem mais de cinco mil índios de 14 etnias diferentes. "Temos centenas de ingredientes especiais para venda no mercado e essa conta deve aumentar", diz Atala. "Os cogumelos amazônicos, por exemplo, são colhidos apenas por mulheres Yanomami, respeitando o método ancestral de sua cultura".

O acordo da Atala com o governo paulista tem prazo de cinco anos. "Meu principal objetivo", diz ele, "é colocar o Mercado de Pinheiros no mapa gastronômico da cidade. O Mercado Central deve continuar sendo um marco histórico e um dos cinco locais mais visitados da cidade, com alimentos que representam desde a cozinha árabe até a japonesa, passando pela portuguesa, italiana e sertaneja. Mas eu espero que, em dez anos, o de Pinheiros seja tão importante quanto o Mercado Central, mas representando, principalmente, a variedade de alimentos produzidos no Brasil".

Bio

Desde outubro de 2016, o chef Raul Godoy, que trabalhou com Alex Atala e com o empresário Facundo Guerra na revitalização do Bar Riviera (na esquina da Avenida Paulista com Rua da Consolação, em São Paulo), vem testando o que fazer com caroços de abacate, cascas de manga e talos de couve. Foi assim que surgiram preparos como o pesto de alho-poró que, em vez de nozes, tem o caroço do abacate tostado, as cascas de manga desidratadas na granola e a farofa de talos. Essas receitas integram o cardápio – um *trabalho em progresso* – do restaurante Bio, novo empreendimento com a marca de Alex Atala, no bairro do Itaim Bibi, aberto em 4 de maio de 2017.

Os itens do menu têm indicações e a aprovação do chef, sócio da casa, junto com os irmãos Eduardo, Ricardo e Maurício Landim, do bar Bardot (que deu espaço ao novo restaurante) e da Frutaria São Paulo. Antes, os interesses comuns desses parceiros eram apenas as motos e o jiu-jitsu. Agora, a nova casa é o seu principal ponto de convergência. Invadido durante o dia por luz natural – o que contribui com a imagem de ecologicamente sustentável do empreendimento –, o Bio é o maior entre os empreendimentos associados ao chef, até hoje: 140 lugares divididos em dois pavimentos. E mantém, além de uma típica *parrilla* argentina, um balcão de saladas e uma ilha de tapiocas, crepiocas e pães de queijo.

O restaurante começa a funcionar no café da manhã, e o cardápio abriga inúmeras combinações possíveis, de um prato *fit* (salada e grelhados) até invenções típicas de Alex Atala, como o picles de flor de vinagreira. O menu do dia sai por menos do equivalente a 15 dólares com bebida da casa, salada, prato e sobremesa. Entre as opções de salada, uma das mais características é a brasileira, que tem língua-de-vaca, pupunha, quiabo e abóbora assados, castanha e molho de açaí. Arrozes mexidinhos, como o carreteiro com carne-seca, estão entre as opções de prato quente, que incluem tainha assada e peito bovino, com guarnições inusitadas como mandioca cozida ou canjiquinha com abobrinha.

Há também variações de sucos, vitaminas e açaís (esses com polpa pura trazida do Pará, mesclada apenas com mel), pães, salgados e sanduíches. As tapiocas saem da "ilha da mandioca", no centro do salão, e combinam recheios como o presunto caseiro (de pernil mantido em salmoura por três dias e então defumado com os galhos e cascas que não são aproveitados na cozinha) e plantas não convencionais. Entre as sobremesas, destaca-se a mandiocada, que lembra uma cocada bem cremosa, mas com o tubérculo ralado, com casca e tudo, coco e cumaru.

Alex Atala desenvolveu o conceito do Bio, no qual o desperdício seria o mínimo (como é difícil lidar com as cascas dos limões, por exemplo, usa-se o mínimo possível nas receitas) e escolheu a dedo alguns fornecedores, como o Empório Poitara, para o que vem da Amazônia, a Fazenda Coruputuba, para plantas não convencionais, e o Sítio do Bello, para as frutas nativas. Mas a casa também usa produtos de empresas com as quais o chef tem contratos promocionais, como um fornecedor de frango e outro de café (orgânico).

‹›

> A co   com
> sua   osidade,
> e absorveu.
> É por isso que
> ssa atividade tem
> tanto potencial de
> ansformação social.
> (Alex Atala)

Dalva & Dito

Misto de restaurante, mercadinho, bar e espaço de eventos, o Dalva & Dito, no coração dos Jardins, em São Paulo (esquina das ruas Barão de Capanema e Padre João Manoel), também abriga a produção de bases e preparos do templo de Alex Atala, o D.O.M., situado a 50 metros de distância.

Inaugurado em 2009 com o *estado da arte* da tecnologia gastronômica – com termocirculador para cozimento lento e um Rotissol, a *Ferrari* das rotisseries –, a casa poderia, no entanto, ser considerada o espaço mais democrático do premiado chef, se esse tipo de classificação coubesse em uma descrição da personalidade de Alex Atala. Se isso fosse possível, aliás, o restaurante Bio, no bairro do Itaim Bibi, também na Pauliceia, receberia o rótulo de mais sustentável e o Açougue Central, na Vila Madalena, o de mais rústico.

A definição do próprio chef, na época da inauguração do empreendimento (2009) foi de um "restaurante com alma brasileira", logo traduzida como uma cozinha afetiva, que remete às receitas e pratos de nossas mães, tias e avós.

O espaço foi projetado pelo arquiteto Marcelo Rosenbaum e pelo paisagista Gilberto Elkis, e inclui paredes de terra avermelhada, enormes *muxarabis* (que as nossas tias e avós chamavam de *elemento vazado*), mesas feitas com madeira de demolição, piso hidráulico e obras de arte que valorizam a tradição popular brasileira. O salão principal recebeu um grande painel do artista Athos Bulcão. A decoração elegante não inibe a circulação das pessoas entre o salão, o espaço do bar, situado na fachada do edifício, e a mercearia, que tem uma área contígua com seis mesas que também costuma ser usada pelos clientes do restaurante.

De onde você estiver poderá vislumbrar a cozinha envidraçada – apelidada de *centro cirúrgico* –, na qual uma equipe de 20 cozinheiros comandados por Alex e seu *sous chef*, Elton Júnior, preparam suas receitas, isolados do ambiente de lavagem de pratos, da cozinha de preparos dos dois restaurantes (D.O.M. e Dalva & Dito) e da área de recebimento e higienização dos ingredientes. Apesar de todo esse cuidado, a tietagem ao chef é intensa. Além dos 450 m² do pavimento térreo, o prédio possui dois outros, com as mesmas dimensões: um superior (cozinha) e um subsolo, reservado a eventos.

Com cerca de 120 lugares, o restaurante serve quitutes fartamente apreciados pelo paladar brasileiro, como o "menu brasilidade", composto de *Tapioca com carne seca e queijo de nata* ou *Cuscuz paulista de camarão*, como entradas, *Peixe assado na folha de bananeira* ou *Filé mignon com azeite de alho e arroz carreteiro*, ou ainda, *Macarrão com legumes assados* como pratos principais, e de sobremesa: *Bolo de macaxeira com sorvete de rapadura* ou *Torta mousse de chocolate com calda de maracujá*.

Os preços dos pratos principais variam do equivalente a 15 até 30 dólares. As estrelas do menu principal são o *Polvo crocante*, o *Lombo de porco com laranja e temperinho mineiro* e o *Porco na lata* (confitado) *com purê de batata e pequí*. No entanto, fazem sucesso também o picadinho, o pato no tucupi e o macarrão com feijão e linguiça, para não falar do arroz vermelho com queijo coalho e legumes, do bife à milanesa e do baby beef acebolado.

As entradas mais pedidas são os pasteizinhos de vatapá com camarão, o vinagrete de polvo e a carne seca com manteiga de garrafa. O *couvert* inclui pãezinhos de queijo ou de milho e pasta de feijão. Da churrasqueira vêm os assados: 250 gramas de contrafilé, bisteca de boi ou costela no bafo. Como complementos dessa cozinha ancestral, o restaurante oferece porções de batatas crocantes, legumes assados na brasa, mandioca gratinada com manteiga de garrafa, ovo frito, pupunha no forno, purês de batata ou mandioquinha, feijão tropeiro, entre outros acompanhamentos.

Os outros diferenciais da cozinha do Dalva & Dito ficam por conta do *guéridon* (carrinho de serviço) no qual a maioria dos pratos é servida ou finalizada na frente dos clientes; e do trabalho do *trancheur*, que trincha com habilidade aves e carnes.

Para adoçar a vida, sobremesas como a *Espuma de manga com sorvete de coco e calda de gengibre*, o *Creme de papaia com catuaba* ou, até mesmo, o *Creme de chocolate com priprioca* despertam elogios da clientela. O mercadinho tem um cardápio especial para viagem (*take away*) muito frequentado pela vizinhança. Nele, as estrelas são o *Frango de tevê* (10 dólares) e a *Costelinha de porco* (12 dólares).

Parte 2
História

Cardápio à brasileira – Edinho, Mara e Alex

Na primeira parte desta narrativa, você conheceu restaurantes de três chefs brasileiros que atuaram como catalisadores de um movimento nascido, no fim dos anos 1980, com o tímido apelido de *Cozinha Bossa Nova*: a técnica *high end* dos franceses que acabavam de chegar ao país associada a produtos genuinamente nacionais. Nas quatro décadas a seguir, essa tendência ganhou corpo e se transformou no que, hoje, se conhece como gastronomia brasileira.

As casas de Edinho Engel, Mara Salles e Alex Atala podem ser vistas e experimentadas como *obras em progresso* dos três artesãos que se reuniram em São Paulo, em junho de 2006, na sede da então recém-nascida Faculdade de Gastronomia Anhembi Morumbi, para lavrar os estatutos dessa fundação (*Estadão*, 23 de outubro de 2006).

Entretanto, muita gente ainda discute a existência de uma gastronomia brasileira, difícil de ser identificada com todas as suas influências. Sem um carimbo como o do sushi japonês, do ceviche peruano ou das tortillas e guacas mexicanas, o Brasil dificilmente entraria no mapa mundial dos prazeres da mesa, dizem os críticos. Padeceria do mesmo mal de outros países de dimensões continentais, como os Estados Unidos, a Rússia ou a China, onde, em alguns cantos, nem a língua falada se parece. Mas será que combinações muito complexas não são capazes de gerar um elemento novo? Não é o que a química ensina.

Na outra vertente concentram-se os românticos, como eu, para os quais a gastronomia brasileira não só nasceu, cresceu e respira, como exige um passaporte. Sem nenhuma pretensão, acredito que a gastronomia brasileira das últimas quatro décadas pode ser comparada a outros capítulos da nossa história, como o da moda brasileira, nos anos 1970 – também fortemente influenciada pelos franceses –, a Bossa Nova, nos anos 1950, e, em última análise, a Antropofagia de 1922 e sua afilhada, a Tropicália dos mestres Tom Zé, Caetano e Gil. Comer, beber e criar: quem não gosta?

Para a chef, pesquisadora e professora de Gastronomia, Mara Salles, de Penápolis, o churrasco – que vai do moqueado de peixe, no extremo norte, ao fogo de chão dos pampas gaúchos, passando pela carne na brasa do nordeste e centro-oeste – tem a marca do Brasil. Para Alex Atala, paulistano da Mooca e também parte da nossa "Santa Trindade", a mandioca, com suas 250 variedades, farinhas, farofas, tucupis e tapiocas, carrega essa mesma responsabilidade. Na opinião do terceiro personagem, Edinho Engel, mineiro de Uberlândia, a nossa gastronomia tem olho de índio, nariz português e pele negra. Serviço francês e coração brasileiro.

Dos quatro elementos usados como analogia pelo escritor norte-americano Michael Pollan em seu livro *Cozinhar* (o fogo dos assados, a água dos cozidos, a terra dos picles, embutidos e cervejas, e o ar dos pães), poder-se-ia extrair facilmente um menu essencial da gastronomia brasileira sem passar pelo feijão, arroz, picadinho e ovo frito de cada dia. Penso em um peixe amazônico (costela de tambaqui), um peixe do litoral recheado com farinha de mandioca, camarão e banana-da-terra e enrolado em uma folha de bananeira, em uma carne de sol acebolada com macaxeira ou legumes na brasa, regada com manteiga de garrafa, além de um tacacá, com jambu e tucupi, seguido por uma coxa de marreco assada. Como sobremesa, cuscuz de coco e tapioca regado por uma calda de goiaba: tudo muito simples, tudo muito óbvio.

Agora, deixem-me sonhar com um menu elaborado, em consenso, em uma segunda imersão dos três chefs que se juntaram na origem do evento Paladar, do *Estadão*, em 2006, e alguns de seus pares atuais, presentes neste livro – Roberta Sudbrack, Rodrigo Oliveira, Helena Rizzo – os franceses que continuam por aqui e chefs que conheci depois, como a curitibana Manu Buffara, o carioca Felipe Bronze, e os irmãos paraenses Felipe e Thiago Castanho. Teria como dar errado?

Enquanto isso não acontece – vamos deixar o sonho para a última parte do livro, dedicada ao que virá –, que tal conhecer um pouco da história dos três proclamadores da independência da nossa gastronomia? Afinal, fatos históricos começam com pessoas.

‹ ›

Edinho Engel – Uberlândia

Com 650 mil habitantes segundo o IBGE (2015), Uberlândia, no Triângulo Mineiro, considera-se uma cidade média, da mesma forma que Campinas e São José dos Campos (SP), Caruaru (PE) e Juiz de Fora (MG) e algumas capitais como Fortaleza (CE), Porto Velho (RO), Aracaju (SE) e Cuiabá (MT). Com um IDH (Índice de Desenvolvimento Humano) considerado "alto" pela ONU (0,79), a cidade também se orgulha de ter ultrapassado a irmã mais velha, Uberaba – com 320 mil habitantes – em outros indicadores, como educação, saúde e cultura.

O céu, de um azul intenso, veste uma renda de *cirrus cumulus*, no momento que chego à cidade; não tem sinais evidentes da poluição urbana, embora um saquinho plástico flutue no ar da rua que atravesso, lembrando que apesar da cortina de árvores frutíferas que margeia o asfalto, continuo no Brasil. Um gavião – em vez do casal de urubus que vive no prédio em frente ao da minha casa, em São Paulo – corta o ar limpo, em busca de lagartos no mato ou de filhotes que perambulam nos quintais das casas de aspecto rural, à beira de uma avenida de seis pistas.

Árvores centenárias cochilam nos terrenos baldios. No auge da operação que pilhou a maior rapinagem da história do país em seus cofres públicos, uma garagem mantém o seu letreiro em letras garrafais: Lavajato. Em um muro semidestruído, um grafite ingênuo, de cores intensas, diz: "Bobo quem leu". Se você não é bobo e gosta de comida, vale a pena conhecer a feira do bairro Santa Mônica, que eu percorri de cabo a rabo.

A cidade tem feira todos os dias, inclusive nas vizinhanças do campus da prestigiada Universidade Federal de Minas Gerais.

No centro, prédios contemporâneos de gosto duvidoso – como o que foi erguido no terreno da antiga casa da família de Rômulo Vilela, compadre do presidente Juscelino Kubitschek e vizinho da família de Edinho Engel, na Rua Princesa Isabel – convivem com edifícios pós-coloniais e outros modernistas, como o tradicional Uberlândia Clube, com suas colunas de pastilhas vitrificadas e fachada reta, no estilo Le Corbusier. Um pouco mais adiante, na Avenida Rondon Pacheco, fica o Teatro Municipal, projetado pelo discípulo do arquiteto francês, ninguém menos que Oscar Niemeyer.

A casa da família Engel, na Rua Princesa Isabel, 588, resiste, mesmo depois de abrigar uma escola de inglês que alterou as suas entranhas. A cem metros dali está outro símbolo da resistência dos anos dourados, a casa de dona Líbia, que ainda fabrica ameixinhas de queijo de sabor incomparável e outras delícias da tradição uberlandense, como o doce de mamão vitrificado e a laranjinha kinkan recheada de doce de coco.

Uberlândia é uma espécie de capital do Triângulo Mineiro, região situada entre os rios Grande e Paranaíba, que formam o rio Paraná. A cidade fica na mesma coordenada de Brasília, ao norte (48 graus a Oeste de Greenwich), e de Ribeirão Preto, ao sul. A distância até Belo Horizonte, a capital mineira, é de 556 quilômetros. Até Brasília, são 435 quilômetros. Para Goiânia, 354 quilômetros, e para Ribeirão Preto, em São Paulo, apenas 280 quilômetros. Com esta geografia, tornou-se um dos principais centros distribuidores de mercadorias do país, vocação pressentida, no fim dos anos 1940, pelo comerciante Herman Engel – pai de Edinho –, de olho na construção de Brasília. Atualmente, a maior parte do sangue (dinheiro) que circula nas veias da cidade vem dos vizinhos paulistas e goianos.

Nem por isso a cidade esconde a sua *mineirice*, como revelam, de forma eloquente, as conversas de esquina, ambulantes que vendem brinquedos e doces artesanais, além das padarias e o mercado municipal, repleto de queijos, biscoitos, pimentas e cachaças exóticas.

A principal empresa atacadista de Uberlândia, a Arcom, que hoje ocupa uma área de 62 mil metros quadrados e administra uma frota de mil veículos, foi fundada em 1965 pelo empresário Dilson Pereira, mas teve origem no armazém de Herman Engel que, atraído pelo burburinho em torno da construção de Brasília, rompeu a sociedade que tinha com os irmãos (Adolfo, David e Haroldo) em um comércio em Alfenas (a 370 quilômetros de Uberlândia), para seguir o seu próprio destino.

Alfenas foi a cidade que o pai de Herman, Samuel, migrante da Bessarábia (hoje Moldávia – entre a Romênia e a Ucrânia), escolheu como destino final, no início do século, motivado pela perseguição aos judeus pelos russos em seu país.

Êxodo

A primeira tragédia vivida pelos judeus bessarabianos aconteceu no dia 16 de fevereiro de 1903, na capital do país, Chisinau, que abrigava uma comunidade judaica com cerca de duas mil pessoas, 16 escolas, um hospital e dois jornais publicados em iídiche. Naquele dia, um menino cristão foi assassinado a 12 quilômetros ao norte da cidade, às margens do rio Dniester. As autoridades locais disseram que o garoto tinha sido vítima de um ritual judaico destinado a extrair seu sangue para a fabricação de *matzot* (pães ázimos consumidos na festa do *Pessach*, a celebração do Êxodo).

Os governantes sabiam que o menino havia sido morto por um parente, que acabou confessando o crime, mas apegaram-se à mentira do ritual judaico, incitando e levando à histeria a população não judaica, apoiados em virulentos textos antissemitas publicados por um jornal em russo. Começou, então, um *pogrom* (assassinato de judeus), que durou três dias, e que o então ministro do interior da Rússia, Viacheslav Plehve, nada fez para impedir. As notícias sobre a matança desencadearam protestos de governos ocidentais, mas a tragédia estava consumada: 49 mortos, 500 feridos e 700 casas destruídas ou incendiadas.

Vladimir Korolenko (1853-1921), escritor e jornalista russo (não judeu), esteve em Chisinau dois meses depois do massacre, onde, conforme escreveu, "os ecos da tragédia ainda reverberavam". Ele percorreu as ruas da cidade e conversou com dezenas de judeus e não judeus, para tentar entender o que havia acontecido. Não encontrou motivo algum para aquela explosão de bestialidade e indagou-se como era possível que pessoas em princípio decentes pudessem, de súbito, transformar-se em animais selvagens. E escreveu: "Desejo que os leitores possam refletir sobre o sentimento de horror que de mim se apossou durante minha permanência em Chisinau. Espero que a justiça encontre uma resposta, mas sei que dificilmente isso vai acontecer".

Em 1905, quando ocorreu a primeira revolução russa, os *pogroms* se repetiram em toda a Bessarábia. Mais uma vez, Chisinau foi uma das cidades mais visadas: embora os judeus tivessem organizado um sistema de defesa, 19 morreram e 56 ficaram feridos. Esse segundo massacre deu origem ao célebre poema, *Be-ir Ha-Haregá* (*A cidade da matança*), escrito em hebraico pelo poeta Chaim Nachman Bialik:

> Levanta-te e vá à cidade assassinada
> e com teus próprios olhos verás, e com tuas mãos sentirás
> nas cercas e sobre as árvores e nos muros,
> o sangue seco e os cérebros duros dos mortos.

Por causa da sucessão de mortes trágicas e violência, milhares de judeus da Bessarábia emigraram para a antiga Palestina, Estados Unidos, Europa Ocidental e diferentes países da América do Sul, entre eles, o Brasil.

Sem conhecer os detalhes de sua ancestralidade, o filho do imigrante bessarabiano Samuel Engel, Herman, mudou-se para Uberlândia seguindo o mesmo instinto aventureiro de seu pai. Tinha, então, 32 anos, e a esposa, Yolanda, bela professorinha, já lhe havia dado quatro filhos: Jacques, Hamilton, Sandra e Israel. Jacques, o mais velho, apelidado de "deus" pelos irmãos, tinha, então, 5 anos. Além do seu Júpiter, a família ganhou um Marte em Hamilton, o Bita; um Apolo em Israel; uma Vesta em Sandra; uma Ceres em Lílian; uma Venus em Jane, e depois, um Dionísio em Edinho e um Mercúrio em Danilo, nessa ordem.

Jacques, atualmente com 72 anos, é psiquiatra; Hamilton, com 67, é matemático e fazendeiro; Israel, com 65, é médico; Sandra, de 64 anos, é psicóloga do trabalho; Lílian, de 63, é arquiteta; Jane, de 62, é professora; Edson (Edinho), de 61, é sociólogo e chef de cozinha; e Danilo, de 59 anos, é empresário e tornou-se, segundo o chef Edinho, "o melhor cozinheiro da família".

Com um pequeno adiantamento concedido pela firma dos Irmãos Engel – cujo comércio transformou-se em um entreposto de açúcar (atual Engel Comercial) – e muita sola de sapato, como testemunharam seus filhos, Herman Engel construiu, em pouco tempo, um centro atacadista de porte médio em Uberlândia. O armazém – instalado inicialmente na Rua Afonso Pena e, depois, na esquina das ruas João Pessoa com Venceslau Costa – chegou a ocupar mais de dois mil metros quadrados de área.

Canela e jabuticaba

Para Edinho, o centro atacadista do pai era apenas um *playcenter*: escalar a sacaria em busca de uma caixa de chicletes ou qualquer outra mercadoria que fosse do seu interesse era a sua aventura predileta, embora o risco fosse mínimo: Hamilton, o mais velho, lembra-se que até as cervejas e refrigerantes eram embalados em sacos de juta, estopa e sisal. Só depois vieram os engradados de madeira e, por fim, os pacotes de plástico que revestem as latinhas e garrafas atualmente. As vendas para empórios e armazéns menores se estendiam de Uberlândia até municípios goianos, como Itumbiara, passando por Araguari, outra cidade mineira, a 37 quilômetros.

Herman Engel nunca permitiu que os filhos o ajudassem no armazém – todos tinham que estudar para ser "alguma coisa na vida". Com essa obsessão, "formou" um matemático, uma arquiteta, dois médicos, um cientista social, uma professora e um administrador de empresas. A venda do armazém para o fundador da Arcom, Dilson Pereira, aconteceu em 1965, quando Herman cansou-se do excesso de tributos e controles impostos pelo governo militar na época. Decidiu tentar o ramo agropecuário, outra típica vocação local.

Segundo Edinho, o filho que herdou a veia empreendedora do pai, o patriarca estava cansado. "Era um excelente empresário", ele diz, "mas não sabia delegar responsabilidades e o negócio tinha crescido demais". Com o produto da venda do atacado, Herman comprou uma pequena frota de tratores, que passou a alugar para os fazendeiros da região. A sua própria fazenda, dedicada ao plantio de café e à pecuária de leite, virou outro parque de diversões, para os filhos e amigos dos filhos.

Edinho desembarcou na família Engel no dia 11 de março de 1955, às 10 horas da manhã, no Hospital Santa Genoveva. Robusto (com quase cinco quilos), precisou de ajuda médica na hora de chegar. Até hoje, briga contra o peso, que insiste em escapar das medidas recomendáveis a um chef contemporâneo.

A casa à qual se destinava a encomenda da cegonha, na Rua Teixeira Nascimento, 588, no chamado "fundinho" de Uberlândia, era *divertida*, em seus 850 m² de área: 420 m² de construção e um quintal que também abrigava uma tulha para armazenar a lenha do fogão da cozinha, nos fundos da casa. A porta da cozinha dava para o quintal. Ali ficava, também, o ateliê de costura de "tia" Júlia, a irmã mais velha da mãe, que dedicou sua vida a complementar a educação da sobrinhada. Entre a tulha e o atelier, havia duas jabuticabeiras, um pé de fruta do conde, uma parreira, várias moitas de erva-cidreira, um cachorro, 12 galinhas e uma passagem para a chácara do "seu" Daniel, dono do maior viveiro de plantas da cidade.

Além de mangueira, jaqueira, pessegueiro, abacateiro, pés de canela e de frutas exóticas, o terreno tinha, no próprio "seu" Daniel, um *boa praça* que não se incomodava com a presença dos garotos da vizinhança em sua propriedade. Foi lá que o garoto Edson viu, pela primeira vez, uma frutinha curiosa que, anos mais tarde, se tornaria uma coqueluche gastronômica, a lichia, usada também em fórmulas de emagrecimento por ser rica em cianidrina (fonte de vitamina C), de minerais e de colágeno hidrolisado. Atualmente, 200 gramas de lichia em pó não saem por menos de 20 dólares.

Seu Daniel, por certo, não podia imaginar o quanto o seu *espaço ecológico* seria importante na vida dos meninos. No extremo oeste do terreno, onde hoje situa-se a Avenida Getúlio Vargas, havia um matagal cortado por um riacho – contaminado de esgoto – no qual os garotos raramente se arriscavam durante as guerras de mamona que começavam na volta da escola e duravam até o crepúsculo, ou até que o estilingue de um dos contendores se partisse.

"A minha primeira recordação de aromas e sabores vem dessa época", conta o chef Edinho Engel. "O cheiro da casca de canela tem, para mim, o mesmo efeito das célebres *madeleines* de Marcel Proust. Foi uma dupla surpresa", ele diz. "Árvore com cheiro de arroz-doce e de mingau de aveia".

O escritor francês Marcel Proust escreveu sete volumes de memórias (*Em busca do tempo perdido*) a partir do gosto das *madeleines* de sua infância, um bolinho parecido com as mães-bentas, que ainda são vendidas nas padarias de Uberlândia.

Há cerca de dez anos, a chácara do seu Daniel foi impiedosamente retalhada: virou uma escola de idiomas, prédio de imobiliária, clínica de cirurgia plástica e um escritório de advocacia, tudo com frente para a Avenida Getúlio Vargas, de quatro pistas, construída sobre o *correguinho* poluído que acabou sendo canalizado.

Ao sul da chácara e da antiga casa de Edinho, na margem direita do Rio Uberabinha, localiza-se o Praia Clube de Uberlândia, sede do famoso time de vôlei feminino que disputa a superliga nacional e onde a família costumava passar os fins de semana. Mar não havia, mas as águas do rio bastavam para justificar a frequência dos maiôs bem-comportados, chapéus de abas largas e *ray-bans* das senhoras da sociedade local. A principal diversão era saltar dos elegantes trampolins daquele que até hoje, segundo os uberlandenses, é considerado o maior clube de campo da América Latina.

Cabaninha de Fenemê

O portão lateral da casa de Edinho Engel nunca teve tranca: o entra-e-sai dos oito filhos de dona Yolanda e seu Herman, com suas hordas de amigos, não permitia. A mesa de refeições, por sua vez, era giratória, à moda oriental, para que todo mundo tivesse acesso às fartas refeições, típicas da tradição rural. Cada filho tinha a sua *curriola*. A do Edinho era formada, essencialmente, por Célio, o caçula de três irmãos da casa da frente; Robledinho, filho do financista Robledo, que emprestava dinheiro a juros; Setembrino e Zeca, da Rua Silva Jardim. Com as ruas Teixeira Santana e a Princesa Isabel, a Teixeira da Silva formava um triângulo, que deu origem à Praça João Fonseca. "Na época, a praça era apenas um campinho onde a turma jogava bola, soltava pipa e caçava pião", conta Edinho.

"O irmão mais velho do Celso, Cleber", explica Edinho, "andava com o Israel. Irmão desses dois, Clésio fazia parte da turma de Hamilton, o

Bita, que se tornou o filho mais velho da família, depois que Jacques, já rapazote, deixou a cidade para estudar Medicina no Rio de Janeiro". Entre Jacques e Edinho havia 11 anos de diferença, algo que, entre irmãos, na infância, distancia.

Do lado esquerdo da casa dos Engel, que de anjos não tinham nada, morava uma família humilde sem crianças, de dona Faxuca. Do outro lado, ficava a casa do seu Areno, cujo único filho era um caminhão FNM (Fábrica Nacional de Motores) mais conhecido, na época, como *Fenemê cara-chata*. O modelo D-9.500 1952 do seu Areno abrigou a iniciação afetiva do menino Edson, então com 5 anos, com a menina Dolores, da rua ao lado, que tinha pouco mais que essa idade.

Edinho viu quando Dolores se agachou para entrar de baixo do caminhão e foi atrás. Quando ela puxou o "chicote queimado" que ambos procuravam (um velho medalhão de lata) escondido no eixo da roda traseira, abraçou-a, sem pensar. Ela retribuiu o abraço, deixando o garoto zonzo por vários dias.

"Pegar na mão" da namorada, na época, exigia tato e sangue frio: a coragem podia render uma ereção ou um belo tapa, como aquele que Bita, irmão de Edinho, levou no Cine Éden, na Praça Oswaldo Cruz, durante uma cena de *Amor, sublime amor* (*West Side Story*), com Natalie Wood. Cinema era a balada da época, onde a moçada fazia de tudo, menos prestar atenção aos filmes: de *Nunca é tarde para amar* (*Follow me, boys!*) à *Via Láctea*, de Luis Buñuel, o demolidor de vários tabus do catolicismo.

Os irmãos de Edinho Engel lembram-se do afirmativo *No calor da noite* (*In the heat of the night*), com Sidney Poitier investigando um assassinato em uma cidadezinha racista do Mississippi; *Arabesque (Arabesque)*, com a estonteante Sophia Loren e o elegante Gregory Peck; *Sete mulheres* (*Seven women*), de John Ford; e também de *O levante dos apaches* (*The battle of apache pass*) e *Uma pistola para Ringo (Una pistola per Ringo)*, com trilha sonora de Ennio Morricone, entre outros filmes com Giuliano Gemma. Além dos clássicos da época, claro: *2001: uma odisseia no espaço (2001: a space odyssey)*, de Stanley Kubrick, *Bullit*, com Steve McQueen, e *Saudações* (*Greetings*), uma sátira de Brian de Palma ao amor livre e à Guerra do Vietnã.

Groselha com Veuve Clicquot

Mas a principal diversão da garotada, incluindo o futuro chef Edinho Engel, era o castelo encantado da família Vilela, vizinho à sua casa: um palacete herdado pelo primeiro incorporador imobiliário do município, Rômulo Vilela da Silva, de seu pai, o ex-deputado estadual e prefeito uberlandense, Tubal Vilela, que se apresentava como primo em primeiro grau de Juscelino Kubitschek. A esposa de Rômulo, dona Letycia, era uma dama da sociedade da época, e suas filhas, Siomara, Silvana e Sandra, suas princesas.

Sandra era a preferida do príncipe Edson, que costumava amarrar o seu cavalo de madeira na porta da copa do casarão para surrupiar as ameixinhas de queijo, figos cristalizados, cocada de fita e outras guloseimas que dona Letycia costumava deixar em um armário de vidro, ao alcance das crianças. O espaço era nobre e generoso, mas a falta de cerimônia da garotada era a mesma que reinava em todas as outras casas do bairro.

"O Edson não mudou nada", concede dona Letycia, com sabedoria. "Tinha essa mesma cara. Adorava sentar no tapete da biblioteca e ficar ouvindo música", lembra-se, mostrando o que restou de sua coleção de LPs que, no decorrer dos anos, foi devastada pelos netos, com a generosa aquiescência da avó: Ray Connif, Billy Vaughn, Nat King Cole, os italianos Pepino di Capri e Gigliola Cinqueti, os brasileiros Francisco Alves e Waldir Calmon, o flamenco espanhol, valsas e boleros, além do piano de Jean Paques *Et sa musique douce*.

Enquanto conversamos, dona Letycia volta no tempo e pede à sua atual auxiliar na cozinha que traga um pão de queijo (recém-saído do forno) e um cafezinho mineiro para o Edson, que veio visitá-la em minha companhia.

A sala de jantar do apartamento ocupado por ela, a um quarteirão de sua antiga residência, exibe boa parte do mobiliário e da prataria que impressionavam Edinho na infância: uma grande mesa de jacarandá, o enorme vaso chinês, as portas de vidro *bisotê* da cristaleira e o *buffet* em estilo modernista, além da antiga eletrola e do *rack* que sustenta a um dos primeiros aparelhos de videocassete chegados a Uberlândia, em um tempo que a televisão apenas começava a afastar as pessoas do convívio social.

Edson vê a poncheira na qual experimentou, pela primeira vez, aquela bebida elegante, feita de groselha e champanhe francês, para animar as festas e brincadeiras dançantes da turma da rua; lembra-se do peru de Natal, encharcado de cachaça para tornar a degola menos cruel e amaciar a carne, e da cozinha que ficava fora do palacete. As brincadeiras eram próprias do palácio: rei, rainha, princesa e dragão. "Dona Letycia foi a minha primeira referência de sofisticação, inclusive gastronômica", registra o chef, saudoso.

"Foi ela que me fez gostar de fazer festa e comida boa", revela, lembrando as decorações de Natal feitas em casa – assim como as de festas de aniversário –, com dona Letycia no comando de um pequeno time de artesãs que transformavam palha de bacuri, pinha ressecada, papel crepom, bolhas de vidro e fitas de cetim em um colorido verde, vermelho e dourado, capaz de encantar as crianças do bairro.

"Além dos sabores, havia a cozinha americana, de fórmica, brilhando como nos anúncios da GE", conta Edinho, "tudo isso convivendo com o fogão a lenha, a geladeira e o liquidificador ultramodernos. No meio da tarde, dona Letycia preparava umas vitaminas, usando banana ou maçã, para todo mundo. A maçã era uma fruta completamente exótica para nós, mineiros", lembra. Segundo a filha de dona Letycia, Siomara Vilela da Silva, afilhada do então presidente Juscelino Kubitschek, a família comprava frutas em A Deliciosa, mas os primeiros biscoitos recheados, que ela ainda consome, vinham de A Vantajosa, que ficava a uma quadra do Rivoli, principal casa de sorvetes de Uberlândia, nos anos 1960.

Dona Letycia também se lembra da elegância da vizinha Yolanda, mãe de Edinho Engel, e da austeridade de sua irmã Júlia, ambas simpáticas, criativas e bem educadas, segundo ela. "A Yolanda foi a primeira mulher de Uberlândia, minha conhecida, a dirigir um carro", revela. "Andava sempre muito bem vestida e gostava de novidades", acrescenta. Nostálgica, dona Letycia lamenta a perda do maior tesouro da época que criou suas filhas: o convívio com vizinhos que eram a extensão de sua própria família. "Eu gostava muito do Edson", repete. "Além da música, ele apreciava boas histórias, romances e meditação. Adorava os primeiros filmes que a gente assistia no videocassete".

O Nossa Senhora e o Museu

O Colégio Nossa Senhora da Ressurreição (antigo Nossa Senhora das Dores) e sua capela formam um patrimônio arquitetônico de Uberlândia que só não é mais visitado por turistas porque ambos ainda estão dedicados às suas funções originais: educar e difundir a doutrina cristã, como há cem anos. A conservação dos vitrais, pisos, paredes e acessórios de madeira do prédio principal, erguido em forma de convento e em cujo terceiro piso moravam, até 2014, as religiosas que administraram o instituto, impressiona, assim como as salas de aulas e recreação, biblioteca, laboratórios e até o banco circular de concreto do pátio central.

A sensação de quem estudou ali, como Edinho Engel e a secretária geral do próprio colégio, Maria Auxiliadora Ramos, é de que o tempo não passou. "Mudaram as pessoas", ela observa, "mas essas paredes e as nossas crenças permaneceram". Professora de Escola Normal com graduação em Pedagogia, Auxiliadora nunca deu aulas, mas mostra um espírito inquieto de quem está acostumado a desempenhar várias tarefas ao mesmo tempo. Ela percebe a minha intenção, ao perguntar sobre a frase estampada na fachada do colégio: *Se você não pode estar sempre com seus filhos, os seus valores podem.* "A sociedade, de fato, se transformou, mas isso só aumenta a nossa responsabilidade", filosofa.

De uma sala de aula desse colégio que pouco ou nada mudou, Edinho lembra-se do cheiro da massa de modelar que a professora lhe dava para exercitar o tato e a imaginação. E do escândalo causado pelo lanche de carne moída que trouxe de casa, em uma sexta-feira santa. "A minha família era católica, mas por falta de opção", explica. "Tia Júlia era espírita, a propósito, o que nunca me impressionou, embora eu reconheça que algumas coisas, como o transe que algumas pessoas sentem, pode mudar o equilíbrio energético e despertar outros sentidos. Eu já tive premonição de um acidente que aconteceu exatamente como eu havia imaginado", admite.

Segundo Auxiliadora, o Colégio Ressurreição recebe, diariamente, 680 crianças em seus 7 mil m² de área, mas a disciplina transmitida aos alunos – artigo raro entre muitas famílias atualmente – vem sendo preservada como um fermento, nos últimos anos, para abastecer mesmo as turmas mais adiantadas (a escola oferece até o terceiro ano do Ensino Médio).

Com mensalidade chegando perto de mil reais em 2015 (300 dólares), o Ressurreição sempre foi considerado um colégio de elite, mas o seu faturamento, segundo as religiosas, serve para subsidiar escolas para crianças em situação de risco e programas de filantropia nas áreas mais pobres do estado, como o Vale do Jequitinhonha, no norte de Minas Gerais.

Depois de frequentar essa escola chique que, na época, não oferecia o Ensino Médio a estudantes do sexo masculino, o futuro cientista social Edinho Engel tirou a sorte grande ao receber o último suspiro da educação pública do ensino médio de boa qualidade no Brasil, que aconteceu na década de 1960: estudou em dois dos melhores colégios estaduais de Minas: o Bueno Brandão e o Uberlândia – mais conhecido como "o museu" – que ele frequentou, respectivamente, de 1962 a 1965 e de 1966 a 1967. Edinho lembra-se de cenas hilárias no Bueno Brandão, onde um bedel fanhoso, apelidado de seu Pinguim, fazia a molecada se torcer de rir ao pronunciar seus avisos nas portas das salas: "Amahã, não harará aula".

O chef também se lembra do papo no queixo que motivou o apelido "Peru" ao gravíssimo professor alemão, Gunther Brunner. E das vezes que ajudou a molecada a tirar a *romisetta* do diretor do Museu, Oswaldo Vieira da Silva, o Vadico, da via pública e colocá-la sobre a calçada, a fim de infernizar a vida do professor, que morava no segundo andar do próprio edifício da escola.

Um antigo professor de Edinho, Wladimir Rodrigues Queiroz, de 71 anos, que foi diretor dos dois colégios, tem outras lembranças. Na opinião dele, o Golpe Militar teve o mérito de democratizar o acesso à educação, por meio do seu programa de universalização do ensino – que aumentou o contingente de professores e alunos nas escolas públicas, mas deteriorou a qualidade do ensino público considerado, até então, de alto padrão.

"Fui professor e diretor do Museu", explica o educador, "mas, quando adolescente, não consegui frequentar esse mesmo colégio por falta de tempo para estudar e passar no seu *vestibulinho*. Tinha que trabalhar para ajudar no sustento da família e, estudando à noite, não tinha chance de competir com os outros estudantes, de classes de renda média e alta".

Últimos moicanos

"Até aquele momento", recorda o professor Wladimir Queiroz, "a maioria dos professores abraçava a profissão, que remunerava bem, por causa do seu conhecimento das matérias", diz. "Advogados ilustres, com bom domínio da língua, se tornaram professores de português; padres, conhecedores de latim e teologia, davam aulas de filosofia; contabilistas e engenheiros lecionavam matemática; farmacêuticos e dentistas se mostravam ótimos professores de química e biologia. Isto se perdeu a partir de 1971", ele acredita, "quando, para ser professor, passou a bastar a faculdade de filosofia que, ao longo do tempo, infelizmente, foi perdendo qualidade".

De 1961 a 1968, a Escola Estadual Bueno Brandão funcionou em um prédio anexo ao Museu (Escola Estadual Uberlândia), apelidado de Bueninho, atualmente sede do Sistema Nacional de Emprego (Sine). Na época, o prédio do antigo Grupo Escolar Bueno Brandão (fundado em 1911, na Praça Tubal Vilela) tinha sido interditado por causa do estado precário de suas instalações. A reforma e ampliação permitiram, ao novo Bueno Brandão, ceder algumas salas ao Museu, que fica a alguns quarteirões de distância, na Praça Adolfo Fonseca. Muitos professores do Museu também trabalhavam no Bueno Brandão. Até hoje, os alunos da época, inclusive Edinho Engel, se confundem, ao tentar lembrar-se de quanto tempo estudaram em um e no outro colégio.

O então contabilista Wladimir Queiroz, atual diretor do Bueno Brandão, recorda-se de ter dado aulas em salas com paredes de tijolo aparente e chão no contrapiso de cimento. "A vida era dura", suspira, "mas a educação era sólida". O segundo golpe da ditadura militar no sistema de ensino veio em seguida, com a Lei de Atualização e Expansão do Ensino de 1º e 2º Graus (Lei n. 5.692, de 11/8/1971), que fixou as Diretrizes e Bases para a Educação de 1º Grau (da primeira à oitava série) e do 2º Grau (três anos).

De acordo com essa lei, somente profissionais formados em filosofia e concursados teriam acesso ao magistério. Nesse ano, todas as classes do Ensino Fundamental do Bueno Brandão, da primeira à quarta séries, foram transferidas para o Museu, assim como os professores que não tinham passado no concurso aberto para os futuros professores desse colégio.

"Havia poucos profissionais formados em faculdades de filosofia nessa época", lembra Wladimir, "e, por isso, elas se multiplicaram rapidamente, colocando no mercado muita gente despreparada para ensinar". "Em seguida", ele comenta, "começou o achatamento salarial dos professores, uma profissão que foi perdendo atrativo, principalmente por parte daqueles que tinham outras opções de carreira".

O prédio do Museu, construído em 1920, chama atenção até hoje por seu porte austero, de arquitetura neoclássica, no centro da cidade de Uberlândia (Praça Adolfo Fonseca, 141). A atual Escola Estadual ganhou esse apelido porque abrigava uma sala de antiguidades e, também, por ter sido uma das mais antigas instituições de ensino de Minas Gerais, fundada em 1915 como Gymnasio Uberabinha que, inicialmente, funcionou em uma casa alugada e apenas 34 alunos.

O projeto do colégio foi comprado pela Sociedade Anônima Progresso de Uberabinha, em 1919, pelo arquiteto italiano J. Sachetti, e exibido por algumas semanas na vitrine da Casa Americana, um dos principais estabelecimentos comerciais da cidade. A planta previa uma ala masculina e outra feminina, interligadas mas independentes, com muitas salas, dormitórios e dois acessos: um pela praça e outro pela rua lateral, a Teixera Santana. O prédio foi construído por meio de um esforço conjunto de políticos e da população local, usando redução de frete de materiais pela estrada de ferro Mogiana, isenção tributária e a exploração de uma pedreira que pertencia à Câmara Municipal.

Por falta de mão de obra, até crianças trabalharam na edificação. A então Uberabinha não tinha mais de 23 mil habitantes, metade deles, analfabetos (recenseamento de 1920). O Museu começou a funcionar, em sua sede própria, no ano de 1921. Era, então, uma escola particular, mas foi doada ao Estado em 1929, quando passou a se chamar Gymnasio Minneiro de Uberabinha. No entanto, a alegria dos uberlandenses durou pouco: com a Revolução de 1930, o prédio foi transformado em quartel general das forças que derrubaram o então presidente da República (Velha), Washington Luís, que impediram a posse do paulista Júlio Prestes e alçaram Getúlio Vargas ao poder, como chefe do governo provisório.

O colégio só voltou a funcionar em 1942, com a nomeação do ex--farmacêutico Oswaldo Vieira Gonçalves como diretor. Oswaldo havia administrado uma escola considerada modelo em Campina Verde, na Paraíba, e depois dirigido a Faculdade de Odontologia de Belo Horizonte. Ele mudou a percepção pública da escola ao investir em um ensino de qualidade. Pouco tempo depois, implantou no Museu os cursos colegiais Clássico e Científico, considerados um avanço na época.

No dia 7 de maio de 1945, Oswaldo interrompeu o aniversário de uma de suas filhas no segundo andar do prédio – onde também morava com a família –, para anunciar o fim da Segunda Guerra e comemorar com os alunos. Além de escola, o Museu foi, nas décadas de 1950, 1960 e 1970, um espaço social onde a juventude se reunia para praticar esportes, apresentações de jograis, corais e peças teatrais, além de promover gincanas, festas populares e atividades literárias. Além do chef Edinho Engel, estudaram no Museu o cardiologista Adib Jatene, o cantor Moacyr Franco e o ator Mauro Mendonça.

Anos de chumbo

"Nos anos 1960", avalia o professor Wladimir, "o nível cultural de professores e alunos era bom, embora, até então, o ensino não fosse politizado, o que, hoje, se poderia traduzir como Educação Integral". Foi durante a ditadura militar, segundo ele, que o debate político e ideológico entrou nas salas de aula, seguindo os eflúvios dos movimentos libertários de base estudantil, no fim da década de 1960.

"Nos anos de chumbo", testemunha o professor, "muitos dos nossos colegas foram presos dentro da sala de aula, como a professora Teresinha Magalhães, que era cheia de ideais, o Carlinhos, de cujo sobrenome não me lembro, e o Jeferson Vieira e sua esposa Hilda, que lembram a história narrada por Cao Hamburger, no filme *O ano em que meus pais saíram de férias*. O casal foi transferido para Juiz de Fora e ficou preso por quase dois anos. Mais que militantes, eles queriam discutir temas contemporâneos durante as aulas", esclarece Wladimir.

"Eu mesmo, me lembro de ter proposto aos meus alunos da oitava série, uma adaptação do *Romanceiro da Inconfidência*, de Cecília Meireles (1953), como forma de criticar a ditadura. No entanto, embora o meu nome de batismo tenha sido inspirado no de Lênin (Vladímir Ilítch Uliánov, 1870--1924) eu nunca fui preso".

"Nós fazíamos muitos jograis", orgulha-se Edinho Engel, que, aos 15 anos, ficou impressionado com os dramas sociais narrados por Graciliano Ramos em *Vidas secas* e *Caetés*. A crítica à exclusão social foi o principal ingrediente dos escritores pós-modernistas, que conseguiram gravar seus nomes na calçada da fama da literatura brasileira, mas, nem de longe, puderam resolver as mazelas da República: nem da Velha, no início do século, nem do Estado Novo, nos anos 1930, tampouco dos governos udenistas e peessedebistas de Jânio e Juscelino, que sucederam esse período, e muito menos a Ditadura Militar, que governou o país de 1968 a 1985.

O chef lembra-se até hoje da frase criativa que deixou no ar, durante um debate sobre arte de rua, durante um festival: "O teatro É", pontificou, tentando impressionar os colegas. A primeira reação foi de escárnio, mas a classe ouviu, calada, a bronca que veio a seguir, proferida por dona Odete Maria Álvares, atual docente de Literatura da UFMG: "Gostei da definição", disse a professora. "Devemos entender o 'É' como essência e existência, e a sua expressão como uma síntese. Parabéns".

"Na época", explica a mestra, "nós avaliávamos os estudantes usando justamente o debate, a expressão e a representação para aferir o grau de aprendizado de cada um. O Edinho era precoce, apesar de toda aquela carga opressiva, imposta pelo governo militar".

Odete Álvares usava a literatura para se aproximar dos meninos que não gostavam de leitura, como os de hoje, em sua maioria. "A repressão ajudava um pouco, porque os tornava mais curiosos. Hoje, os alunos de meus alunos das mesmas faixas etária e social, costumam mostrar-se mais bem preparados, porém os métodos de ensino pioraram muito. Naquela época, a relação professor-aluno era mais prazerosa, quase de igual para igual", afirma.

Adultos

Na vida de Edinho Engel, a principal referência de carinho e de proteção do pai – que ele sentia, mas não via, por conta das atribulações de Herman e do *laissez faire* que sempre substituiu a severidade, no caso dos filhos mais jovens –, está associada, em parte, à mãe Yolanda, cuja principal influência na vida do chef foi o espírito criativo e o prazer da novidade.

O equilíbrio vinha de tia Júlia, que representava o lado prático e austero da família. A irmã de Yolanda viera morar com ela, como era comum naquela época. "Minha mãe era uma pessoa leve, brincalhona", revela Edinho. "Certa vez, ela me largou na beira do rio, no clube, e mandou que eu me virasse para aprender a nadar. Ela ficava de olho, mas fingia que não se preocupava com a gente".

Mas era para a saia da tia Júlia – segundo Edinho – que as crianças da casa corriam quando precisavam de proteção. Principalmente na hora do medo. Ela administrava esse papel com uma combinação de placidez e firmeza: bom senso, julgamentos criteriosos – sempre muito bem explicados – e algum rigor nos momentos difíceis. Era persuasiva, mas não impunha nada. "Nunca foi controladora ou invasiva", garante o chef. "Nossa família se reúne com frequência até hoje, e todos têm essa impressão dessa época. Vivíamos em uma comunidade. Guardadas as proporções, cada um cuidava um pouco de si, como em um *kibutz*, que, aliás, era outro movimento social, naqueles dias".

"Poucas vezes vi o meu pai tão irritado como no dia que pegou a Jane e o então namorado dela, Paulo Kami, se beijando na sala", narra Edinho. "Ele chamou a minha irmã para o quarto com uma cara tão feia que o sujeito correu na mesma hora, e demorou vários dias para voltar. No folclore da família, conta-se que o meu pai saiu correndo atrás do rapaz, mas isso não chegou a acontecer".

"Nos últimos anos", diz Edinho, em tom confessional, "comecei a perceber os traços comportamentais do meu pai no meu jeito, na minha ansiedade, na obsessão em realizar as coisas, na motivação para os empreendimentos. Como se eu tivesse herdado dele o espírito do comerciante, do movimento, o cara que transita entre diferentes mundos". Para Hamilton, o segundo filho, Herman não era um sujeito estourado, como se diz, nem distante: era tímido, reservado e viveu em função da família. E tinha muita coragem nos negócios.

Tendo renunciado à sociedade com os irmãos em Alfenas, em 1949, deixando para trás um comércio florescente que, nos anos seguintes, daria origem a um entreposto açucareiro, uma fazenda de leite, uma fábrica de manteiga e uma distribuidora Ford, Herman Engel não renunciou à ambição, ao contrário. Depois de administrar com sucesso o seu centro atacadista, teve uma fazenda de gado (de leite e de corte), uma frota de tratores de aluguel e uma fazenda dedicada à produção de arroz, com incentivo do programa Pró-Varzea.

Edinho Engel relata que o seu único problema, na infância e na adolescência quase perfeitas, foi firmar a própria identidade: Jacques era o sábio, Hamilton, o bom de briga e Israel, o esportista. "Eu não me encaixava", explica, "até descobrir esse lado, digamos, intelectual, o que foi me tornando mais interessante e mais aceito, à medida que eu crescia e começava a me relacionar com as outras pessoas".

Sociologia e culinária

A melhor história dessa fase foi a do Dia da Criação, inventado por Edinho, então com 13 anos, no mesmo ano do famoso Maio de 1968, reputado por alguns filósofos e historiadores como o acontecimento mais revolucionário do século XX. Talvez o chef tenha ouvido falar da célebre frase de Glauber Rocha em um encontro estudantil: "Se você quer mudar o mundo, comece com um projeto artístico".

Glauber tinha sido diretamente influenciado pelo Maio de 1968. O movimento começou como uma greve geral convocada pelos sindicatos e pelos estudantes, na França, contra o governo conservador do general De Gaulle e sem o apoio do Partido Comunista (de orientação stalinista). Muitos viram no evento uma oportunidade para sacudir os valores da velha sociedade, no que diz respeito à sexualidade, à educação, à liberdade e ao prazer.

"Imaginação ao poder", "*En mai, fais ce que il te plaît*" (Em maio, faça o que te dá prazer), "Seja realista, peça o impossível", "É probido proibir" e "Viva o efêmero" são frases do movimento que ficaram marcadas na história. Depois dos confrontos com a polícia, durante duas semanas, De Gaulle convocou eleições para o mês seguinte, esvaziando o movimento. Ultrapassada a crise, venceu as eleições e tornou o governo ainda mais conservador. No entanto, as ideias daqueles dias de efervescência mudariam a sociedade nos anos seguintes.

O Maio de 1968 do Daniel Cohn Bendit uberlandense aconteceu na virada de 1968 para 1969. Um *happening* instalado na Praça Tubal

Vilela, com *performances*, esculturas em argila, pintura, alguma droga, pouco sexo e muito rock'n'roll, acabou se transferindo para a casa da família Engel, que tinha ido passar a virada do ano na fazenda. A festa, claro, virou baderna e o líder da "revolução", alertado de que seus pais estavam chegando, escafedeu-se pela porta dos fundos. Hamilton, o mais velho, foi incumbido de levar o dono da festa à presença do General de Gaulle da família que, em vez de lhe dar uma surra, prometeu rédea curta daí em diante. "Felizmente, ele não tinha tempo para isso", diz Edinho.

O pré-sociólogo não deu mais trabalho em casa, mas começou a participar de reuniões na Associação dos Estudantes Secundaristas, que funcionava em uma sala alugada em cima do antigo Mercado Municipal. Talvez tenha nascido ali a dicotomia entre sociologia e culinária presente até hoje na personalidade de Edinho Engel: entre uma e outra assembleia, ele sempre dava um jeito de escapar para o mercado, especialmente o boxe do Chico, que ainda vende o melhor doce de leite e vários tipos da melhor goiabada caseira da região.

Guloseimas à parte, desde essa época, Edinho começou a promover eventos, comemorações e manifestações estudantis, comprando materiais, organizando a confecção de faixas e buscando patrocínios entre os comerciantes da cidade. Dois anos depois, mudou-se para São Paulo, abrigou-se na casa de Hamilton, então estudante de Engenharia, e matriculou-se no célebre cursinho do Colégio Equipe, fundado por antigos professores da Universidade de São Paulo (USP), por onde também passaram Os Titãs e o apresentador Serginho Groisman.

"As lembranças desse tempo se misturam", ele diz. "A consciência política, a luta contra a ditadura, o sonho de liberdade, a música, as drogas, a sexualidade. Uma confusão típica da adolescência. Assim como a infância, foi um período intenso. Eu não tinha mais de 17 anos nem sequer sabia o que esperar da vida. Mas esse impulso de sair de casa em busca da própria identidade mexeu comigo; hoje, já não se vê. A maioria dos jovens com essa idade atualmente nem pensa em arredar pé de suas famílias".

Memória gustativa

Se você gosta de comida, Uberlândia ainda tem muitas feiras livres como as de antigamente, parrudas. Em um passeio pelo bairro de Santa Mônica com Edinho Engel, em um sábado, a primeira coisa que me chamou a atenção foi a variedade de tipos de quiabo: caipira, campinas, rugoso, veludo verde e amarelinho. O parceiro ideal desse legume, dependendo da região que você se encontra, é o camarão ou a galinha caipira, que também havia em abundância na feira. E muitos tipos de ovos, queijos, feijões e fubás.

Do requeijão – de corte, mais mole ou castanho – ao parmesão local, passando por todas as curas possíveis do queijo Minas, havia de tudo, a preços convidativos e um padrão de higiene, às vezes, discutível. Mas os comediantes não faltam: perguntei se o beiju de farinha de mandioca estava fresco e ouvi que sim, desde o ano passado. Indaguei para que servia aquilo e o dono da banca me disse que era para comer com carne, desde que eu não estivesse em dieta.

Vimos guariroba – palmito ligeiramente amargo que o mineiro adora – e um bulbo de inhame do tamanho de uma pequena bola de futebol; abóboras mogango e caxi, araticum, pimentas de todos os tipos – comari amarela, verde e vermelha, de bode, malagueta e dedo-de-moça – fresca, em conserva ou em pó. As farofas temperadas, em grandes caixas revestidas de plástico, também me intrigaram.

A melhor atração das feiras livres de Uberlândia, porém, para mim, foram tachos de doces de 30 litros, vendidos a granel: doce de leite talhado, de leite claro ou escuro, de mamão ralado, de laranja, de cidra, de goiaba em calda ou em pasta, cocadas e abóbora. Você experimenta, escolhe a quantidade e leva para casa. Os restaurantes de comida por quilo que, como em toda cidade brasileira, prosperam, também são clientes dos doces de tacho. Esses refeitórios também estão por toda a parte na cidade, do centro aos bairros residenciais, como Buritis, na zona norte, e Laranjeiras, no extremo sul.

As especialidades gastronômicas, no outro extremo da culinária local, só agora migraram das mercearias para lojas sofisticadas. Existem, pelo menos, três: uma no Center Shopping de Uberlândia, uma no Mercado

Municipal e outra no bairro Fundinho, onde Edinho morava. Existem, além disso, três ou quatro restaurantes *diferenciados* com uma clientela firme: um japonês, um italiano (que "importa" massas e molhos de Ribeirão Preto) e um bistrô francês que, de vez em quando, fecha para eventos.

Mas o biscoito de polvilho azedo, característico de Minas, a mãe-benta e as famosas broas – airosa e de amendoim –, o visitante pode encontrar nas padarias da cidade, uma delas perto do Mercado Municipal, a Pão do Vovô, onde o chef Edinho Engel mantém, até hoje, uma caderneta. Em um dos bares de fim de tarde do mercado – especializados em *happy hour* –, encontramos uma cachaça destilada do mosto de jabuticaba denominada Pancadão, cujo rótulo ostenta a frase em latim que dispensa tradução: "Arbor bona fructus bonos facit".

Além das árvores descritas anteriormente, havia, na casa de Edinho um misterioso cafezal formado por três moitas usadas pelas crianças nas brincadeiras de esconde-esconde e pegador. Tia Júlia mantinha também um canteiro de chás – de todas as variedades –, temperos e ervas medicinais. Mas o garoto Edson só se impressionou de verdade ao ver e experimentar, pela primeira vez, a maçã verde, na casa dos Vilela. Foi ainda mais impressionante que a lichia, ele admite, embora o cheiro da casca de canela arrancada da árvore pelo seu Daniel tenha se fixado ainda mais em sua memória.

"Nossa família consumia muita fruta", afirma o chef, "mas o doce de goiaba ia com tudo – pão, queijo, bolacha, puro. Também levávamos para a escola, de vez em quando, sanduíches de carne louca, feita com as sobras do almoço da véspera".

"Eu adorava o quebra-queixo vendido na porta do Externato Rio Branco, onde fiz o curso de admissão ao ginásio", recorda Edinho. "Eram poucas vagas no ginásio, e a gente chamava os alunos do ensino particular de vagabundos, uma crueldade típica de garoto, embora seja um preconceito inaceitável. Só depois de adulto, vim saber que muitos daqueles meninos e meninas eram duplamente excluídos: não tinham recursos para poder passar pelo exame da escola pública, onde o ensino era mais forte, e ainda eram obrigados a pagar por uma escola de nível mais baixo. A migração social sempre foi difícil no Brasil, embora a gente tenha superado o preconceito de raça".

O chef também se lembra, claro, da cantina que havia no Museu. "Mas nenhum gosto dessa cozinha me vem à memória. Ao contrário da *banana split* do Rivoli, ainda muito presente, assim como o meu primeiro hambúrguer, em uma lanchonete que tinha inaugurado na esquina da Avenida Affonso Pena, em estilo *Flintstones*, e que foi um sucesso na época".

O doce da infância de Edinho Engel foi, e continua sendo, a ameixinha de queijo, uma queijadinha em formato de nêspera que dona Letycia esculpia com esmero, e que leva um toque de cravo em sua massa. Você ainda encontra as ameixinhas de queijo em Uberlândia, inclusive semi-industrializadas, mas nenhuma se compara àquelas que são feitas na pequena fábrica doméstica de dona Líbia, em frente à Biblioteca Municipal, antigo prédio da rodoviária local.

cheiro da casc
de canela tem,
mim, o mesmo
as *madeleine*
arcel Proust
dinho ngel)

Edinho Engel – Boemia com legumes

Às três e meia de uma madrugada fria, embora primavera, as pessoas que trabalham não têm ânimo para parlapatices: cumprimentam-se brevemente e mergulham em suas tarefas, nas sombras, como almas penadas. Teoricamente, as *cortinas do espetáculo* só devem se abrir daqui a duas horas. Mas, nesse lusco-fusco, nada chega a ser muito concreto: o movimento vai se insinuando, como uma serpente, nas filas de bancas que estão sendo montadas, e o vento fustiga as orelhas de quem se aventura por ali.

Nos 6ºC que faz agora, os vigias dos portões 3 e 5, que dão acesso ao Varejão do Ceagesp, na Vila Leopoldina, em São Paulo, não prestam muita atenção aos detalhes de que o diabo tanto gosta: na entrada, vale mais a cara do freguês por trás do volante de velhos chevrolets tigre, mercedinhos L1516 e scanias alaranjados, que documentos escrutinados na luz insuficiente das cabines. Os caminhões mais novos são ainda mais parecidos entre si: renaults master, ivecos e furgões coreanos esbranquiçados. As caras também não variam: peles curtidas, rugas em volta de olhos geralmente puxados, espertos, com aquele jeito matreiro de interior.

Os operadores abrangem intermediários, permissionários do entreposto e produtores estabelecidos em torno da região metropolitana de São Paulo (Cotia, Atibaia, Mogi das Cruzes, Salesópolis e Arujá). Eles representam o último elo de uma cadeia que se tornou indispensável a uma sociedade decidida a prestar mais atenção ao que bebe e ao que come, em vista da própria saúde e de algum prazer, remanescente de outra esfera da consciência, que se pensava adormecida.

O ritual de montagem das barracas se repete desde a inauguração do varejão do Ceagesp, em 1979, quando o chef Edinho Engel e seus parceiros de fuzarca da Faculdade de Sociologia da USP frequentavam o lugar em busca da famosa sopa de cebola que era servida para apaziguar comerciantes famintos e jovens boêmios momentaneamente esquecidos de suas pequenas obrigações: revolucionar a política nacional e não desapontar seus pais (patrocinadores) na conquista de um diploma a ser trocado, mais adiante, por um lugarzinho ao sol na jardineira destinada a uma boa vida burguesa – na época, chamada "realização profissional e pessoal".

O Ceagesp que gerou o varejão nasceu em 1969, da fusão entre o Centro Estadual de Abastecimento (Ceasa) e a Companhia de Armazéns Gerais do estado de São Paulo (Ceagesp), ambos administrados, à época, pelo governo de São Paulo. Daí a confusão quanto ao gênero do entreposto: masculino ou feminino? Para quem é descendente de orientais, o dilema é ainda pior, por causa da confusão de gêneros nas línguas portuguesa e japonesa. Em 1997, durante as gestões de Fernando Henrique Cardoso na Presidência da República, e de Mário Covas no governo do estado de São Paulo, o órgão passou à responsabilidade do governo federal (Ministério da Agricultura, Pecuária e Abastecimento).

A mudança do antigo Ceasa da Cantareira, no centro da capital paulista, para a Vila Leopoldina, na zona oeste, aconteceu bem antes, em 1966, durante a ditadura militar. Provocou uma polêmica tão grande quanto o projeto que começou a ser discutido durante a gestão de Fernando Haddad na Prefeitura de São Paulo, em 2015, e que previa a mudança da central para um ponto qualquer às margens do Rodoanel.

Um dos criadores da Feira de Flores do Ceagesp, Koldeway Feitosa Chaves, ex-chefe de fiscalização e assessor da diretoria do órgão (1939--2011), conta como foi: "Em 1965, nenhum produtor de hortifrutigranjeiros queria mudar-se para a Vila Leopoldina. Todos estavam acostumados ao Mercado da Cantareira. Não queriam sair de jeito nenhum. Nós, da administração central, íamos até lá, todas as madrugadas, para tentar convencê-los, mas eles relutavam, alegando que o novo local ficava muito longe e os clientes não iriam tão longe, acostumados com a região cerealista do centro. O então governador do estado, Adhemar de Barros, nos convocou para uma reunião no Palácio dos Bandeirantes, junto ao comando da Cavalaria da Polícia Militar. Adhemar abriu a reunião dizendo: 'Estou fazendo essa reunião para dizer aos senhores que o governo do estado de São Paulo gastou uma grande verba para a construção de um novo mercado para os produtores, com banheiros equipados com pias de mármore e espelhos de cristal, mas eles não reconheceram. Ao meu comando, por ocasião da primeira chuva, mandarei abrir todas as comportas dos rios que se juntam ao Tamanduateí e, então, o Mercado da Cantareira, certamente, ficará inundado. Vamos, então, aproveitar e colocar todo o transporte de caminhões do estado para fazer a mudança da Cantareira para a Ceagesp na Vila Leopoldina'."

"Na primeira chuva que caiu", prossegue Koldeway Chaves, "as ordens foram cumpridas. Nada sobrou no Mercado da Cantareira, que chegou a ser interditado. Nessa mudança, só foram para a atual Ceagesp os produtores de hortifrutigranjeiros. Os de flores se mudaram para a Praça Charles Müller, em frente ao Estádio do Pacaembu, onde permaneceram até 1967, quando o governo estadual decidiu que eles também deveriam ir para o Ceagesp. Como da primeira vez, fizemos várias reuniões, visitas e tentativas de convencimento, mas ninguém se mexeu."

"Depois de várias reuniões com os produtores de flores, sem sucesso", relata Koldeway, "reuniram-se a coordenação da Secretaria da Agricultura, o comando da Polícia Militar e da Cavalaria, e nós, da fiscalização da Ceagesp sob o comando único do delegado de Polícia, Sergio Paranhos Fleury, o maior repressor do regime militar, para obrigar os produtores a se mudar para a Vila Leopoldina. Na madrugada seguinte, fomos para a Praça Charles Müller e começamos a distribuir intimações, antes que os produtores começassem a armar suas barracas".

"A cavalaria cercou os produtores e floristas, sempre com o delegado Fleury por perto. Uma florista, de certa idade, e com uma deficiência física que a obrigava a andar de cadeira de rodas, recebeu a intimação das mãos de Fleury e devolveu-a, gritando, bem alto, para que todos ouvissem: 'Pega esse papelito e usa como papel higiênico!'. O delegado aproximou-se dela e deu-lhe um safanão que a derrubou da cadeira de rodas, e a mulher rolou pelo chão. Foi o estopim de uma batalha campal. A Polícia Militar e a Cavalaria começaram uma pancadaria geral. Muitos produtores e vendedores se feriram, mas, a partir daquele dia, a comercialização de flores acabou se mudando para a Ceagesp, inicialmente com 150 permissionários. Era assim que se resolviam as coisas naquela época. Meses depois, inauguramos a Feira de Flores, que hoje conta com mais de mil produtores e comerciantes."

Apesar de sua origem sangrenta, a Feira das Flores do Ceagesp promove, até hoje, todas as terças e sextas-feiras, um intercâmbio de bom gosto e beleza que atrai turistas, decoradores, paisagistas, comerciantes e amantes de plantas de diferentes regiões de São Paulo e do Brasil.

Caldeirão

Dez anos depois da transferência do Ceagesp para a Vila Leopoldina, quando os franceses Claude Troisgros e Laurent Suaudeau chegaram ao Brasil, em 1980, a luta contra a ditadura e seus métodos repressivos já se transferira das assembleias estudantis e sindicais para as ruas, anunciando as Diretas Já.

O então correspondente da *Folha de S.Paulo* em Nova York, Paulo Francis, anunciava o fim da Guerra Fria, por meio de um acordo de desarmamento nuclear assinado entre as duas potências militares da época, Estados Unidos e União Soviética (o *Salt II*); chefs de cozinha, *gourmets* e *gourmands* começaram a "fazer o Ceasa", semanalmente, em busca de produtos de qualidade e novos ingredientes. "Esse público", observa Jorge Morikawa, produtor de hortaliças e permissionário do Ceagesp, "desapareceu no fim dos anos 1980 e início dos 1990, mas voltou a frequentar o entreposto por volta do ano 2000".

À luz do dia, o príncipe trânsfuga da Vila Leopoldina, também conhecido como o maior entreposto de alimentos do continente, mostra o seu lado humano, bafejado por três décadas de democracia: seus *talking points* falam em 3,42 milhões de toneladas de alimentos comercializadas anualmente (8,7 bilhões de reais), em uma área de 700 mil m² (214 mil m² de edificações), por onde circulam 50 mil pessoas, 12 mil veículos e 18 mil trabalhadores por dia.

Para alguns frequentadores, o varejão tem outros pontos de interesse: a franca negociação de preços e mercadorias – antiga tradição das feiras livres –, a sopa de cebola, que cresceu e atraiu novos clientes, o caldeirão cultural e um laboratório de inovações usado por produtores como o próprio Morikawa, sócio da holandesa Riji Zwaan no desenvolvimento e implantação das *baby leaves* (mini hortaliças), via Ceagesp, no mercado brasileiro.

À medida que o sol se levanta, os pregões vão subindo de tom. Surgem as piadas, típicas do varejão: a tinta das faixas do prefeito que "derreteu" na chuva; o vendedor que, depois de uma ausência de alguns dias, ouve que só foi libertado porque resolveu pagar a pensão da ex-mulher; a vozinha em falsete do ministro que decretou o aumento da gasolina para compensar a roubalheira do governo; sem falar na goleada sobre o time adversário, na secretária que fugiu com o bananeiro e no carregador que acordou, de ressaca, com um rato pendurado por um barbante na altura do nariz.

Por enquanto, mal se percebem os cheiros e cores que vieram fazer essa festa, trazendo chefs, *foodies* (ex-*gourmets* e *gourmands*), pequenos comerciantes, donas de casa, gringos – "nacionais" e estrangeiros –, além de estudantes de Gastronomia e cozinheiros de fim de semana. O jovem cliente se engraça com a morena que vende legumes:

— Se eu soubesse que você queria casar, tinha sido voluntário.

— Candidato do seu tipo, a gente acha um monte por aí — ela retruca.

— É verdade — admite o *Romeu*. — Ainda mais para uma noiva assim, bonita e trabalhadeira.

— Rica, seria ainda melhor — provoca um cliente.

— Já tenho o meu par — interrompe a garota, de bom humor. — Não sou casada, mas não preciso: *juntada*, vivo muito bem.

— Amigado de boa fé, casado é — completa a dona da banca.

Em uma das pilastras do galpão inaugurado em 1977, sob a sigla PMLP (Pavilhão Mercado Livre do Produtor), quatro vultos se alternam, em uma estranha ginástica que consiste em pressionar o pulso direito contra a parede de concreto, de baixo para cima, como se pudessem arrancá-la do chão, com a força do braço. Dois são orientais, um mais jovem, outro de idade entre 50 e 60 anos, com cara de brasileiros típicos. O mais corpulento percebe a minha curiosidade e se antecipa:

— Estamos tirando a pressão — explica. — Você pega essa parte do pulso... — mostra, apontando para o último trecho de artéria radial do braço. — Aperta contra o muro e conta até 60. Depois, larga o braço e ele vai subir, sem controle. Dependendo da altura em que o braço parar, você pode ver se está com pressão alta ou baixa.

O outro sujeito se desencosta da cabine de fibra de vidro, de onde assistia à cena, e faz a mesma experiência. O braço se ergue em um ângulo de 90 graus, e ele decide que está com pressão alta.

— Viu? — pergunta o líder do teste.

— É verdade! — balbucia o outro.

Olhares incrédulos se cruzam no ar, incluindo o meu. O chefe do experimento esclarece:

— Os médicos descobriram isso durante a Segunda Guerra Mundial. Não tinham tempo ou aparelho de medir a pressão para dar um remédio. Então, faziam assim. Se o sujeito levantava muito o braço, era sinal de pressão alta. Muito baixo, pressão baixa.

O grupo se dispersa. O corpulento volta para a sua banca. Um dos curiosos retorna, apressado:

— Pôrra, eu ia me esquecendo: *me pesa* aí dois quilos de couve-de-bruxelas.

Peru à Califórnia

"A couve-de-bruxelas entrou na moda no fim dos anos 1970", lembra Edinho Engel, "assim como a acelga, que veio na onda da culinária japonesa". O chef começou a frequentar o Ceagesp no final dessa década, quando montou o seu primeiro restaurante na praça Benedito Calixto, o Fazenda Mineira, antes do Manacá. Na época, a culinária do Brasil se resumia aos pratos típicos de Minas, de base portuguesa, com muita carne de porco; as moquecas baianas, de origem africana, e a cozinha paulista caipira ou caiçara, de influência indígena, que nos legou o virado, o peixe assado, a batata-doce e a mandioca.

Nem o Fazenda Mineira, nem o Manacá foram os primeiros degraus escalados por Edinho Engel na gastronomia: ele começou no rés do chão, vendendo salgados, pão de queijo, broas caseiras, coxinha e empada no bairro de Cerqueira César, na região da Rua Augusta em São Paulo.

Um pouco antes de se formar como sociólogo, o chef participou de uma pesquisa para o Metrô de São Paulo e acabou sendo contratado para trabalhar no planejamento da integração ônibus-metrô. Vista, na época, como sinônimo de tecnologia e modernidade, a Companhia do Metropolitano atraia talentos de dentro e fora do Brasil, o que servia para aumentar ainda mais a sua mística.

Edinho trabalhou no Metrô por quatro anos, mas o sangue de mercador da Bessarábia falou mais alto: em 1980, ele pediu para ser demitido e começou um pequeno negócio de "quitanda mineira" feita, inicialmente, pela mãe de um amigo, Guilherme: bolo húngaro, pão de queijo, salgados e broa de milho. O porta a porta começava na própria sede do Metrô, na Rua Augusta, 1.626, e se estendia pelos escritórios, cabeleireiros e lojas da região.

Durante várias décadas, a Rua Augusta foi o *point* da juventude dourada de São Paulo. Edinho nunca se importou com o fato de ser visto pelos amigos como ambulante que ganhava o seu dinheiro fazendo comércio. Isso, na era da contracultura, era quase aviltante.

"Os frequentadores de restaurantes gastronômicos da época", narra Edinho, "buscavam massas finas e pratos mediterrâneos, como os do Massimo, do Fasano e do Giovani Bruno, a cozinha clássica francesa do Freddy, do Le Casserole e do La Tambouille; ou os camarões do La Paillote e os suflês do Marcel". Na média gastronomia, como ele se recorda, havia as cantinas – Piolim, Montechiaro e Giggetto – e alguns restaurantes étnicos, como os árabes – Arábia e Vitória – e dois ou três espanhóis, Don Curro e La Coruña.

Até os anos 1980, a maioria dos restaurantes brasileiros oferecia variações de filé mignon, frango com spaghetti ou à cubana (com palmito e banana empanada), filé de peixe à dorê e salada mista (muitas vezes, grafada com "x").

O antigo restaurante Pé pra Fora (com mais de 50 anos), no bairro paulistano da Pompeia, frequentado por artistas e intelectuais, serve, até hoje, *Virado à Paulista* (segundas-feiras); *Filé à Daniel* ou *Strogonoff de carne* (terças); *Feijoada* (quartas e sábados); *Filé à parmegiana* ou *Spaghetti a Bolognese* (quintas) e *Pescada branca com legumes* ou *Pintado na brasa* (sextas). Nas festas de Natal, as famílias se regalavam com o leitão assado ou o *Peru à california*.

Chefs como Edinho Engel e seus parceiros renovaram e valorizaram os ingredientes regionais do Brasil, deixaram, há tempos, de frequentar a Ceagesp, mas tornaram-se "desenvolvedores" de produtos (artesanais) que eles redescobriram ou reinventaram, partindo, muitas vezes, de receitas antigas e tradições populares. É o caso do peixe caiçara assado em folha de bananeira de Edinho Engel e das receitas de Roberta Sudbrack com caroço de jaca e mandiopã.

Para os chefs franceses que chegavam ao Brasil na década de 1980, o jiló, o feijão tropeiro, a carne de sol, alguns peixes e crustáceos locais – como a cavaquinha, o pitú, o dourado, o vermelho e a garoupa (do mar), o pirarucu, o pacu, o tucunaré e o tambaqui –, além da mandioca, tudo isso era novidade. Para outros, como Edinho, produtos regionais, como as variedades de bananas e os peixes do litoral norte de São Paulo, tinham esse gosto de inovação, assim como os ingredientes da região Norte, que seduziram Alex Atala e Mara Salles, e os fubás do interior de Minas e de São Paulo, que atraíram, por exemplo, Roberta Sudbrack e Jefferson Rueda.

No entanto, muitos dos produtos empregados atualmente pelos cozinheiros contemporâneos surgiram de pesquisas e melhorias genéticas introduzidas nas lavouras de produtores cujo balcão continua sendo o Ceagesp. Ali despertaram, por exemplo, o brócolis ninja e a alface americana, nas décadas de 1970 e 1980; as variedades de tomates cereja e uva, surgidos nos anos 2000, e os parentes nanicos de legumes e hortaliças como a abobrinha, a beringela, a rúcula, a alface romana e as variedades de alface lisa, negra e crespa.

Na opinião de Alberto Hiroaki Nagaki, que se tornou um dos principais fornecedores de hortaliças da capital paulista, por ter escolhido entregá-las diretamente aos restaurantes e varejistas especializados, nas últimas décadas, as preferências do consumidor refletem tendências sociais importantes, como a opção das pessoas por alimentos naturais, incluindo os orgânicos.

"O consumo de ingredientes culinários em suas respectivas regiões de origem precisa ser mais estimulado por suas vantagens econômicas e ambientais", acredita ele. "Alguns produtos, como a manga e algumas espécies de laranja já estão sendo produzidos em diferentes regiões do país e durante todo o ano", observa, "mas outros, como o pinhão, a lichia e o caqui são sazonais e só podem ser consumidos em suas respectivas safras. Além da entressafra, o transporte acaba repercutindo no preço".

Para tornar-se fornecedor de varejistas importantes como a rede Natural da Terra e os restaurantes Outback, a empresa dirigida por Nagaki, associado a um irmão, investiu em pesquisa e tecnologia ao longo de 25 anos, sempre tendo em vista a qualidade. "O segredo desse negócio está na combinação de conhecimento e capacidade de negociação, tanto na hora de comprar, como no momento de vender", explica Nagaki. "A margem é pequena, não passa de 20%, e como o produto é perecível, você tem de assegurar a colocação de 90% da sua produção e compra de terceiros. Nas épocas de crise, esse percentual chega a variar de 70% a 80%", revela.

"Para aprimorar a qualidade das hortaliças, frutas e legumes", ensina, "é preciso entender o ciclo e os fatores de influência na vida de cada variedade. Uma cabeça de repolho, por exemplo, leva cem dias para se formar antes de poder ser comercializada".

"Eu aprendi isso ao longo de muitos anos de trabalho diário", acrescenta, "mas tem muito permissionário e dono de banca, aqui na Ceagesp, que conseguiu formar filhos em profissões afins com o seu negócio, como Agronomia, Botânica e Zootecnia. Esses meninos, muitas vezes, depois de formados, voltam para ajudar os pais a melhorar o seu negócio. Mesmo a nossa produção própria, hidropônica, por exemplo, foi desenvolvida com a ajuda do agrônomo da família", revela.

A hidroponia ganhou escala comercial no Brasil a partir dos anos 1990 e ajudou muitos produtores de hortaliças e pequenos frutos, como o morango. "Nosso carro chefe, até hoje", informa Alberto Nagaki, "são as saladas, mas também fornecemos uma variedade de *moyashi*, o broto de feijão, tofu, *shitake* e outros cogumelos, além de temperos como tomilho, orégano, sálvia e manjericão".

Para Miguel Alves da Silva, o Sassá, planejador técnico da distribuidora de legumes Iguape, que opera em três boxes no Ceagesp há 40 anos, o mercado de ingredientes culinários mudou muito na última década. "Nós trabalhávamos, principalmente, por meio da consignação", revela, "mas, muitos produtos hoje têm preços fechados, impostos por seus produtores, por conta de sua especialização, sazonalidade ou complexidade".

Embora a maioria dos fornecedores de frutas e hortaliças do Ceagesp se situe, atualmente, nas cercanias de São Paulo, como Mogi Guaçu (folhas), Mogi das Cruzes (leguminosas), Ipatiba (couve-flor, repolho e vagem), Piedade (batata) e Capela do Alto (milho, tangerina e melancia), Sassá chega a percorrer dois mil quilômetros, todos os meses, levando informação e suporte técnico aos produtores parceiros de sua empresa, no interior do estado.

Uma das principais recomendações atuais do planejador têm sido quanto aos defensivos empregados na produção e o cumprimento dos prazos de carência exigidos pelas normas de segurança desses agroquímicos. A prática reflete uma demanda do consumidor que vem se acentuando nos últimos anos, em vista de uma alimentação mais saudável, relacionada à expectativa de uma vida melhor e mais longa.

"Algumas vezes", afirma Sassá, "notícias sobre alimentos contaminados acabam afetando a comercialização desses produtos, mas por pouco tempo. As pessoas se esquecem e voltam a comprar semanas depois. Foi assim com o tomate, depois com o morango, a batata, o pimentão e, mais recentemente, com a abobrinha italiana". Na opinião do técnico, a fiscalização e o controle sobre a produção de alimentos já foi mais rigorosa, mas ainda contribui com o controle dos agentes que fazem mal à saúde.

"Por outro lado", justifica, "as pragas se modificaram, passando a exigir agroquímicos mais eficazes". Segundo Sassá, o primeiro governo Lula fez uma tentativa de reduzir a variedade dos defensivos para poder aumentar o seu controle e reduzir os preços desses produtos, mas a ideia não saiu do papel. "Hoje, o produtor está gastando mais e ganhando menos", garante Sassá, com base em visita recente a fornecedores de pepino japonês, abobrinha e cenoura, na região de Bauru.

"As embalagens também evoluíram", informa Sassá, "contribuindo para preservar a qualidade e reduzir um pouco as taxas de desperdício que, no país, ainda alcançam índices de 35%, no caso das frutas, e até 40%, no caso das hortaliças, segundo apontam as estatísticas da Embrapa" (Empresa Brasileira de Pesquisa Agropecuária). Para Sassá, somente uma política governamental como a que regula o mercado de *commodities* agrícolas, por exemplo, será capaz de mudar essa realidade, já que uma parte das perdas ocorre na própria agricultura, quando o preço de um produto não atinge o mínimo necessário para custear o transporte e a distribuição.

"A informação e a orientação ao produtor cria um vínculo que favorece o escoamento da produção", afirma o planejador, em cuja opinião, a produção de alimentos vem se beneficiando da tecnologia e do planejamento. "Algumas safras têm sido programadas para ocasiões específicas, como o mês de junho, no caso do milho verde", informa. "Este ano o milho verde sofreu uma ligeira queda, apesar das festas juninas e da valorização do dólar, que havia tornado o produto mais competitivo no mercado internacional".

É quase meio-dia e, hoje, como cheguei junto com eles, antes das quatro da manhã, a degustação da sardela de dona Zazá –incomparável – embebida no pão italiano que ela traz do Bixiga, cutuca a onça da minha fome com vara curta. A pescada amarela, de tamanho médio (três quilos), que acabo de comprar na banca dos Hasegawa – tão comprida quanto confusa (a banca) –, me diz que está na hora de partir. Hoje, vou mudar a receita do Edinho Engel, aquela do peixe caiçara, recheado com farofa de camarão, tomate e banana, que se espalhou pelos bons restaurantes do litoral norte de São Paulo nos últimos anos: em vez de banana nanica, vou de banana-da-terra – eis a grande mudança.

Já providenciei a carne de sol, a linguiça *toscaninha*, o coentro e o queijo coalho para o baião de dois da próxima terça. Entro no carro e ligo o rádio, em tempo de ouvir o último bloco do programa "Memória", de Milton Parron, que, na minha época, eu e outros jornalistas mais jovens chamávamos de Milton *Marrom*. Sacanagem. Além de não merecer o apelido, é graças a ele, afinal, que vou para casa hoje em companhia de Aracy de Almeida e Noel Rosa.

Nova mudança

Por estar localizado no vértice das marginais dos rios Pinheiros e Tietê, que contornam o perímetro oeste de São Paulo, facilitando o acesso de produtores e comerciantes ao Ceagesp, a ideia de uma nova mudança do entreposto, lançada pelo prefeito Fernando Haddad, do PT, em 2014, não foi bem recebida pelos permissionários. Os próprios dirigentes da entidade – também ligada ao governo federal – não acreditaram que ela se concretizasse, no curto ou no médio prazo.

A conturbada reeleição da presidente Dilma Rousseff, também do PT, e os problemas enfrentados por seu governo em 2015 – culminando com o processo de impeachment iniciado em dezembro – contribuíram para adiar a ideia do prefeito, que pretendia instalar, no lugar do Ceagesp, um complexo de moradias populares.

Como se isso não bastasse, o envolvimento das principais empreiteiras do país nos processos que julgam a corrupção política aumentou a desconfiança em relação ao projeto do prefeito, que, certamente, teria que contratar uma dessas construtoras para executar o seu projeto no terreno do Ceagesp. A própria Vila Leopoldina tem sido alvo de forte especulação imobiliária, na última década, por causa de sua localização privilegiada, ao lado de bairros nobres da capital, como Alto da Lapa, Vila Hamburguesa, Alto de Pinheiros e Vila Madalena.

No dia 10 de abril de 2015, a Ceagesp divulgou uma nota oficial, assinada pela Coordenadoria de Comunicação e Marketing da entidade, justificando a retirada do Ceagesp do Plano Nacional de Desenvolvimento (PND) "para possibilitar que o órgão firme parcerias públicas e privadas e tenha acesso a linhas de crédito para investimentos, bem como a oportunidade de negociar seus ativos para alavancar a empresa", mas afirmando ser difícil fazer uma projeção de quanto tempo levará a transferência do entreposto. "Perspectivas apontam que isso poderá levar cerca de dez anos, desde que estejam definidos o local e os investimentos necessários".

⟨⟩

ngredientes culinários
em suas respectivas
regiões   origem
precisa ser mais
estimulado por suas
econômicas
ambientais
(Alberto   iroaki Nagaki)

Mara Salles – Nó caipira

A premiada chef Mara Salles, do restaurante Tordesilhas em São Paulo, tornou-se, além de professora de Gastronomia, pesquisadora de ingredientes e tradições culinárias do Brasil. Formada em Turismo, Mara trabalhou em uma instituição financeira antes de abraçar a sua vocação atual, em companhia da mãe, dona Dega, sua primeira professora e incentivadora. Juntas, elas abriram há 20 anos, em São Paulo, o restaurante *Roça Nova*, inspirado no apelido que se dá ao terreno acabado de roçar para uma nova área de plantio. Nesse tipo de solo, a fertilidade é certa.

Mara nasceu em uma fazenda de Penápolis, no interior de São Paulo, e logo cedo teve sua curiosidade despertada para o jeito e os costumes dos colonos que chegavam à fazenda da família, durante a colheita, vindos de várias partes do país. "Era diferente do meu mundinho", ela diz. "Ali nasceu o meu desejo de conhecer o Brasil. Quanto à gastronomia, devo a dona Dega, não só a paixão pela boa comida, como também o prazer de estar em uma cozinha. Todas as minhas outras atividades são mera consequência disso".

Mara costuma dizer que a comida tradicional, feita à moda caseira, pode perder a graça. A técnica e a reinvenção, segundo ela, costumam deixar esses pratos tão ou mais saborosos que aqueles que saboreamos nas casas de nossos avós. Nessa trilha, o Tordesilhas, mantido por ela e por seu sócio, o filósofo Ivo Ribeiro de Araújo, no bairro dos Jardins, em São Paulo, consolidou-se com o público brasileiro e se tornou atrativo para turistas que buscam conhecer os pratos típicos do Brasil.

Mara teve uma infância tão boa que depois de experimentar outros amálgamas, na sua juventude, resolveu estender o fio daquela experiência até a vida adulta – pinçando ingredientes, processos e saberes daquela época para aprofundar sua pesquisa, criar novos elementos e dar um novo sentido à própria existência. Nesse caminho, o encontro com Edinho Engel e Alex Atala foi um marco.

Mais do fazer do que do falar, ela concordou em reunir-se comigo e com Ivo, em setembro de 2015, no Tordesilhas, para um conversa franca sobre a sua experiência como chef e como empresária, a sua visão sobre os últimos 40 anos da gastronomia brasileira, apostas pessoais e opiniões sobre o que vem por aí, considerando as vantagens e desvantagens do nosso conturbado país. Também falamos, é claro, do nosso tema predileto, a comida.

> Entrevista com Mara Salles e Ivo Ribeiro de Araújo

Como vocês, Mara e Ivo, avaliam o papel dos franceses que chegaram ao Brasil, nos anos 1980, quando a gastronomia brasileira dava seus primeiros passos?
Todos os ingredientes que eles passaram a usar, de forma gastronômica – o quiabo, o caju, a mandioca e o jiló – já eram empregados pelas pessoas, Brasil afora, em seus redutos, em seus ambientes. Mas foi nesse momento que nós, chefs brasileiros, começamos a entender que eles poderiam ser vistos por uma nova leitura. A farinha de mandioca e o tucupi, por exemplo, que combinações permitem? Os franceses, com a sua criatividade, se encantaram com esses ingredientes e começaram a transformá-los livremente, de acordo com a sua técnica. Mas, hoje, temos outra preocupação: entender como eles funcionam em seus lugares de origem.

O que veio depois dos franceses?
Devo fazer a ressalva de que eles foram realmente importantes, na medida que jogaram uma luz no ingrediente brasileiro. Mas a pesquisa, a busca da cozinha brasileira em sua essência, começou a se desenvolver um pouco mais tarde.

Você, que além de chef, é professora, consegue definir esses dois momentos, claramente?
O movimento dos franceses foi no começo da década de 1980. A cozinha brasileira começa a mostrar a sua carinha no final da década de 1990, com chefs como o Edinho e o Alex Atala, que ganham projeção nacional. É nesse momento que surgem os primeiros cursos de gastronomia propriamente dita, especialmente em São Paulo.

Como o que você fundou, na Universidade Anhembi Morumbi?
Não fundei, realmente, mas montei a primeira grade da Faculdade Anhembi Morumbi, no fim da década de 1990, em 1999. Tem toda uma conjuntura que favoreceu o conceito de gastronomia brasileira nesse período. Durante o primeiro governo Lula, o Brasil entrou na moda e a gastronomia embarcou nessa onda. Eu estava nos dois lados, no restaurante e na escola. Percebi que os estudantes de gastronomia ficaram excitadíssimos. Houve um grande burburinho, e hoje, temos vários chefs brasileiros formados nessa época. O próprio Alex aprendeu a cozinhar fora do Brasil e depois, aperfeiçoou-se aqui. Mas temos uma geração brasileira, que bebeu nessa fonte e ajudou a consolidar a nossa gastronomia.

Essas condições não são as mesmas. Você acha que a cozinha brasileira já alcançou uma projeção internacional?
Pena que não, pena que as condições mudaram. Eu diria que nós já mostramos a nossa cara, mas não temos um alcance mundial, como a comida indiana, a oriental, ou mesmo a mexicana. Primeiro, porque é muito difícil fazer uma síntese do Brasil, este país continental. Nós não temos nenhum ícone gastronômico, exceto, talvez, o churrasco, que é uma expertise, mas representa apenas uma parcela do que temos. Ele tem duas características que agradam o mundo inteiro: o serviço e um jeito especial de tratar a carne. Mas faz parte de um recorte muito particular do Brasil.

Você acha que a gente poderia superar essa diversidade cultural se houvesse uma união entre vocês, chefs, como aconteceu no Peru, por exemplo?
Sim.

Poderia haver um cardápio brasileiro essencial que fosse conhecido no mundo, combinando um prato da cozinha litorânea, um da cozinha paulista, outro da cozinha mineira e um terceiro de influência baiana, por exemplo?

(Mara) É muito difícil montar um cardápio com essa unidade. Porque se você imaginar os ingredientes amazônicos, os do Recôncavo Baiano, ou os do sudeste, cujos pratos sofreram forte influência italiana, você não consegue formar um cardápio como o do México, que também é enorme, mas tem uma unidade – os *chilis*, as *tortillas*, os *moles* – criando uma linguagem comum. Do pouco que eu conheço, aqui em São Paulo, e do pouco que eu vi, no México, e também nos restaurantes mexicanos fora do Brasil e do México, essa unidade, para eles, é mais fácil.

(Ivo) Há outra questão a ser considerada. A cozinha brasileira tem ingredientes muito difíceis de ser exportados. A comida amazônica – tucupi, jambu e as frutas, como o umbu e a graviola, extremamente perecíveis –, como você vai levar isso para fora do Brasil, de forma constante? A comida do Cerrado, pegando outro exemplo: já existe pequi em conserva, mas como levá-lo *in natura*, e todas aquelas frutas ainda mais perecíveis, delicadas, como o araticum e a gabiroba? Tem de haver um movimento inverso, neste caso. Os estrangeiros têm de vir conhecer a comida brasileira no Brasil. As pessoas ficam um pouco presas a modelos, como o do Peru, o da Espanha. Nós temos que criar o nosso jeito.

Vocês já conseguiram isso, em parte – os estrangeiros adoram o Tordesilhas – mas criar o nosso cardápio de exportação exigiria uma articulação maior, talvez um esforço de marketing...

(Mara) Também. Além disso, o Brasil é um país muito jovem, não tem todas essas técnicas catalogadas. Existem maneirismos, saberes e gestuais impressos em nossa comida, e isso é difícil de se exportar. Como é que nós vamos exportar o jeito de fazer o angu à mineira? Vá ver como é que a mineira faz esse preparo. É completamente diferente da polenta italiana, que se faz aqui no sudeste. Essas coisas são preparadas pelas pessoas que estão em suas casas, nas fazendas. Existe, sim, um legado que as nossas avós nos deixaram – e que talvez estejamos perdendo –, mas, para resgatá-lo, é preciso pesquisar, aprender.

(Ivo) O descompromisso com as raízes prejudica a imagem da cozinha brasileira no exterior. As pessoas montam restaurantes brasileiros lá fora sem contar com os ingredientes adequados, ou sem o conhecimento das técnicas. Você só faz se aprendeu durante a infância, ou ao longo de toda a sua vida, ou se foi pesquisar, como a Mara faz.

Então, quando é que você, Mara, abre o seu restaurante em Nova York?
Eu aprendi muito pouco, ainda. Para ter sucesso, nesse trabalho, é preciso experimentar muitas vezes. Eu poderia, talvez, fazer uma consultoria (risos).

Não há um restaurante brasileiro fora do Brasil que seja uma referência, exceto as churrascarias. Você não tem essa motivação?
Talvez. Mas, em nosso grupo, o chef com perfil mais empreendedor é o Edinho.

Verdade...
(Ivo) A Mara tem um conhecimento profundo das técnicas da cozinha brasileira. Se quisesse montar um restaurante de cozinha brasileira de fato em outro país, não teria concorrência.

Mara, você acha que o governo brasileiro, um dia, poderá incentivar esse tipo de iniciativa?
(Mara) A culinária não está nem sequer na pauta da Secretaria de Cultura, ex-ministério.
(Ivo) Na minha opinião, toda embaixada, no mundo, tinha que ter um restaurante do país, em um prédio anexo. De cozinha típica. Embaixada do Cazaquistão, restaurante de comida cazaquistanesa.

Nesse caso, suponho, daria para se importar tudo, porque a mala diplomática permitiria. Hoje, ela é usada para outras coisas (risos). Mas, me conta, Mara, como é que se faz o angu? Tem relação com essa tendência de cozimento lento, em baixa temperatura?
(Mara) Isso de cozimento lento, para mim, é bobagem. Na minha opinião, um pernil feito em baixa temperatura, durante horas em um forno, e outro, feito na panela de pressão, podem ter o mesmo sabor. Eu não sou a

melhor pessoa para falar sobre essas técnicas porque as coisas que eu comi, feitas em baixa temperatura, nunca me emocionaram. Não trabalho com isso e não tenho o desejo de trabalhar. Eu me emociono mais com uma comida feita da forma tradicional.
(Ivo) E você ainda fica pensando no desperdício que é aquilo ficar 24 horas no fogo.

E o angu?
Primeiro, o fubá tem de ser de moinho de pedra, que tem uma sofisticação incrível. Ao pensar em um prato, você não deve se limitar ao que vai colocar na panela. Tem de considerar tudo, a começar pelo produto. É assim no mundo inteiro. Na Itália, por exemplo, existem diferentes texturas de farinha de milho, para diversos tipos de polenta. No Brasil, o angu é feito com fubá do moinho de pedra grosso, cozido longamente, já misturado à água. O angu demora muito e vai à mesa praticamente sem sal porque, geralmente, acompanha uma carne mais temperada. Os pratos mineiros caipiras são vigorosos, pesados e têm uma notinha de sal a mais, um pecadilho que não foi purificado, ainda. O frango ao molho pardo, por exemplo, tem o sangue da galinha e, às vezes, gordura de porco. O angu dá um equilíbrio incrível a esse prato. Tem uma sabedoria por trás disso. Nós não costumamos pensar nos porquês desses saberes, referências e técnicas, mas eles têm um valor inestimável. Pena que nós estejamos perdendo uma parte disso.

Algum outro exemplo?
As comidas baianas são extremamente perfumadas. Tem o gengibre, as pimentas, o dendê, o camarão seco. E tem o leite de coco, com a sua complexidade asiática. Esses ingredientes, geralmente, são equilibrados com os acaçás, que são papinhas, ou com as farofas mais simples, ou, ainda, com o próprio angu e o quibebe. Essa sabedoria, a gente está perdendo, porque as pessoas fazem releituras dessas coisas, antes mesmo de aprendê-las.

Teria que ter mais estudo, mais pesquisa...
Sim. Mas, claro, a partir do conhecimento, você pode fazer uma leitura crítica, por que não? Por que não tirar um pouquinho da gordura ou do sal

a mais do caipira mineiro, pensando nas pessoas das cidades, que não toleram mais o excesso de sal? Por que não trazer isso de forma mais cuidadosa, fazendo uma lapidação, mas conservando a essência?

No Tordesilhas, vocês fazem isso, não? Como aquele galeto com curau de milho. Mas, como provocação: isso é possível de ser percebido por uma sociedade como a nossa, pelo nosso público? Quando é que, na sua opinião, esse esforço vai ser reconhecido e voltar para a maioria das pessoas?
É um processo. Quando eu comecei a fazer isso, antes, inclusive, do Edinho e do Alex, há quase 30 anos, eu já tinha como objetivo tratar essa cozinha de forma mais delicada. Se eu fizer uma buchada, você pode ter certeza, vou fazer exatamente como se faz no nordeste, porém...

Mais leve.
Exato. Com um cuidado maior nos cortes, usando a técnica que eu tenho nos processos de cozimento. Um feijão baiano, por exemplo, eu vou colocar todos aqueles legumes, mas vou respeitar o ponto de cozimento de cada um.

Como no cozido português feito como se deve...
Vou escolher um feijão muito bom, me preocupar se ele é novo, se é melhor. De qualidade melhor.

E quando você acha que esses processos e saberes vão chegar à maioria das pessoas?
Depende da formação, da curiosidade e do interesse de cada um.

Tem chance da gastronomia brasileira alcançar o povão?
(Mara) Já alcança, há muito tempo. Ainda encontramos resistências, mas esse conhecimento pode, sim, chegar à maioria das pessoas. Existem muitos restaurantes caros que não são bons. E o nosso, que é bom, não lota todas as noites. Existe certo desconhecimento, talvez algum provincianismo que impede as pessoas de frequentar restaurantes de cozinha brasileira. Muitos acham que esse tipo de cozinha se come em casa, mas a maioria das pessoas não faz, sequer, arroz e feijão. Aqui, elas deparam com coisas completamente novas para elas. Outras não vêm porque têm medo.

(Ivo) Há, também, a questão do tradicional e do moderno. As pessoas têm uma *fissura* pelo moderno sem saber exatamente do que se trata. Observam aqueles pratos de montagem sofisticada, minimalista, mas bem desenhada nas revistas, nas capas de jornais e na TV, e acham aquilo excepcional. Mas não fazem ideia do que é a lapidação de uma coisa que já existe, como fazemos aqui. Ok, uma buchada é aquilo mesmo, mas tem todo um tratamento para se tornar mais atraente, menos pesada. Muitas vezes, as pessoas preferem a releitura da história, sem conhecer a leitura. Ou têm, na memória, uma buchada horrível que comeram em algum lugar e permanecem ligadas àquilo.

A qualidade dos ingredientes que chega a vocês tem sido satisfatória?
A comida começa no campo. Posso até comprar um feijão no mercado, mas preciso saber se ele é novo, de onde ele veio, tenho essa necessidade. A buchada representa o que tem de mais repelente na cozinha, mas é uma iguaria, é como a *andouillette* francesa. A buchada usa as vísceras do bode. Primeiro, o bode precisa ser abatido no dia que se vai trabalhar com aquilo. A gente está nessa batalha. Está conseguindo, mas é difícil. Tenho que aparar excessos: muita pimenta, muitos condimentos, é mais de uma dezena de especiarias. Estou tentando fazer esses *buchinhos* menores, mais bem acabadinhos, e talvez encontre outra forma de servir, mas não vou deixar de fazer. Já vi como é algumas vezes, e posso dizer que tem uma sofisticação incrível, assim como a dobradinha de boi.

E o sarapatel, que não vejo mais?
O do Rodrigo (Oliveira), do Mocotó, é bom. Já comi algumas vezes. Tudo isso tem de ser percebido, o como se faz, os jeitos, os gestuais. Às vezes, você tenta reproduzir e não consegue. É por isso que a nossa comida não pode ser exportada, o cliente tem de vir aqui.

Falta apoio do governo?
(Ivo) Você precisa mostrar isso tudo, para que as pessoas venham.

Nós já conhecemos bem os nossos ingredientes? Você falou dos feijões, eu me lembrei de perguntar.
Alguns chefs estão preocupados com isso. Talvez meia dúzia, talvez nem tanto. Mas alguns estão pensando nisso. Tem ingrediente que o próprio nativo ainda está descobrindo. O Brasil é muito jovem.

Mas não tem um trabalho, um livro sobre feijões, por exemplo?
(Mara) Nós temos mais de 30 tipos de feijões no Brasil. Só desse amarelo, há uma grande variedade. Já existem algumas iniciativas para discutir esses ingredientes. O Rodrigo faz esse trabalho, o Alex, a Roberta (Sudbrack) lá no Rio, a gente, aqui no restaurante, está sempre buscando esse conhecimento, mas, por enquanto, somos poucos. Uma pesquisa, um catálogo de ingredientes brasileiros, em geral, seria uma tarefa incomensurável, secular. O país é muito grande e esse estudo não depende só dos cozinheiros, mas também dos cientistas. E precisa haver, de parte dos jovens que saem das faculdades, que querem ser chefs, esse tipo de preocupação, além de parcerias com organismos como a Embrapa.[7]
(Ivo) Eles querem logo ser chefs. Às vezes não sabem nem cortar uma carne, mas querem ser chefs.
(Mara) Falta talento, muitas vezes, no Brasil. Nós temos pouquíssimos chefs brasileiros talentosos.

Existem jovens despontando...
A gente gosta muito do trabalho da Helena Rizzo, do Maní Manioca, e da Manu Buffara, em Curitiba, que nos surpreendeu, em uma praça que não é exatamente gastronômica.

O Ivo apontou um traço interessante do Edinho, de agitador cultural. Eu lembro que ele me levou, em uma de nossas entrevistas, ao Dona Mariquita, em Salvador, um restaurante despretensioso, mas, também, surpreendente. A vocês, ele apresentou outro restaurante interessante, no centro de Salvador, o Moreira, que tem pratos diferentes, como as moquecas de ova e de frango. O que vocês acham desse jeito dele?

[7] Empresa Brasileira de Pesquisa Agropecuária: órgão vinculado ao Ministério da Agricultura Pecuária e Abastecimento que conta com uma avaliação positiva por parte do setor agropecuário, no Brasil, baseada em um histórico consistente de contribuição científica e tecnológica aos produtores.

Ele sempre faz isso. Além de interagir com as pessoas, está sempre em busca do novo, do inusitado. A história do Manacá é um exemplo disso. Aquela ponte, aquele túnel no meio da mata, tudo aquilo propicia uma experiência inovadora às pessoas, de fato.

Essa história de experiência de consumo, hoje presente nas estratégias do varejo, começou com o Ralph Nader, o advogado americano dos anos 1960 que comprou uma briga com a General Motors, por causa da segurança dos carros. O Edinho não pensou nisso, mas teve essa visão. Vocês acham que esse jeito dele, meio visionário, pode ajudar na evolução da culinária brasileira?
Sem dúvida. Na verdade, um cozinheiro tem de se dedicar muito à cozinha. Mas, se você conseguir juntar as duas coisas – e o Edinho conseguiu cercar-se de pessoas muito competentes –, a boa gastronomia e a capacidade de articulação, isso pode funcionar muito bem. Pode trazer resultados para os restaurantes dele e para a cozinha brasileira, em geral. O Edinho cria mercados: tanto lá em Camburi, no litoral, em uma época onde não havia bons restaurantes na região, como em Salvador, com o Amado.

E essa habilidade vocês acham que poderia melhorar as condições de trabalho de vocês?
Nem sei como ele conseguiu isso em Salvador. Quando nós estivemos lá, ele ainda padecia de uma adaptação, foi um início complicado.

Foi difícil, de fato. Você, que faz uma cozinha antropológica e o Ivo, que é filósofo, podem imaginar o quanto a Bahia pode ser difícil para um estrangeiro, entre aspas.
(Ivo) A elite de lá é menor que a que temos em São Paulo, por exemplo, mas é uma elite difícil, qualquer coisinha que desagrada e a pessoa já torce o nariz.
(Mara) Talvez um tanto autoritária.

Dizem que médico, na Bahia, não carregava a própria maleta de trabalho há até algumas décadas, porque sempre havia um moleque para fazer isso. Houve um tempo que o médico, se não tivesse o moleque, não era considerado um bom médico.
Não sei como o Edinho conseguiu furar o bloqueio, mas ele continua abrindo portas, trabalhou nos camarotes do estádio da Fonte Nova, durante a Copa, montou outro restaurante, depois um *buffet*, ele cuida de muita coisa.

Tem a capacidade de conquistar as pessoas, algo que eu invejo...
(Ivo) Sim, ele tem essa característica, que seria muito útil ao nosso movimento, em prol de uma cozinha brasileira afirmativa. Falo dessa capacidade de articulação política, no bom sentido. Não dá para cobrar isso de todo mundo. O Alex, por exemplo, tem outras qualidades, mas não é assim.
(Mara) O Alex atingiu um patamar que não permite a ele fazer outra coisa que não seja cuidar da própria imagem, dos próprios projetos, dos restaurantes, da posição que ele conseguiu, eu acho isso muito coerente.

Vocês acham que, no Brasil, o Edinho poderia ser esse articulador?
(Ivo) O movimento que projetou a culinária peruana no mundo, muito mais que o Brasil, que é um país economicamente mais forte, deve muito ao Gastón Acurio, que, além de chef, é um grande articulador político e organizou esse movimento por lá. Esse tipo de liderança seria fundamental, e no meio dos chefs não tem ninguém melhor que o Edinho.

A gente poderia jogar essa tarefa no colo dele...
(Mara e Ivo) De pleno acordo (risos). Entregaríamos a ele essa tarefa, de olhos fechados. Ninguém melhor que ele para articular esse movimento.

O Alex tem o Instituto Atá, voltado à sustentabilidade de algumas regiões produtoras de ingredientes culinários.
Eu ainda não consegui entender como funciona. Não sei até onde vai essa história, mas acho que sim, que a entidade quer viabilizar uma produção artesanal em comunidades carentes. Já visitei a aldeia Baniwa que produz pimenta na Amazônia. O que não está claro para mim nem para a sociedade, é a proposta do Instituto Atá. Até que ponto é institucional ou comercial. É um enigma.

Como foi a experiência de vocês naquele primeiro evento Paladar, Mara?
Foi uma espécie de *big brother* durante alguns dias, já faz dez anos. O Paladar fornecia toda a infraestrutura, os ingredientes, e a gente passava o dia discutindo, trocando experiências; no final de cada dia, apresentávamos algumas produções. Depois, falávamos sobre os resultados de cada um. Foi muito bonito. No outro ano, aconteceu de forma diferente.

Convidamos outras pessoas, de outras partes do país. Desde então, o evento acontece dessa forma.

Você consegue se lembrar de alguma receita dessa época?
(Mara) Algumas coisas ainda estão por aí. A marinada de abobrinha curada, que foi um achado naquela ocasião, está no cardápio do Tordesilhas. O Alex fez uma água de tomate com camarão ao bafo maravilhosa, e o Edinho preparou uma galinha de Angola, bem ao jeito caseiro, estava muito boa. Tanta comida... A nossa proposta era discutir as possibilidades dos ingredientes.
(Ivo) Esse evento Paladar, que marcou o início desse movimento da nova gastronomia brasileira, agora caiu um pouco no lugar comum, mas foi importante, teve coisas importantes e o caderno está aí até hoje.

Sobre a questão dos ingredientes, como vocês se relacionam com os produtores artesanais atualmente?
A gente está tentando se aproximar mais deles, primeiro, por causa dos preços, depois, pelas descobertas. Mas, para isso, teríamos que nos unir um pouco mais. São Paulo é uma cidade muito difícil. Fazer uma reunião de chefs, por exemplo, para discutir este assunto, é quase impossível. A Roberta Sudbrack, uma vez, disse uma coisa interessante. Nós nos admiramos, os chefs, mas não somos unidos. Além disso, nós, brasileiros, somos todos meio descompromissados. Seria bom mudar um pouquinho a atitude, fazer um compromisso mais firme entre nós. Também precisamos ter um conceito diferente de restaurante; eu adoraria ter um restaurante no qual eu pudesse dizer para o cliente que aquele peixe que ele comeu ontem não está disponível hoje porque não está no mercado; que aquela batata, que ele comeu há dois meses, está fora da estação.

O consumidor não entende isso?
Passa por uma mudança de hábitos do próprio cliente, pelos meios de transporte, pela infraestrutura, pelos tributos, claro, tudo é muito complicado no Brasil, e isso está muito distante de nós neste momento. Penso que temos de trabalhar com um cardápio cada vez mais enxuto, que tenha, claro, ingredientes que podem vir de muito longe, mas que sejam

bons e não sejam extremamente perecíveis, como quilos e quilos de uma boa farinha da Amazônia, por exemplo. E trabalhar com o que tem de melhor aqui, no entorno, porque você não pode usar somente a priprioca. Tem o tomate, a cebola, a hortaliça, e isso tudo está por aqui.

Você acha que com vocês, chefs, desenvolvendo os fornecedores, esses ingredientes brasileiros também vão chegar ao consumidor comum?
Sim, claro, isso cria hábitos, vai para a televisão, para as revistas, acaba aparecendo nas prateleiras. Torna-se público. Veja a arquitetura. Hoje, qualquer apartamento tem uma cozinha *gourmet*, as famílias tem pelo menos um chef. Cria demanda, sim. E cria produto, mercado.

‹›

Alex Atala – Pelo mundo

Milad Alexandre Mack Atala nasceu em 1968 (ano da revolta estudantil em Paris), no bairro mais paulistano da capital, a Mooca, que, como o próprio Alex, dispensa apresentações: uma vila industrial de imigrantes que conserva seus valores sólidos e sua cultura da boa vizinhança. Sobre o chef, não custa lembrar que um de seus restaurantes, o D.O.M., foi considerado o 9º entre os 50 Melhores Restaurantes do Mundo pela revista *World's Best Restaurant* (2017) e, até o fechamento desta edição, continuava a ser o único no Brasil a ostentar três estrelas do Guia Michelin (em 2015, 2016 e 2017).

Pesquisador dedicado de ingredientes naturais, regionais e artesanais, Alex talvez tenha extraído de sua fase punk a ousadia que continua precedendo as suas criações e atividades paralelas, que vão do jiu-jítsu à literatura, passando pelo Instituto Atá, que transforma comunidades como a aldeia Baniwa, na Amazônia, em produtores de ingredientes culinários.

Com Edinho Engel e Mara Salles de um lado, e os franceses Claude Troisgros, Laurent Suaudeau e Emmanuel Bassoleil do outro, Alex é um dos chefs responsáveis pelo surgimento, evolução e consolidação da gastronomia brasileira nas últimas quatro décadas. A seguir, veja a entrevista realizada com o chef no restaurante Dalva & Dito em janeiro de 2015.

> **Entrevista com Alex Atala**
> janeiro de 2015

Como você encara essa perspectiva que o coloca, muitas vezes, no centro da renovação da gastronomia brasileira nas últimas quatro décadas, um movimento que já foi chamado de Nouvelle Cuisine Brasileira?
Cozinha Bossa Nova é um termo melhor que Nouvelle Cuisine Brasileira, como algumas pessoas a chamaram.

Eu queria saber por onde você andava naquela época – de 1980 a 1985 –, quando pessoas como o Claude, o Laurent, o Emmanuel, o Edinho e alguns chefs menos conhecidos começaram a redescobrir os ingredientes brasileiros e a valorizá-los.
Nesse momento, eu não estava na cozinha, e sim na música, como DJ, andando pela noite paulistana. Então, tive o primeiro estalo de ir embora do Brasil. A minha mola motora não veio da culinária, veio da necessidade de conhecer o mundo. No meio dessa viagem, eu estava na Bélgica, não tinha grana e não tinha sequer um visto de turista. Para não ficar clandestino, fui fazer uma escola de cozinha. E o que me parecia um atalho, virou o caminho.

Isso foi em que ano?
Em 1989. Mas foi nesse período, no final dos anos 1980, que eu fui ao Manacá pela primeira vez. Entrar no Manacá tem sido uma experiência transformadora para os brasileiros, em geral, desde aquela época. Nós não tínhamos um restaurante no qual as pessoas entravam por meio de um deque suspenso sobre um manguezal dentro da mata, e que mexia com elas, antes mesmo que elas pusessem a comida na boca. Isso eu acho sempre importante pontuar porque, pessoalmente, me marcou muito. Eu não era cozinheiro, nem sequer tinha dinheiro ou condição de frequentar aquele restaurante, mas, ao entrar no Manacá, outra porta se abriu para mim, mostrando que existiam outros formatos de restaurantes, que podia haver restaurantes incríveis fora do eixo Rio-São Paulo, que, naquela época, praticamente concentrava essa atividade no país.

Você não conhecia o Edinho...
A minha admiração pelo Edinho vem de muito antes de eu ser cozinheiro e se estende à pessoa dele, por ter acreditado em um sonho e apostado nele com toda a garra e toda a energia.

No meu caso, foi justamente essa experiência de consumo visionária que me chamou a atenção para o Edinho, muito antes desse conceito estrear no mundo dos negócios.
Eu frequento as praias desde muito criança, em 1972, talvez, e ainda me vejo chegando de barco com meus pais, ou meus avós, a Boraceia, em viagens incríveis, que demoravam, às vezes, 12 horas. Naquele tempo, na minha cabeça, só gente maluca ou inconsequente vivia na praia. O Edinho mudou esse paradigma, acendeu uma luz: "dá para ser maluco e ganhar dinheiro ao mesmo tempo", pensei. Era possível, afinal, estruturar uma vida de verdade, construir um negócio em bases profissionais com contornos rebuscados, finos, em uma situação de aparente rusticidade. Mesmo hoje, quando se fala de Camburi, a estrada está ótima e tal, mas não é um lugar com acesso fácil a tudo.

Na sua cabeça, o conceito de vida alternativa não combinava com o de uma atividade profissional?
Exatamente, obrigado. Ser alternativo não parecia consequente.

De lá para cá, você tem liderado esse movimento. Queria que dissesse o que pensa dessa atitude de combinar o simples com o sofisticado, e falar do estágio atual da gastronomia brasileira.
Eu tenho uma observação a fazer, um pouquinho antes disso, que é o seguinte: há alguns anos, não me lembro exatamente quando, o *Estadão* convidou a mim, ao Edinho e à Mara Salles para passar alguns dias na faculdade Anhembi Morumbi, cozinhando, conversando e refletindo sobre uma cozinha brasileira. Foi o primeiro laboratório daquilo que se tornaria o evento Paladar. O Edinho, mais uma vez, saiu com uma frase que transformou a minha vida, muito simples, fácil, quase um *haicai*: "Eu faço fé" (risos).

Bacana você se lembrar disso. Vai virar título de um capítulo do meu livro...
Ele veio com essa frase, naquele ambiente em que nos achávamos, imersos, sérios, pesados, técnicos. A gente, que vive muito dentro desse mundo, lida com muitas complexidades que permeiam a nossa atividade. Muitas vezes, é difícil exprimir, manifestar o que se está pensando. E o Edinho chegou com essa pérola, era tudo o que estávamos precisando ouvir naquele momento. Marcou um rumo, de simplicidade, de objetividade. Foi o primeiro passo daquilo que a gente, hoje, pode chamar de *nova cozinha brasileira*. Fazer fé, acreditar.

Você, que está na liderança desse processo, não teme afirmar que tudo começou aí? Para ele, certamente, essa revelação será inspiradora.
Eu volto a dizer: se realmente sou o líder desse movimento, a principal virtude do líder é ter ouvidos. Não se lidera sozinho. E o Edinho também tem essa qualidade. Mas, respondendo à sua pergunta, nesses últimos dez ou 15 anos, a cozinha brasileira vem passando por um momento incrível, não só de aceitação, de compreensão do público, mas de uma nova geração debruçada sobre essa gastronomia, prestando aos ingredientes e ao receituário brasileiro a mesma atenção que prestou, e até hoje presta, às cozinhas francesa e italiana. Esse equilíbrio, essa condição de igualdade da cozinha brasileira em relação à cozinha europeia, é transformador. Hoje, o Brasil é o único país do mundo – eu venho dizendo isso sistematicamente – com mais de 30 chefs em nível internacional. E que não estão restritos ao eixo Rio-São Paulo. Você vai a Manaus, Belém, Curitiba, Campo Grande, Cuiabá, Belo Horizonte, Vitória, você vê uma safra ímpar de talentos nessa área.

E o Brasil no resto do mundo?
França, Itália, Japão viraram referências gastronômicas para o mundo, não porque tenham bons ingredientes, mas porque têm bons cozinheiros. Essa é a minha constatação do que acontece hoje no Brasil. Talvez agora eu possa me apropriar da frase ou da sabedoria do Edinho e dizer: "Eu faço fé". Porque a cozinha brasileira não parou na nossa mão. Nós conseguimos criar uma onda, ou um movimento que está reverberando. Isso é o que vai garantir a vitalidade da gastronomia brasileira.

E isso vai prosseguir?
A nossa gastronomia vai consolidar-se, efetivamente, quando ela não for mais dos chefs, e sim, das pessoas, do povo. Os chefs foram, ou são, apenas um veículo. Tenho mais uma coisa para dizer do Edinho: ele é mais que um virtuoso, é um autodidata. Eu explico melhor: virtuoso é aquele menino que a gente pega, com muito talento e treina. Você sabe que está criando um competidor, um menino com perfil para ir adiante. O Edinho tinha esse talento, mas não teve mestre. Aprendeu ouvindo, estudando, testando e fazendo.

Mal comparando, o cozinheiro e o chef são como o instrumentista e o maestro?
O chef é só uma condição daquele cozinheiro capaz de liderar uma equipe. É como o jornalista. Tem o foca que está começando, o repórter, o editor e o chefe de redação. Todos nós somos cozinheiros, mas existe aquele que, ao treinar, você percebe que tem condições de ser um líder, de puxar uma fila. Talvez ele ainda não seja um chef formado, mas você sabe que ele está apontando para aquela direção. Voltando ao Edinho, esse autodidatismo dele beira a genialidade. Ele tem a capacidade de se reinventar o tempo todo, sem perder a sua essência, a sua filosofia. Isso é incrível no Edinho.

Você conheceu o Amado Bahia?
Depois desses anos todos, ir ao Amado e ver o que ele fez na Bahia, é impressionante. É outro Edinho, mas ainda é o mesmo personagem. Eu, nesses anos, conheci chefs camaleônicos. Você não os reconhece em suas fases. Um dia, estão de um jeito, no outro dia, de outro. O Edinho nunca perdeu a sua coerência, a sua verdade. É um cara que me inspira, sempre que ele vem aqui participar do Dalva & Dito Convida, que reúne chefs do Brasil inteiro.

Vocês tem uma confraria?
A gente tem uma relação muito boa. A cozinha brasileira e a cozinha no mundo, passam por isso que é uma fraternidade entre chefs. A competição não é mais o nosso motor. Todo mundo entendeu que fazer parte do conjunto é melhor que agir individualmente. Somos uma sociedade cooperativa, não competitiva.

Eu trabalhei em restaurante, também, na Bélgica, quando estudante, e me lembro que os chefs naquela época eram não apenas competitivos, mas extremamente autoritários.

A estrutura da cozinha já foi totalmente militar. Mas descobrimos que a harmonia faz um time mais afinado. A virtude de um chef, hoje, não está em obrigar uma equipe a repetir suas receitas, e sim em extrair o melhor de seu time. Isso define a *performance* da boa cozinha. Com didática e o mesmo nível de exigência, mas sem chatice, o time produz melhores resultados.

Tem outros conceitos na cozinha contemporânea extraídos do mundo corporativo, como o branding, *o* Total Quality Control, *o* Kanban. *Eu li em uma entrevista sua que você está se associando a um grupo de especialistas financeiros. Vai abrir o capital da sua empresa?*

Eles não são meus sócios, e sim meus conselheiros. Resumidamente, eu diria que é melhor ter um funcionário caro que um sócio barato.

E você conseguiu se libertar um pouco da administração de seus restaurantes?
Muito, muito, meu caminho segue por aí. Nos últimos anos, entendi que a minha virtude era ser um cozinheiro. Os restaurantes começaram a me tomar muito tempo e eu não tenho muito gosto pela administração, além de não ter tido uma grande experiência com sócios. Não vou falar mal deles, mas não foi uma experiência incrível. E, então, consegui uma boa saída: reconhecer o que não sei e contratar quem sabe.

Mesmo assim, você tem uma agenda complicadíssima e sei que preza a vida familiar.
Muito. Há dez ou 15 anos, quando eu comecei o D.O.M., por exemplo, era muito difícil o caminho da pesquisa, ainda que eu tivesse mais tempo.

A informação era mais difícil?
Eu tinha menos recursos e a teia era menor. Hoje, depois de tanto tempo trabalhando com isso, esse leque se abriu e a minha reputação de pesquisador cresceu, o que ajuda muito. Você passa a receber outros *inputs*. Eu tenho comigo alguns meninos que, como eu, trabalham como *perdigueiros*. Ouvem falar de ingredientes, vão atrás, testam, experimentam. Por outro lado, há poucas semanas, encontrei um fornecedor de peixe incrí-

vel. Foi encontrar o peixe, ver e falar: isso aqui é diferente. Outra experiência recente: uma mulher me ligou, dizendo que estava colhendo aquele cogumelo, o *funghi porcini*, aqui na Serra Catarinense. Eu nem acreditei, para dizer a verdade. Dois dias depois, ela me mandou algumas amostras e era, de fato, o *Boletus edulis*. Mergulhamos nisso também. Não foram trabalhos de se ir atrás. Chegaram até nós.

Sem nenhuma restrição sanitária?
Isso vem em uma segunda etapa. Por enquanto, estamos conhecendo de que forma esse cogumelo está sendo extraído ou produzido. Nos casos dos méis e da baunilha brasileira, os projetos estão mais avançados. Alguns foram desenvolvidos junto a comunidades inteiras, como as pimentas dos índios Baniwa[8]. Também temos um projeto com os plantadores de arroz do Vale do Paraíba. No caso do mel de abelha mansa, contratamos uma empresa para nos assessorar na mudança da regulamentação brasileira, para adequar o seu Riispoa[9].

Tem a questão do queijo minas, também...
Esta está quase vencida. E vai abrir caminho para os méis.

Quem cuida disso?
Esse trabalho também tem sido feito pelo Instituto Atá. São atividades burocráticas, mas que também exigem política. Pressão para rever uma lei que implica risco.

Essas mudanças vão beneficiar só o mundo da gastronomia?
Não, todo mundo. É o que eu costumo dizer: a gastronomia brasileira só existirá, de fato, no dia que deixar de ser dos chefs para ser do povo. Eu não tenho que ter esses ingredientes no meu restaurante. Tenho que tê--los na minha casa.

[8] O Instituto Atá, liderado por Alex Atala, apoia a comunidade de índios Baniwa de São Gabriel da Cachoeira, a noroeste de Manaus, no Amazonas, que produz ingredientes culinários introduzidos na cozinha do chef, bem como em seus restaurantes e pontos de venda de produtos gastronômicos. O projeto estendeu-se à comunida Tunuí Cachoeira, no édio rio Içana (pimenta baniwa do tipo jiquitaia).
[9] Regulamento da Inspeção Industrial e Sanitária de Produtos de Origem Animal – norma do Ministério da Agricultura, Pecuária e Abastecimento do governo federal.

Mudando de assunto, você tem a pretensão de reproduzir os seus restaurantes? É possível uma cozinha brasileira pret-a-porter?
Toda vez que a gente ouve alguma coisa relacionada a uma parceria entre uma empresa de sucesso e um fundo de investimento, a tendência é achar que essa empresa vai abrir o capital e se reproduzir. Não é o caso do D.O.M. Mas vou adiantar uma coisa que nunca disse publicamente: o meu caminho não é replicar a marca, mas a evolução natural do meu segmento seria a hotelaria. Hoje, estamos muito mais focados em criar estruturas sólidas aqui dentro para evoluir para o setor hoteleiro do que para reproduzir a nossa marca.

Você não gosta da cozinha pret-a-porter?
Ela é bacana, abre caminhos. A diferença entre o razoável, o bom e o excepcional só existe para quem usa. Quem não vai ao cinema não entende alguns tipos de filme, assim como quem não lê não conhece alguns tipos de literatura. Há algum tempo, eu fiz um texto misturando cozinha e futebol. Para mim, existem pontos em comum. Eu sou favorável a que essa cozinha chegue até o shopping. Durante os grandes campeonatos, a Copa, as Olimpíadas, falamos de tecnicalidades, mas tem pelada na rua, tem garoto jogando bola o tempo todo.

É como na literatura, tem de ter os Paulos Coelhos, *eu é que estou dizendo, certo?*
Exatamente. Sou favorável. Acho que isso vai abrindo a cabeça das pessoas, criando possibilidades e repertório na degustação.

Gastronomia é arte?
É arte, é ciência exata e é alquimia. Arte, porque provoca e emociona. Ciência, porque a execução tem de ser perfeita. Arte é um momento. Mas a perfeita execução daquela obra, que é a comida, está em replicá-la manualmente. Isso tem uma coisa que é a essência do luxo. E envolve a alquimia porque você pega a água, a farinha – que é uma semente – e o fermento, e faz um pão. Ingredientes sem cor, sem sabor, sem textura. Você transforma aquilo tudo. O maior elo entre a natureza e a cultura está na cozinha. Acredito que cozinheiros não são artistas, mas artesãos. Acho

que a cozinha até pode dar ao cozinheiro uma expressão artística, mas o cozinheiro será sempre um artesão.

O que você entende como expressão artística?
Você não precisa ser um grande conhecedor de arte para reconhecer Volpi, Rembrandt ou Miró. Alguns artistas têm a sua personalidade tão evidente que a assinatura do quadro torna-se dispensável. A cozinha também passa pela essência do luxo. Vamos usar a moda como exemplo. Todo mundo conhece as marcas *Prada, Gucci, Louis Vuitton*. As pessoas se esquecem de que, em algum momento, existiu um cara que se chamava Prada, ou Louis Vuitton, ou Hermès, ou Gucci, e que esses quatro caras, especificamente, tiveram a mesma profissão: eram artesãos de couro. Fazer bolsas, selas, botas: esse era o ofício deles. A habilidade humana, manual, de aliar cor, conforto, design, isso gera luxo.

Pode explicar melhor?
Por que a cozinha é difícil? Porque existem os Ferran Adriá, os Paul Bocuse, que exercem a sua atividade com talento e uma habilidade manual, humana, que os distingue dos demais. É por isso que eu sempre vou dizer que a cozinha é artesanato, não é arte. Os cozinheiros podem ser virtuosos, mas serão sempre artesãos, porque têm a habilidade de transformar, e esse é o primeiro sinal do luxo.

Nós, cozinheiros de fim de semana, sofremos muito com a falta de certos ingredientes. Outro dia eu quis fazer uma codorna recheada e descobri que teria que encarar o trânsito para comprar os bichinhos.
Eu acho que o mercado vai gerar essa mudança. A cozinha *pret-a-porter* vai abrir caminho para essa transformação, também. Hoje, a gente tem a banalização do *temaki*, as pessoas acham que é uma deformação da cozinha japonesa, mas isso não está errado, tem o seu lado positivo. Algumas crianças estão comendo *temakis* em vez de *Big Macs*, o que é bom.

Em que medida?
O paladar infantil vai sendo formado com ingredientes de boa qualidade, e isso vai melhorando o repertório das crianças e dos pais. Um *temaki* tem

a alga mais crocante, outro, um arroz diferente, um terceiro, um peixe de outro tipo. Eu gosto muito desse fenômeno.

E quanto aos efeitos disso tudo no mercado?
Em 2003, escrevi o meu primeiro livro, *Por uma Gastronomia Brasileira*, com esse título aclamativo. Eu não podia imaginar que, em dez anos, ele deixaria de ser contemporâneo. No livro, eu disse que o meu grande sonho era ver o ingrediente brasileiro em lojas *gourmets*, dividindo espaço nas prateleiras com o arroz de risoto italiano, com o presunto espanhol, com o vinho francês. Isso já acontece, por exemplo, na Casa Santa Luzia e em outros varejos de alimentos antes vistos como empórios *gourmet*. A gastronomia brasileira deu uma virada muito importante.

E vocês, chefs, nos proporcionaram essa mudança.
Eu acho que sim. O chef é um modelo inspiracional e o mercado é criador de realidade.

‹ ›

> Acho que a cozinha
> até pode dar ao
> ozinheiro uma
> artística,
> co   o
> sempre
>
> lex A

paladar

comidas × bebidas × chefs × receitas

ESPECIAL 1 ANO

1º LABORATÓRIO DE COZINHA BRASILEIRA

Eu faço fé – Paladar

Ceviche de pera com coentro e romã e abóbora cabotiã com "queijo" de coco e café: Manoella Buffara – Manu, Curitiba; peixe branco com wasabi (raiz forte), dill (endro) e papaia verde: Renata Vanzeto – Ema e Marakuthai, São Paulo; sopa fria de jabuticaba com camarão no vapor de cachaça e picles de couve-flor e amburana: Helena Rizzo – Maní-Manioca, São Paulo; cuscus de uarini com pescado azul, iogurte e trevo: Ivan Ralston – Tuju, São Paulo. Qual a relação entre essas criações e a história de Edinho Engel, Alex Atala e Mara Salles, reunidos pelo jornal *Estadão*, na faculdade de Gastronomia da Anhembi Morumbi, em São Paulo, em junho de 2006, para criar o primeiro laboratório de gastronomia brasileira, que deu origem ao evento Paladar – Cozinha do Brasil?

Os jovens e talentosos criadores desses pratos exóticos, para muitos, reconhecem e cultuam, com respeito – alguns, com carinho –, a influência daqueles três pioneiros em sua cozinha, que também deve muito aos franceses e italianos abrasileirados, Claude Troisgros, Laurent Suaudeau (nos anos 1980) e Luciano Boseggia (nos anos 1990). Até por sua origem antropofágica, o processo de construção da culinária brasileira faz lembrar outros movimentos importantes, como a Semana de Arte Moderna de 1922, a Bossa Nova, nos anos 1960 e a construção da moda brasileira, nas décadas de 1970 e 1980.

Dos três movimentos, a indústria da moda talvez seja o que mais se aproxima da consolidação da gastronomia brasileira, no tempo e no espaço: na década de 1970, estilistas como Reinaldo Lourenço, Glória Coelho e Alexandre Herchcovitch formavam um grupo de jovens *apenas* promissores, reunidos em torno das oficinas da estilista e diretora do Studio Berçot, de Paris, Marie Rucki, que havia formado profissionais como Jean-Paul Gaultier, Azzedine Alaïa, Chiara Gadaleta, Lorenzo Merlino e Kenzo Takada. Patrocinadas pela francesa Rhodia, as oficinas do Berçot também atraíram nomes como Ronaldo Fraga, Amir Slama, Carlos Miele e Lino Villaventura.

Marie costumava levar seus alunos ao centro de São Paulo, incluindo a Rua 25 de Março e grandes magazines, como o Mappin e a Mesbla, para colher informações, retalhos, botões, pedaços de couro, fivelas e toda sorte de quinquilharias que tivessem alguma cor ou textura, para dar início a sessões de criação das coleções sazonais de seus alunos. Além desse objetivo, a caminhada nas ruas servia para dar um choque na cultura burguesa dos jovens discípulos. Até então, a moda brasileira não passava de cópia mal disfarçada dos cadernos de estilo dos criadores europeus. O contato com a rua, acreditava Marie Rucki, produzia na cabeça dos jovens estilistas um estado de caos que deveria, na opinião dela, preceder a criação.

As comparações entre os dois movimentos param por aí: embora Edinho Engel tenha se formado em Ciências Sociais (no conturbado período histórico de 1974 a 1980), ele nunca imaginou escrever uma tese sobre a cozinha brasileira, como a da professora Maria Salete Souza Nery, da UFB, que estudou a convergência entre a criação artística e a natureza comercial da moda em *De arte a negócio, ou de Worth a Herchcovitch*.

O estudo de Maria Salete Nery se apoia na associação entre Charles Worth, o pai da alta costura, e Elsa Schiaparelli, a estilista filósofa, aos surrealistas Jean Cocteau e Salvador Dalí, na década de 1930. Worth e Schiaparelli formaram criadores como Pierre Cardin e Hubert de Givenchy.

Edinho Engel reconhece as suas referências da cozinha tradicional mineira e técnicas europeias, e concorda com Mara Salles que a cozinha brasileira já deveria ter entrado na agenda dos órgãos oficiais de cultura, mas prefere afirmar, por enquanto, que a boa comida, assim como o bom jornalismo, pode ter suas pitadas de arte, mas dura muito pouco no prato, na tela ou no papel para merecer outras considerações.

No mínimo, o público dos jovens restaurantes brasileiros, comandados por chefs como Rodrigo Oliveira, Felipe Bronze, Wanderson Medeiros, Helena Rizzo e Ana Luiza Trajano – reconhecidos como de *alta gastronomia* –, e que, hoje, se espalham por várias regiões do país, já comeu e bebeu da mesma fonte, descoberta pelos cozinheiros da mesma geração daqueles três convidados para o primeiro seminário promovido pelo *Estadão*.

Paladar

O caderno *Paladar* foi criado em 2005 pelos jornalistas Ilan Kow (diretor da Editora Panelinha, responsável pela produção dos livros da chef Rita Lobo) e Luiz Américo Camargo (jornalista, escritor e consultor de gastronomia), para funcionar como um catalisador da tendência de uma gastronomia brasileira.

Os dois vislumbraram, na combinação da experiência e do estilo daqueles três chefs – da mesma geração, mas com referências distintas –, a "sustância" (expressão do *edinhês*, como lembra Camargo) necessária à pesquisa dos fundamentos de uma gastronomia brasileira, que já se apoiava na criatividade, nas próprias tradições e na revalorização dos ingredientes artesanais, preparados com a técnica da cozinha clássica internacional.

Na época, o catalão Ferran Adrià Acosta, do El Bulli (Costa Brava, Espanha) acabara de deslocar o seu colega e competidor inglês, Heston Blumental (Fat Duck, Bray, Inglaterra) do primeiro posto na avaliação do Guia Michelin. A *cozinha tecnoemocional* – criada por Ferran Adriá – com suas espumas, essências e formas contemporâneas inscrevia um capítulo novo na história da cozinha internacional, que havia incorporado técnicas e pratos orientais (*cozinha fusion*), depois da revolução da *nouvelle cuisine*, nos anos 1960 e 1970.

Nas quatro últimas décadas, Edinho, Alex e Mara, ao lado de colegas da mesma geração, como Carla Pernambuco, Neka Mena Barreto, Janaina e Jefferson Rueda e dos franceses abrasileirados, Claude Troisgros e Laurent Suaudeau, consolidaram o longo e cuidadoso processo de maturação da nossa gastronomia, que incluiu uma pesquisa e, em muitos casos, o desenvolvimento de fornecedores de insumos e produtos especiais, como os apresentados na terceira parte desta narrativa.

Outros chefs, igualmente importantes nesse processo, como José Hugo Celidônio e Roberta Sudbrack, no Rio, Paulo Machado, em Mato Grosso, e Carlos Siffert, em São Paulo, surgiram logo depois, enfrentando os mesmos desafios: coletar ingredientes tipicamente brasileiros, produzidos artesanalmente, muitas vezes, longe dos centros de consumo; experimentar, dosar e servir inovações vistas, na maior parte das vezes, com preconceito e até com indignação. "Pedir uma cachaça, em alguns restaurantes finos, nessa ocasião", lembra Edinho, "gerava, no mínimo, desconfiança".

A editora atual do caderno *Paladar*, Patrícia Ferraz, tem certeza de que a chegada dos franceses ao Brasil, na virada da década de 1970 para a de 1980 – com a sua sólida formação clássica e o encantamento pelas frutas e legumes nativos –, incentivou o surgimento de uma gastronomia nacional. "Seus passos vinham sendo seguidos, de muito de perto, pelos chefs brasileiros da mesma geração", ela diz.

Revolução Francesa

Claude Troisgros e Laurent Suaudeau vieram trabalhar em dois grandes restaurantes internacionais: Claude, no Le Pré Catelan, no Rio de Janeiro, em novembro de 1979, e Laurent, no Le Saint-Honoré, do hotel Le Méridien, também no Rio, em janeiro de 1980. Ambos foram enfeitiçados pelos aromas e sabores da terra. "Fora isso", acrescenta Patrícia Ferraz, "eles começaram a profissionalizar a nossa culinária". "Foram ensinando técnicas, processos, enfim, fazendo as coisas como realmente se deve. Em meados dos anos 1980, a garotada de classe média começou a se interessar por gastronomia, quando o Senac criou um curso de extensão de nível superior. No fim dos anos 1990, os primeiros chefs da nova geração começaram a se formar: Jefferson Rueda e Paulo Barros, como exemplo", lembra.

Em entrevista ao *Paladar*, em 2009, Suaudeau e Troisgros foram provocados a responder que ingredientes locais continuavam a encantá-los, 30 anos depois de sua chegada ao Brasil. Claude se disse (ainda) fascinado pelo maracujá, e por todo tipo de derivado da mandioca. Laurent confessou-se fã do caju, "por tudo o que a fruta representa em sua complexidade e aparência, da castanha ao fruto". Claude diz que chegou ao Rio sonhando em ter seu próprio negócio e ganhar a vida fazendo o que sabia: cozinhar. Virou astro da TV, além de administrar seus sete restaurantes.

Suaudeau disse que jamais havia sonhado em passar 30 anos no Brasil. O seu restaurante em São Paulo, o Laurent, funcionou até 2004 e tornou-se referência gastronômica no país. Em 2012, ele mudou-se para Gramado, no Rio Grande do Sul, onde abriu o restaurante ModeVie Par Laurent, com uma proposta inovadora para a cidade, uma das cozinhas mais bem equipadas do estado e um estilo próprio da "cuisine du terroir": pratos únicos e com forte traço francês.

Na entrevista de 2009, ambos disseram que o brasileiro não dispensava um *arrozinho* ao lado do prato, mas, atualmente, tem a mente aberta para a modernidade e o gosto refinado. "Há 30 anos, a cozinha brasileira era tímida, não se sabia a diferença entre comida e gastronomia. Agora, a evolução é nítida. E a filosofia do gosto faz parte do dia a dia", concordaram. Para Laurent, independentemente da sua origem econômica, o brasileiro comia, continua comendo e nunca deixará de comer arroz e feijão, o que é bom. Mas o Brasil era um país fechado, para dentro e para fora, e ganhou uma cozinha criativa e evolutiva.

Quando os franceses chegaram, Edinho Engel começava a frequentar as praias de Camburi e Camburizinho com amigos – de Uberlândia e de São Paulo –, depois de experimentar diversas profissões. Vendia sanduíches naturais que matavam a fome e sustentavam seu sonho de praia, sol, liberdade e harmonia. Formado em Sociologia pela USP em plena ditadura militar, participava de todo tipo de manifestação política na época – como os protestos contra as mortes do operário Sandro Dias e do jornalista Vladimir Herzog –, mas morria de medo da polícia, como todos nós, da mesma geração.

Diante de um futuro francamente incerto para um cientista social, em um país governado por um regime de força (na época, liderado pelo general Ernesto Geisel), Edinho foi trabalhar no Metrô de São Paulo; virou fotógrafo e, depois, artista de teatro mambembe. "Toda a nossa companhia, incluindo maquiador, iluminador, contrarregra, atores, atrizes e bilheteria, era formada por mim, por um casal de amigos e o fusquinha no qual percorríamos as cidades do interior", conta.

Sociologia com limão

Em 1984, o chef resolveu abrir o seu primeiro restaurante, o Fazenda Mineira, um ancestral dos atuais *food trucks*. Ficava na badalada Praça Benedito Calixto, em Pinheiros, nas cercanias do não menos célebre teatro Lira Paulistana, onde se apresentavam Itamar Assunção e a banda Isca de Polícia. Edinho vendia pratos caseiros e os mesmos sanduíches que faziam sucesso na praia. Durou pouco, mas aproximou Edinho de sua companheira das próximas décadas, Wanda Engel, que lhe vendia ingredientes naturais, e acabou se tornando um dos esteios da criação seguinte, o restaurante Manacá.

"Eu conheci o Edinho no começo do Manacá", conta Patrícia Ferraz. "Era repórter especial do Jornal da Tarde, e fazia muita matéria de meio ambiente no Litoral Norte de São Paulo. Nos anos 1990, a região começou a registrar muitos roubos e assaltos, e eu acabei indo até lá, para fazer outro tipo de reportagem. Os comerciantes voltavam para São Paulo em comboios quando acabava o fim de semana. Juntavam, cada um, a sua féria, em saquinhos, e vinham em vários carros, um atrás do outro, para se proteger".

"Antes disso", conta, "eu me tornei cliente do Edinho porque ia muito para as praias de Paúba e Camburi. Até hoje, o Manacá continua sendo um dos restaurantes mais bonitos do mundo, porque você entra, parece uma selva e, depois, encontra aquele ambiente lindo, tudo de muito bom gosto, além da boa comida, claro. É um marco da gastronomia no litoral brasileiro, disso não tenho nenhuma dúvida".

"Naquele início", lembra a jornalista, "o Edinho tinha muito camarão, cavaquinha, mexerica, aipim, além do robalo assado na folha de bananeira, com farofa de banana-da-terra, pratos inspirados na cultura caiçara". Com a chegada dos franceses, Edinho passou a aperfeiçoar, cada vez mais, a sua técnica, enquanto os chefs que tinham a cultura do *foie gras* começavam a revalorizar os ingredientes regionais.

"Aos poucos, todo mundo começou a usar mais os produtos brasileiros", conta Patrícia, "mas o movimento mais forte de valorização de nossas tradições culinárias se fortaleceu nos últimos 15 anos, do ano 2000 em diante. Agora, todo mundo defende a gastronomia brasileira, mas, no começo, não era assim. Até porque os restauradores precisaram passar, primeiro, pelas cozinhas clássicas, pelas bases, pelas cozinhas italiana e francesa para, a partir daí, redescobrir as nossas tradições".

Sobre o primeiro evento gastronômico promovido pelo caderno *Paladar*, Patrícia Ferraz – na época, editora da revista *Gula* – explica que a ideia do então editor, Luis Américo Camargo, era justamente explorar aquela nova tendência: ingredientes locais, técnica internacional. Até aquele momento, os eventos gastronômicos eram voltados para fora. A revista *Gula* trazia chefs estrangeiros, assim como a *Prazeres da Mesa*, cujos eventos começaram em 2004.

"Em junho de 2006, o caderno decidiu reunir Edinho, Alex e Mara em um laboratório, e construiu um evento baseado na pesquisa e na criação de pratos elaborados com os ingredientes brasileiros. Não foi aberto ao público, apenas ao mercado gastronômico", comenta.

Cadinho e almofariz

A tarefa apresentada pelos editores do caderno *Paladar* àqueles *alquimistas* das Arábias, Minas Gerais e Piratininga, dispostos a se internar, por três dias, na recém-inaugurada cozinha da Faculdade de Gastronomia da Universidade Anhembi Morumbi, no bairro do Brás, com dedicação *full time*, usando os ingredientes que quisessem (bancados pelo jornal), não tinha nada de simples: eles estavam ali para repensar, pesquisar e produzir as bases de uma nova cultura gastronômica brasileira, que também alimentaria a pauta das próximas edições do jornal e, quem sabe, um movimento nacional que sintetizasse essa tendência.

Na coluna publicada na edição do caderno *Paladar* de 4 de junho de 2009, convidando o público para a 3ª edição do evento Paladar – Cozinha do Brasil (atualmente na 10ª edição), o jornalista Luiz Américo Camargo homenageou os três chefs que haviam topado, *generosamente*, o desafio proposto pelos editores da publicação. "A lista de ingredientes que eles nos passaram era enorme", lembrou, "e nós tivemos que correr atrás deles, nos diferentes cantos da cidade e até fora de São Paulo, mas as receitas que eles criaram naqueles três dias recompensaram o nosso esforço".

O resultado desse *happening* foi além do cardápio construido pelos três chefs em seu laboratório e experiências que se transmutaram nas criações presentes em seus restaurantes.

"Podemos construir uma declaração de independência da cozinha brasileira", imaginaram Ilan Kow e Luiz Américo na ocasião. Acertaram no que não tinham visto: além das novas criações, o seminário tornou-se o embrião de um dos mais celebrados congressos culinários do país, reproduzido ao longo de uma década, com discussões que vão de especialidades e técnicas gastronômicas ao papel dos produtores artesanais dessas especialidades, legislação, tributos, mercado, divulgação, questões sanitárias e aspectos sociais da atividade de restauração.

O evento Paladar – Cozinha do Brasil continuou crescendo. Em 2014 (8ª edição), contou com 102 chefs, em 82 atividades promovidas, durante dois dias, no campus Vila Olímpia da Faculdade de Gastronomia da Universidade Anhembi Morumbi. Em 2015, no auge da crise, a nona edição reuniu, no mesmo local, 66 chefs, 20 palestrantes e dez expositores, além de uma feira de comida aberta ao público. Dessas duas edições participaram, além de Edinho, Mara e Alex, Claude Troisgros, Carla Pernambuco e Ana Soares, chefs brasileiros de duas outras gerações: a segunda, formada por Janaína e Jefferson Rueda, Roberta Sudbrack, Ana Luiza Trajano, Agenor Maia e Carlos Siffert, e a terceira formada por André Mifano, Bel Coelho, Flávio Miyamura, Helena Rizzo, Ivan Ralston, Manu Buffara e Rodrigo Oliveira.

Mais que nomes respeitáveis, a comida oferecida por esses profissionais em seus restaurantes confirma o padrão alcançado pela culinária nacional nas últimas décadas. A participação do público do evento, em edição recente, passou de três mil pessoas, entre profissionais do mercado, produtores artesanais, grandes empresas e simples curiosos, amantes da boa comida e cozinheiros de fim de semana.

Independência

Em outubro de 2010, Luiz Américo Camargo publicou, em seu blog, os princípios da declaração de independência da cozinha brasileira, formulada pelos três chefs e seus mentores do evento Paladar de 2006.

1 Reconhecer que existe uma cozinha brasileira, muito boa, por sinal. Nossa culinária tradicional tem história, receituário e estilo bem

delineados, tudo dentro de uma tremenda diversidade regional. Ela deve ser conhecida, entendida, apreciada e sistematizada. A cozinha caseira, gerada nas panelas e tachos, pode e deve coexistir com uma cozinha inventiva.

2   É preciso construir uma gastronomia brasileira. Aprofundar o que se sabe sobre nossas cozinhas típicas não conflita com o desafio de criar uma cozinha brasileira, ainda iniciante.

3   Temos que aprender a olhar o mapa do Brasil para além das unidades da federação. Esquecer, por um momento, a divisão por estados do chamado mapa político do país: estamos falando das diversas cozinhas regionais e das diferenças do território nacional. Para entender melhor essa complexa relação do meio com os ingredientes e tradições, é preciso traçar um mapa do país que contemple seus biomas (a flora e a fauna) e aspectos socioculturais.

4   Difundir e ter orgulho dos ingredientes do Brasil. Ninguém deve deixar de ser fã de vitelas, aspargos, azeites e outras delícias. Mas é fundamental tomar contato com nossos produtos, descobrir suas possibilidades, identificar e, depois, sistematizar sabores e usos.

5   Aproximar chefs, *gourmets*, pensadores, cozinheiros, quituteiros e autodidatas. Os chefs dos chamados restaurantes gastronômicos podem e devem interagir com os quituteiros dos grotões. É indispensável unir quem trabalha com receitas e produtos brasileiros, para trocar segredos, experiências, receitas, e produzir o conhecimento que estará na base teórica e prática dos pratos nacionais. Laboratórios, congressos, festivais, almoços especiais, oficinas, são iniciativas cada vez mais bem-vindas.

6   Sistematizar receitas e procedimentos, catalogar informações difundidas, algumas vezes, somente pela cultura oral. Precisamos de fontes seguras para reproduzir receitas de matriz popular – dando-lhes, porém, o polimento adequado, o que significa pré-preparar adequadamente os ingredientes, aprimorar pontos de cozimento etc. Isso passa pelas escolas de gastronomia, pela produção de literatura especializada, mas cabe aos profissionais de cozinha, de forma geral.

7   Na restauração, é preciso investir no polimento técnico e no serviço. Sem sacrifício da identidade das receitas, aprimorar a apresentação

dos pratos regionais; ter cuidado em levá-los à mesa, de forma a preservar seu frescor mas também seus invólucros tradicionais, que têm significado e sabedoria específicos; incentivar a adoção de um serviço adequado, sem a necessidade de formalismos, mas que contribua para a fruição da comida.

8   Faça fé.[10] Pode apostar que há um longo e virtuoso caminho pela frente. A criação de uma gastronomia brasileira depende, claro, de aspectos técnicos objetivos. Mas é preciso acreditar.

"Eu faço fé", foi como Edinho Engel, com seu otimismo e bom humor característicos, abriu o debate sobre a Declaração de Independência da Cozinha Brasileira, no primeiro dia do encontro dos três. Alex Atala e Mara Salles adoraram a ideia, que virou o *mote* do encontro.

Fenômeno de mídia

A proliferação de programas de culinária na TV, nos últimos três anos, dá uma ideia do interesse da sociedade pela gastronomia – vista como o preparo de uma alimentação mais elaborada –, justamente no período que a cozinha brasileira mais evoluiu.

Do programa da jornalista Ana Maria Braga aos *gringos*, Jamie Oliver e Nigella Lawson, passando pelo *Chato pra comer*, de Claude Troisgros, e os "segmentados" de Rita Lobo (*Cozinha prática*), Rodrigo Hilbert (*Tempero de família*), Carolina Ferraz (*Receitas de Carolina*) e Bela Gil (*Bela cozinha*), viu-se de tudo na TV brasileira nesta segunda década do terceiro milênio: os de maior audiência foram os *reality shows*, do tipo *Hell's kitchen* (que o SBT traduziu como *Cozinha sob pressão*).

A TV Bandeirantes copiou o *MasterChef* da BBC inglesa (criado por Franc Roddan) que, em 2015, chegou ao segundo lugar da audiência da TV aberta, com Erick Jacquin, do Tartar&Co, Henrique Fogaça, do Sal Gastronomia, e Paola Carosella, do Arturito. A GNT (da Globo) reuniu André Mifano, do Vito, Rodrigo Bronze e Claude Troisgros no *The Taste Brasil*,

---

10 Princípio extraído da primeira declaração de Edinho Engel, no início do evento, em face de seu objetivo de extrair, daqueles três expontes da cena gastronômica – com diferentes estilos, ligados pela mesma proposta – uma síntese do movimento que daria origem a uma nova gastronomia brasileira.

modelito mais atual, com degustação às cegas e mentores de candidatos divididos em grupos. Nos três programas, contudo, o ingrediente principal era o mesmo: o *sangue* dos competidores, que, além de cozinhar, tinham que se devorar diante das câmeras na velha tradição tapuia.

Em conversa com Luiz Américo Camargo sobre a evolução da gastronomia brasileira e da internacional, contei que, durante o meu exílio na Bélgica, nos anos 1970, trabalhei como ajudante de cozinha de um chef belga, clássico, do restaurante Petite Ixelle, que ficava perto da Grand Place, principal atração turística de Bruxelas. Alto, robusto e branco como o próprio avental, ele costumava cozinhar berrando impropérios em francês ou em flamengo (dependendo do estágio da raiva), e ameaçava seus ajudantes com uma faca usada para desossar cordeiro e extrair olhos das cabeças de porco para fazer suas bochechas estufadas com vinho tinto. Não me lembro do nome dele, mas, apesar do terror que infligia a todos nós, nunca deixei de sonhar com a *Charbonade Flamande* que ele fazia, usando açúcar mascavo brasileiro, que eu, o nativo, nunca tinha usado como ingrediente culinário.

Alguns chefs mantêm o estilo *durão* até hoje, embora disfarçado de efeitos especiais para diversão do grande público: são os casos de Erick Jacquin e Henrique Fogaça, no *MasterChef* exibido pela TV Bandeirantes.

Para Luiz Américo Camargo, embora os *reality shows* culinários usem a tensão como forma de atrair a audiência, alguns desses programas conseguem trazer, também, um pouco de informação sobre comida e gastronomia ao grande público, o que sempre contribui com o mercado gastronômico.

O *MasterChef* britânico é um exemplo disso, embora também tenha exibido um ambiente de conflito. Esse conteúdo aproxima mais o programa do formato de um seriado, em lugar do ambiente de disputa. "O *MasterChef* espanhol, comandado pelo Pepe Rodriguez, também é bom", assinala Luiz Américo, "já o americano segue mais a linha do Gordon Ramsey, que é agressivo. O programa brasileiro também tomou essa direção", ele avalia, "mas a questão é saber o que você está comprando, porque a paleta dos programas de gastronomia, em geral, acaba sendo muito ampla, indo do *trash* ao propositivo".

Apesar dos *reality shows* agressivos, a violência na cozinha – em geral – está perdendo o fôlego, na opinião dos especialistas. O rigor continua sendo necessário, mas tem havido uma redução progressiva dos excessos.

Foodies

Quanto ao interesse genuíno do grande público nos temas gastronômicos, tanto Patrícia Ferraz como Luiz Américo Camargo associam o fenômeno ao aumento da renda do brasileiro nas últimas décadas. "Nossas conquistas culinárias estão muito associadas ao enriquecimento das sociedades", simplifica Camargo. "As pessoas passam a ter dinheiro para gastar na comida que vai além da nutrição, ao mesmo tempo que desenvolve a própria curiosidade por outros códigos, refinamentos, digamos assim".

O jornalista e escritor norte-americano, Paul Levy, criador do termo *foody* (amante de comida) afirma ter observado pessoas com essas características, pela primeira vez, nos anos 1950: gente de classe média alta, que podia viajar, comprar livros e cozinhar. Obviamente, os primeiros *foodies* não tinham os recursos tecnológicos disponíveis atualmente, que amplificam a informação e o poder de difusão desses hábitos.

Edinho Engel concorda: "Na Bahia", afirma, "o meu público-alvo continua sendo de pessoas com algum poder aquisitivo, mesmo aquelas que frequentam o restaurante somente em ocasiões especiais. Infelizmente, esse prazer ainda não pode ser alcançado pela maioria das pessoas, mas a informação gastronômica vem se popularizando".

A cultura gastronômica nasceu no século XIX, mas os primeiros *gourmets* constituíam uma casta. Talvez por isso a comida tenha se tornado um símbolo de ascensão social. As pessoas pensam: "Posso ir a um grande restaurante, mesmo tendo uma renda de classe média. Não consigo comprar um carro BMW ou uma Ferrari, mas tenho condições de consumir uma iguaria cara de vez em quando". Talvez a comida, de todos os luxos, seja a mais acessível: junto com o prazer vem a experiência, relacionada ao ambiente e ao serviço. À medida que a renda *per capita* cresce, mais gente começa a usufruir dessa vivência.

No Brasil, a estabilidade econômica alcançada a partir de 1994 deu início ao processo de democratização da gastronomia. O país vinha da abertura aos importados, em 1990. Com a paridade cambial obtida na segunda metade da década (um dólar, um real), os ingredientes de qualidade, de um lado, e a internet, de outro, ampliaram o acesso à informação sobre o hábito de comer bem.

O mesmo fenômeno vivido pelo Brasil nos últimos dez anos tinha sido registrado na Inglaterra na década de 1990: impulso à produção artesanal de alimentos; seções de especialidades gastronômicas no varejo de alimentos; multiplicação da oferta de restaurantes; programas de culinária na TV. Um processo que mobiliza profissionais do mercado, consumidores, formadores de opinião e universidades – todos crescendo e aprendendo juntos.

Freio de arrumação

No Brasil – cuja indústria cultural (mídia) enfrentou, nas últimas décadas, o impacto da internet e problemas relacionados à gestão (familiar) das empresas de comunicação –, os 12 anos de vida comemorados pelo caderno *Paladar* do *Estadão*, em 2017, podem ser considerados raridade. A explicação dessa longevidade, na opinião de seus fundadores, vai além do aumento do público de gastronomia no Brasil: "O caderno nasceu, e ainda existe na versão impressa, mas tornou-se rapidamente multiplataforma", argumenta Luiz Américo Camargo. "Está no rádio, no smartphone, na internet. Isso leva à consciência de marca".

"Desde o início, o suplemento conquistou um arco de leitores muito amplo", avalia o escritor. "*Gourmets* daqueles que chegam a viajar para comer certo prato, estudantes de gastronomia, donas de casa e pessoas que gostam de comida, incluindo os mais jovens. Tentamos entender quem eram essas pessoas e o que elas gostariam de saber sobre comida. Não sei se esse interesse é inesgotável, mas acho que a crise atual não vai interromper essa curiosidade. Durante a crise de 2008, os restaurantes na Europa sofreram um golpe. Mas as pessoas não deixaram de comer no bistrô ou na *trattoria* da esquina".

Os estudiosos afirmam que o *fine dinning*, formado pelos restaurantes de alto luxo, costuma sentir primeiro o impacto das crises, mas as *casas estreladas* costumam ser sustentadas, nesses momentos, por frequentadores *abonados*, como empresários, sheiks árabes, turistas chineses e financistas. No Brasil, os grandes empreendimentos têm se adaptado aos momentos difíceis. "Afinal, as pessoas nunca vão parar de comer", dizem os chefs.

O fato é que, na década passada, com o mercado aquecido, os restaurantes ficaram mais caros e produziram o fenômeno da *média restauração*: casas que simulam, por meio de alguns truques, a alta cozinha, mas têm um repertório de domínio público, sem uma pesquisa característica da alta gastronomia. Segundo os observadores, essas casas acabaram se tornando mais caras por conta do aparato ao redor: *hostess* (recepcionistas), *vallets* (manobristas) e falsas iguarias. Com o mercado de trabalho aquecido, as pessoas não estavam preocupadas com o fato de gastar algo como 150 reais (50 dólares) por cabeça em uma refeição, mesmo sabendo que ela não valia isso.

Com o dinheiro mais curto, um caminho inevitável foi adotado por muitos dos bons cozinheiros, de conceitos mais simples, em restaurantes que os especialistas passaram a chamar de *sem toalha*, como o Vito, então dirigido por André Mifano, em São Paulo, o Amadinho, criado por Edinho Engel, no Mercado do Rio Vermelho, em Salvador, e o *fast-food* do Maní, o Manioca, no Shopping Iguatemi, em São Paulo.

Na opinião dos críticos, o mercado gastronômico vive um momento de adaptação que vai derrubar algumas casas da *média restauração* – não só por causa da crise – e dos *food trucks*, que têm mais chance de resistir, dependendo de sua localização. Mas ninguém sabe até onde podem chegar os multimercados (comida e ingredientes), criados na esteira dos antigos mercados públicos, nas seções de alimentos das grandes lojas de departamentos de cidades como Londres e Paris, e de empreendimentos como o Eataly, que nasceu em Nova York e multiplicou-se pelo mundo, tendo chegado, também, ao Brasil (Vila Olímpia, em São Paulo, capital).

O certo é que o público brasileiro, também no que diz respeito à alimentação, está mudando: depois de entrar em um bistrô em Paris, ou em um pub londrino, sabendo que ali não vai encontrar um manobrista, nem *hostess*, nem garçom exclusivo, mas uma comida de alta qualidade, o brasileiro vai começar a exigir um pouco mais dos restaurantes locais quando a crise passar.

O interesse por uma boa comida, na opinião dos mesmos críticos, contudo, não tem volta. Inclusive dentro de casa: nunca tivemos tanto acesso a bons ingredientes e receitas como agora – seja em livros, seja on-line –, nem a tantas referências gastronômicas. Além disso, os homens assumiram uma parte das tarefas domésticas, enquanto as mulheres se atiravam no mercado de trabalho. Existe, ainda, uma crescente consciência nutricional, que migrou dos empórios de luxo para outras camadas sociais.

"A maior parte das pessoas, hoje, come em casa", observa Edinho Engel. "Quando você sai para comer, pode escolher um restaurante mais barato, como o Amadinho, um étnico ou de cozinha regional. Quando busca alguma coisa diferente, em um fim de semana, vai a um restaurante mais formal. E quando quer comemorar uma grande ocasião, escolhe a alta gastronomia: o Amado, o D.O.M, o Maní. Mas essa pirâmide de hábitos e costumes, que eu considero saudável, inclui as pessoas que prepararam a comida em sua própria casa. Essa é a proposta desses novos espaços gastronômicos, como o Eataly".

Há que se considerar, ainda, a riqueza da cozinha regional brasileira, não só pelas diferenças de território e seu elemento humano, o relevo e os costumes: tudo isso gera diferenças atraentes. "Gosto muito da cozinha baiana do recôncavo, por exemplo, embora a mineira seja mais consolidada, com mais tradições", diz Edinho.

"Minas tem uma coisa que não está restrita ao circuito de cozinheiros, mas se estende às casas, às famílias, que inclui a consciência da regionalidade dos produtos e dos saberes culinários cotidianos. Temos que lembrar, também, a cozinha caipira de São Paulo e a herança portuguesa, com os doces e o manejo do porco. O Pará e o Norte também têm sabores interessantíssimos, mas, para mim, a influência mineira é o nosso traço mais forte", opina o chef.

Produção artesanal

Perguntei a alguns chefs e especialistas se os fornecedores de ingredientes culinários artesanais já têm chances de superar os entraves burocráticos e regulatórios que seus produtos costumeiramente enfrentaram para chegar às melhores cozinhas.

Para Luiz Américo Camargo, por exemplo, o problema já foi maior. "Antigamente, eles trabalhavam normalmente e a sua produção era absorvida apenas por consumidores domésticos", diz. "As sociedades foram ficando mais urbanas e o jeito de comprar a comida mudou, assim como o modo de produção, influenciado pela tecnologia do agronegócio, que cresceu muito, e ajudou a melhorar os métodos e a própria legislação dos produtos alimentares".

Na opinião de Camargo, os pequenos fornecedores ficaram um pouco *escanteados* em seus respectivos ciclos de negócios, por causa das preocupações nutricionais e do aumento do senso crítico em relação aos processos de produção de alimentos, principalmente no que diz respeito à higiene. "Mas muitos cozinheiros atentaram para isso e estão tentando reestabelecer uma cadeia que permita a sobrevivência dos pequenos fornecedores, preservando a qualidade e a segurança de seus produtos. Ainda pode melhorar muito, mas nós já avançamos", assinala.

O planejador técnico da distribuidora de frutas, legumes e verduras Iguape, Miguel de Oliveira, o Sassá, da Ceagesp, costuma percorrer dois mil quilômetros por mês orientando os agricultores que fornecem os alimentos aos clientes da empresa, principalmente em relação ao uso de defensivos e seus prazos de carência, o que, segundo ele, reflete uma demanda do consumidor, acentuada pela exigência de uma alimentação mais saudável.

Edinho Engel lembra que quando era garoto, grupos de cozinheiras percorriam as casas das famílias fazendo a *quitanda*, que consistia de algumas horas assando bolos, roscas, pães, broas e biscoitos que duravam por toda a semana – trabalho que acabou migrando, depois, para as padarias. Na 8ª edição do evento Paladar, em 2014, Edinho apresentou uma oficina sobre carnes de sol, seca e de fumeiro produzidas no Recôncavo Baiano. Em 2016, as carnes de fumeiro ainda enfrentavam obstáculos legais para chegar aos restaurantes de alta gastronomia.

O chef Caco Marinho, do restaurante El Cabalito, em Salvador, que participou daquele evento, disse que o moqueado (fumeiro) de Maragogipe, na Bahia, talvez por causa da lenha usada no processo, é único no Brasil. Mas não chega aos melhores restaurantes por falta de registro da Anvisa (Agência Nacional de Vigilância Sanitária).

Um dos chefs do Amado, Fabrício Lemos, que também fez parte daquela oficina, cita a cozinha da avó ao falar dos ingredientes brasileiros. "Ela tinha que lavar a carne de sol no leite para conseguir dessalgá-la", conta. "Hoje, você pega uma carne dessas industrializadas no supermercado, passa em uma água fervente e já está pronta". Segundo o chef, isso mudou por uma razão econômica. "Como o preço final da carne de sol não subiu a ponto de compensar as perdas da carne fresca usada no seu processamento, passou-se a desidratar menos o produto, para melhorar a sua rentabilidade", revela.

Garimpo

Alex Atala diz que quando começou o D.O.M., há 15 anos, o caminho da pesquisa de ingredientes artesanais era difícil. "Eu tinha menos recursos e a teia desses fornecedores era menor. Hoje, depois de tanto tempo trabalhando com isso, vejo que a rede abriu-se um pouco. A minha reputação de pesquisador também cresceu, o que ajuda. Você passa a receber outros *inputs*", revela.

Segundo Alex, o fenômeno vem se reproduzindo ao longo da cadeia de suprimentos do setor, abrangendo ingredientes em escala artesanal, como o mel, a baunilha brasileira, alguns tipos de palmito e outros insumos, como o arroz do Vale do Paraíba, pimentas dos índios Baniwa do rio Içana, no Alto Rio Negro, Amazonas. "A mudança da legislação do mel de abelha sem ferrão, hoje", ele diz, "está toda centrada em uma única empresa, que já ajudou a regulamentar a legislação de células tronco, para que a gente consiga rever o Riispoa do produto".

O chef costuma dizer que a cozinha brasileira só existirá, de fato, no dia que deixar de ser dos chefs e passar a ser do povo. "Eu não tenho que ter esses ingredientes no meu restaurante. Tenho que tê-los na minha casa", ele prega.

Rodrigo Oliveira, do Mocotó, concorda com essa premissa, e acha que o preço não é o principal obstáculo para que o ingrediente artesanal chegue à mesa do consumidor. Nem a regulamentação, que vem evoluindo, e sim a informação. "A maior parte do custo", frisa, "está na logística, no atravessador e, por isso, é importante o movimento feito pelos chefs para se aproximarem do produtor. Hoje", revela, "muita gente vem atrás de nós para apresentar o seu produto. Há pouquíssimo tempo, atendi o produtor de pirarucu, logo em seguida, falei com o nosso fornecedor de cateto. E provavelmente até o fim do dia vou falar com outros três ou quatro fornecedores de hortifrúti, de aves e laticínios".

"No outro dia, chegou uma farinha incrível do Acre", continua Rodrigo. "Depois, uma fruta da qual a gente nunca tinha ouvido falar, a grumixama. Um produtor de cateto trouxe uma nova amostra de costela, ou da paleta do bicho, e isso dispara um mundo de possibilidades. A gente vai associando esses eventos a coisas que já conhece. E a estímulos externos, como a demanda de um jornalista que precisava escrever sobre a jaca, um evento gastronômico, uma nova técnica ou a adaptação de uma técnica antiga a uma nova receita. Mas o ingrediente é sempre um protagonista".

"O nosso processo criativo pode ser disparado por muitas coisas, mas os ingredientes sempre terão um papel de destaque, aqui no Mocotó", garante Rodrigo. Toda essa mágica, segundo o chef, se traduz pelo que o crítico Massimo Montanari, especialista da Universidade de Bologna, costuma dizer: "A tradição nada mais é que uma inovação que deu certo: alguém, pela primeira vez, salgou uma peça de alcatra e fez a carne de sol; alguém cozinhou o milho com cal e viu que aquilo rendia *tortillas*. Alguém foi fazer um bolo e inventou o *petit gâteau*. E todos esses pratos se consagraram".

Baticundum

Para Rodrigo Oliveira, a condição essencial para que os ingredientes locais, regionais e brasileiros cheguem à mesa do consumidor, como pretende Alex Atala, é a demanda, cuja evolução depende da repercussão daquelas matérias-primas nos bons restaurantes. "Você pode nunca ter comido cateto, mas se confia no prato que o chef está lhe oferecendo, vai experimentar. E daí, talvez, na próxima vez que você estiver em um supermercado, pode levar cateto para casa. O restaurante tem um papel forte na formação da opinião e dos hábitos das pessoas", destaca o chef.

A chef Roberta Sudbrack também conta com uma rede de "garimpeiros" de ingredientes que a ajuda a encontrar os produtos da cozinha afetiva que ela busca traduzir em estabelecimento no Rio de Janeiro (Garagem). É o caso de Roney de Almeida, o Roninho, da Mercearia Paraopeba, que fica em Itabirito, Minas Gerais. "Alguns produtos que ele me traz fazem parte da nossa memória, do nosso afeto", ela diz. "Eu chamo essas pessoas de heróis nacionais, porque eles não deixam essas coisas se perderem, como a goiabada, cuja fórmula vem sendo reproduzida há mais de seis gerações, ou o fubá da dona Virgínia, que me dá a liga certa para um angu de verdade".

O próprio *Paladar*, segundo Luiz Américo Camargo, foi um canal pioneiro para promover novas normas alimentares e padrões de consumo relacionados aos ingredientes culinários. "Sabemos que a legislação atrapalha e até impede que muitos restaurantes tenham alguns produtos em seu cardápio. Mas quando a Câmara Municipal de São Paulo, por exemplo, resolve *tombar* determinado prato, essa decisão em si é inócua. O que preserva um prato é o hábito de comê-lo. Se você transformar o virado a paulista em um patrimônio de São Paulo e as pessoas deixarem de comê-lo, a norma não valeu. O que legitima um prato ou um produto é o seu uso", assinala.

"O queijo mineiro, por exemplo, ninguém segura mais", diz Camargo. "Mesmo o governo tendo criado normas específicas para a maturação e a cura do queijo, lugares e equipamentos autorizados pela legislação, essa estrutura dificilmente vai alcançar todo mundo. Os queijos continuam vindo de outros estados. Se os chefs usarem e as pessoas seguirem comprando, o produto vai continuar vendendo. Se prenderem um, vão ter que prender todos. É o uso que vai legitimar até o ponto que o costume seja referendado por uma lei".

Para Camargo, é bom que as autoridades exerçam *algum controle* sobre os ingredientes culinários e alimentos em geral. Isso transmite segurança ao consumidor. "No caso do queijo mineiro", ele diz, "quando surgiu a ideia de lugares certificados para maturação e cura de queijo, essa exigência chegou a ser vista como panaceia. Depois, verificou-se que esses locais eram insuficientes para atender a todos os produtores. Concordo que não devemos pensar que tudo deve ser feito na base do *laissez faire*. Algum controle é desejável, mas os próprios chefs representam um mecanismo de controle: quando eles determinam que só vão comprar produtos limpos, justos e bem-feitos, já estão fazendo um controle".

"O que não se pode fazer", argumenta, "é a Anvisa proibir alguma coisa por falta de capacidade de fiscalizar. O ideal seria que ela tivesse um olhar aberto para controlar os bons produtos", afirma. "É evidente que a carne *sifada* fez que muitos abatedouros clandestinos saíssem do mercado. O que vale é o bom senso, para que os cozinheiros e as pessoas, em geral, escolham o que querem comprar".

A respeito das pressões sobre certos alimentos, como a tentativa de um vereador de São Paulo de proibir o *foie gras* nos restaurantes da cidade, Luiz Américo acredita que o fato só foi gerado porque o parlamentar, nesse caso, era um político medíocre, queria chamar a atenção sobre si. "Ele tinha visitado a Hungria, que tinha um dos processos mais bárbaros do mundo na produção dessa iguaria, e tomou aquilo como padrão. Primeiro, não se pode patrulhar o gosto das pessoas, como se elas não fossem adultas. Segundo, se a gente vai discutir os maus tratos de animais, não se pode limitar esse debate ao fígado de pato. O de ganso, já se consome muito pouco. Mas se essa discussão vai ocorrer, é preciso rever também os métodos de produção e abate do frango, do boi, do porco e do salmão".

"Além disso", observa Luiz Américo, "aquela *gavage* tem sido cada vez mais restrita, suavizada. Só a partir de certo estágio de crescimento é que os animais recebem uma superalimentação, mas nem se compara ao que se fazia décadas atrás". Para o jornalista, o vereador criou um *factoide* em cima de algo que deveria ser uma escolha dos adultos e dos cozinheiros, que podem fazer um filtro, comprando de fornecedores certificados e responsáveis.

Alimentos em moda e a contaminação de alguns produtos por defensivos agrícolas são discussões que envolvem toda a sociedade, por abranger aspectos sociais, éticos, científicos e culturais. É preciso conciliar soluções capazes de atender à demanda por alimentos de sete bilhões de pessoas, processos sustentáveis, saúde e modos de preparo dos alimentos. "Infelizmente", observa o chef Edinho Engel, "não tem orgânico para todo mundo. Mas entre os produtos muito contaminados e os orgânicos, a gente tem de buscar o meio-termo".

"Nós temos, hoje, instituições como a Embrapa e algumas lideranças pensando nisso, mas estamos longe de chegar à soluções. O fato é que as pessoas, usando a informação, têm como fazer escolhas melhores, boicotar algumas coisas, preferir outras. Há 15 anos, não se pensaria que algumas empresas pudessem ser tão pressionadas como ocorre atualmente, mas o dilema de como alimentar sete bilhões de pessoas continua presente".

Costela de Adão

A primeira edição do caderno *Paladar* foi encartada no jornal *Estadão* do dia 22 de setembro de 2005. Os editores responsáveis, Ilan Kow e Luiz Américo Camargo, trabalhavam no caderno *Divirta-se*, do *Jornal da Tarde* (associado ao *Estadão*), que, depois, passou a ser publicado também pelo *Estadão*, sob o título de *Guia*. O conteúdo do caderno era entretenimento – música, teatro, cinema, shows e artes plásticas –, mas havia uma ênfase em comida, assunto predileto dos dois.

Ilan Kow acabaria casando-se, depois, com a ex-modelo e chef Rita Lobo. Ele sempre gostou de culinária, mas era especialista em chocolates. Luiz Américo assinava uma coluna sobre restaurantes, além de apreciar, especialmente, pães. Entre o fim de 2004 e o começo de 2005, os dois perceberam um ambiente favorável a *alguma coisa* voltada ao público de gastronomia, e propuseram rapidamente um projeto aos diretores do jornal. O *Paladar* nasceu de uma costela do *Divirta-se*.

"Começamos a produzir, como loucos, matérias sobre ingredientes culinários, restaurantes e chefs", conta Camargo. "Era uma coisa nova, embora já existissem as revistas *Gula* e *Prazeres da mesa*. A nossa abordagem estava mais próxima do formato do jornal diário".

Para Kow e Camargo, a cobertura de gastronomia, até então, era um tanto elitista, talvez esnobe, como se comida bem-feita fosse pouco acessível ao grande público. "A gente queria mudar isso", revela Camargo. "Queria provar que a gastronomia se tornaria acessível a todos, mediante uma boa cobertura jornalística". Os dois perceberam que podiam falar com o mundo inteiro, se quisessem. Se o tema fosse pipoca, poderiam convidar o chef mais famoso do momento, o catalão Ferran Adriá, para falar sobre o assunto. E passaram a buscar *o melhor do melhor* em comida, com uma atitude jornalística: boa apuração, edição profissional e um visual surpreendente.

O caderno deu certo e, um ano depois, para comemorar o primeiro aniversário do projeto, que coincidiria com a Semana da Pátria no Brasil, os dois pensaram em uma Declaração de Independência da Cozinha Brasileira, cujos contornos eles já haviam percebido naqueles primeiros meses de trabalho. Em junho de 2006, reuniram os três chefs de perfis semelhantes e experiências distintas no laboratório da Faculdade Anhembi Morumbi e plantaram a semente daquele que acabou se tornando um dos mais importantes eventos gastronômicos do país.

"O Alex já vinha fazendo uma cozinha brasileira em conexão com o contemporâneo, misturando a culinária clássica com a vanguarda da época, ocupada pela cozinha espanhola. O Edinho sempre foi um livre pensador da cozinha brasileira, usando produtos e pratos caiçaras em um restaurante sofisticado como o Manacá. E Mara Salles era uma pesquisadora consistente da cozinha regional e dos ingredientes brasileiros", lembra Camargo. A produção do jornal comprou centenas de ingredientes requeridos pelos três, que permaneceram confinados naquele espaço por três dias, discutindo e cozinhando.

"Eles se completavam", diz Luiz Américo Camargo, "embora fossem diferentes. O Alex, aquela figura sempre inquieta, com ideias mirabolantes; a Mara, com um baita conhecimento do interior, da tradição, da cozinha regional; e o Edinho, completamente livre, pensando a cozinha brasileira com um jeito mais nosso de servir as coisas, sem perder o rigor clássico. Ele sempre foi livre ao misturar as coisas. Flerta com a cozinha contemporânea, traz para o sertão, leva para o litoral, sempre teve essa liberdade de movimentos".

Além das 30 receitas inéditas publicadas na edição especial do primeiro aniversário do *Paladar*, o encontro dos três inaugurou um modelo: até hoje, além de aproximar, uma vez por ano, produtores, profissionais e amantes da gastronomia de todo o país, em seus seminários, palestras, pesquisas e experimentos, o evento Paladar – Cozinha do Brasil produz pautas que alimentam a publicação ao longo de vários meses do ano.

Para Camargo, a convivência com esses três mestres, naqueles três dias, tornou-se inesquecível. "Ali, eu pude me aproximar um pouco mais do Edinho", ele conta, "que, antes, eu só conhecia por meio do Manacá. Foi muito legal. Descobri nele uma combinação feliz de pensador, empreendedor, cozinheiro e visionário, além do pesquisador intuitivo".

"Ele conseguia combinar as histórias do artista e do empreendedor, que vai do sonho à execução. Quando criou o Manacá, muita gente dizia que estava louco. Deu certo. Ele apostou, estruturou e bancou aquela proposta. Virou um sucesso. Quando resolveu ir para Salvador, abrir o Amado, tudo aquilo se repetiu. As pessoas alertavam que era um mercado difícil. Ele foi e venceu. No começo do Amado, ele tinha uma coisa incrível, de chamar outros restaurantes para a região, como tinha feito com o Manacá em Camburi".

"Outros agiriam de forma diferente, talvez até boicotando a concorrência", arrisca Luiz Américo. "O Edinho sempre fez o contrário: queria criar um polo, pensando que vários empreendedores juntos seriam mais fortes. É outra visão, completamente oposta ao imediatismo que muitos empresários têm. No litoral norte, liderou um movimento e acolheu os outros – o Acqua, o Ogan e a Cantineta –, mas continuou sendo uma referência para todos esses empreendimentos. Eu quero ressaltar essa qualidade dele, de bancar o próprio sonho, trabalhando com inteligência, com determinação. Edinho Engel é um realizador", conclui.

Camaradas

Claude Troisgros

Formado pela Escola de Hotelaria e Restauração Thonon Les Bains, na Suíça, Claude Troisgros descende de uma família de chefs que está no ramo há quatro gerações. O avô, Jean Baptiste, colocou a cidade de Roanne (região central da França) no roteiro da gastronomia internacional. O estabelecimento da família, La Maison Troisgros, tem as cobiçadas três estrelas do Guia Michelin desde 1968. Os filhos de Jean Baptiste, Pierre (pai de Claude) e Jean (tio), foram responsáveis pelo movimento que se tornou conhecido no mundo como *nouvelle cuisine*. Os netos, inclusive o filho de Claude, Thomas, também já estão na atividade há alguns anos.

De espírito inquieto, Claude chegou ao Brasil em 1979, a convite de Gaston Lenôtre – responsável pela primeira conexão entre as gastronomias francesa e brasileira –, para assumir o restaurante Le Pré Catelan, no

Hotel Le Méridien do Rio de Janeiro. Encantados com os novos aromas e sabores brasileiros, Claude e seu compatriota recém-chegado ao país, Laurent Suaudeau, começaram a misturar as técnicas da clássica gastronomia internacional às formulações e ingredientes locais, como o jiló e a cavaquinha, o aipim e a jabuticaba, a pupunha e a rapadura. Além do famoso Olympe (homenagem à mãe), que fica na Lagoa Rodrigo de Freitas, no Rio, Claude dirige atualmente seis outros restaurantes.

A entrevista a seguir foi concedida na sala de espera do Aeroporto de Congonhas, em outubro de 2015.

Quando você chegou ao Brasil, a nossa gastronomia era tímida, segundo a sua definição. O que mudou desde então?
Já temos chefs competentes, fornecedores responsáveis, clientes com paladar refinado, escolas. Estamos no caminho. Mas o Brasil ainda não percebeu que a gastronomia pode ser uma grande fonte de turismo e de renda. Na França, é um patrimônio nacional. Todo mundo vai ao Peru, aqui ao lado, por causa da sua gastronomia, que era totalmente desconhecida há dez anos. O governo peruano investiu e deu certo. O nosso governo ainda não entendeu que precisa apoiar as iniciativas gastronômicas.

O Edinho, seu amigo, tem sido apontado por alguns de vocês como a pessoa ideal para fazer essa articulação. O que você acha?
O Edinho é uma pessoa que, além daquela sabedoria culinária que ele tem, possui essa identidade, talvez a tradição de valorizar os ingredientes brasileiros na culinária, como nós também fizemos, nos anos 1980. Na Bahia, que tem uma importância grande na nossa cultura, ele vem fazendo sucesso por seu carisma. Pode ter certeza de que todos nós, do mercado culinário, da família da cozinha, no Brasil, temos um grande carinho por ele. O Edinho é amado por todos nós. O nome do restaurante dele na Bahia está corretíssimo. Ele é uma personalidade importante e uma pessoa agradável de conviver, com quem você quer conversar, trabalhar, fazer coisas, dividir esse prazer de fazer junto um evento, uma tarefa.

Mas você acredita que ele poderia atuar como interlocutor do mercado junto ao governo?
Sobre essa questão de representar o setor junto ao governo e autoridades, enfim, eu não acho que tenha que ser um só. Nós temos que contar com o Edinho, sim, na Bahia, com ele e o Alex, em São Paulo e comigo, no Rio, porque nós temos muito trabalho a fazer realmente. A questão dos ingredientes como os méis, a carne de fumeiro, os queijos, e outros produtos de ótima qualidade, mas que estão *patinando* por falta de regulamentação, é apenas um dos nossos problemas. Nossas leis são muito antiquadas.

Qual seria outra dificuldade da mesma envergadura?
A questão dos impostos tem sido um entrave para todos nós, pequenos empresários, comerciantes, grandes empresários. Dizem que isso está sendo revisto, até o governo sabe e gostaria de mudar. Mas está demorando muito. A culinária brasileira evoluiu nos últimos 40 anos. Nossos custos são muito pesados, não só na nossa atividade, e para resolver essa questão, só reclamando. Muito. Eu sei que a minha cultura de berço é de revolução e que o brasileiro tem outro jeito de fazer as coisas. Mas temos que continuar reclamando para mudar as coisas.

Apesar desse nosso jeito, você ama o Brasil, correto?
O Brasil é o meu país, a terra que me acolheu, onde criei meus filhos. Estou no segundo casamento com uma brasileira, eu nem sei se, com este sobrenome, eu teria me desenvolvido na profissão como fiz aqui. As pessoas me chamam de Claude, antes de pronunciar meu sobrenome, que, na França, tem um peso, uma tradição. Eu sou reconhecido pelo que sou. Não vou negar a minha origem, mas me sinto brasileiro, é o país que eu elegi para viver. Sei que atualmente tem muito brasileiro fazendo o caminho inverso, acho legítimo, mas o Brasil é o meu país, com todos os seus problemas. A França também tem problemas, podem ser outros, mas tem. O racismo, por exemplo, que aqui, nós não temos, ou temos de forma muito mais leve e menos frequente.

O que falta para que a nossa gastronomia conquiste o reconhecimento internacional?
Não creio que falte alguma coisa para a cozinha brasileira ser apreciada internacionalmente, só o reconhecimento em si. Eu vou muito à França, frequento os melhores restaurantes de lá, mas diria que os meus melhores jantares aconteceram no Brasil. Temos muitos restaurantes bons, ingredientes realmente diferenciados e as técnicas mais apuradas.

Mas o Guia Michelin, que é francês, só reconheceu um ou dois de nossos restaurantes.
Eu não acho que o trabalho para essa classificação de 2015 tenha sido cuidadoso, planejado, pensado. Eles nos avaliaram para baixo injustamente. Ok, eles são o Guia Michelin, mas penso que nós podemos esperar uma evolução nos próximos anos. Não concordo que só os restaurantes do Alex merecessem duas estrelas. Talvez eles merecessem três, cada um, mas outros mereciam duas estrelas. Foram citadas, nessa primeira lista, casas que nem sequer deveriam estar lá, e outras, que deveriam estar, não apareceram. Algumas poderiam figurar na lista dos melhores restaurantes do mundo.

Além de ter virado astro da TV, você tem participado do programa The Taste Brasil, *durante o qual chegou a chorar mais de uma vez. E aquele jeito durão de cozinheiro, onde foi parar?*
Esse tipo de competição na TV é importante, faz as pessoas avançarem, crescerem, superar as próprias limitações. Muitos desses programas exploram o lado rude que havia nas cozinhas, principalmente na geração de cozinheiros anterior à minha geração. Mas isso acabou. Pode dar audiência, mas eu não gosto.

Emmanuel Bassoleil

Terceiro componente da *revolução francesa* na cozinha brasileira, por ordem de desembarque no país (1985), hoje à frente do Skye, do Hotel Unique, em São Paulo, Emmanuel Bassoleil já nasceu como referência gastronômica na cidade de Auxanne, a 30 quilômetros de Dijon, na Borgonha (França), em uma família totalmente *gourmet*. Formou-se na Escola de

Hotelaria de Dijon e trabalhou com mestres como Jacques Lameloise, Pierre Troisgros e Gaston Lenôtre. Como em um filme de Marco Ferreri (cineasta italiano da moda na França dos anos 1970), percorreu o mundo trabalhando na cozinha de transatlânticos. Depois, escolheu o Brasil para viver, ao assumir a cozinha do Roanne, de Claude Troisgros, em 1987.

Ambientado ao país e acostumado a rir das próprias agruras, como a maioria dos brasileiros, Emmanuel continua fazendo o que mais lhe apetece: dar prazer às pessoas que frequentam a sua mesa. Com a franqueza típica dos franceses, admite ter se tornado, nos últimos anos, um tanto avesso aos modismos e badalações. No entanto, dirige um restaurante de alto padrão que serve 50 mil refeições por mês, com a marca da diversidade cultural paulistana: capazes de satisfazer dos paladares mais simples aos mais exigentes.

O apuro técnico é a primeira exigência do chef que lançou várias tendências no país, como a *Fusion Cuisine*, a confeitaria requintada, os cardápios das companhias aéreas e a exposição dos cozinheiros na mídia. o prazer do cliente, para ele, vem em segundo lugar. Gostar da profissão é o terceiro predicado do qual Bassoleil não abre mão.

Louco por praia, Emmanuel começou a frequentar o Manacá no início dos anos 1990, onde promoveu, junto com Edinho, Luciano Boseggia (então no Fasano) e Hamilton Melão (Il Viteloni, na época), os primeiros festivais gastronômicos no restaurante. Mais que isso, ajudou Edinho a montar o segundo salão do Manacá no início daquela década. Nesta entrevista, realizada em maio de 2016, ele diz o que pensa de Edinho, da nova gastronomia e do glamour que, na visão dele, pode ofuscar o *amour* exigido pela atividade.

Você fez parte daquele grupo que começou a processar as frutas e legumes aqui da terra com as técnicas da alta gastronomia, um movimento que alguns chamam de revolução francesa na gastronomia brasileira, certo?
O Claude e o Laurent chegaram ao Brasil no início dos anos 1980 e eu, na metade dessa década. Nós ajudamos a divulgar a gastronomia no Brasil, sim, mas eu não estou nessa disputa para saber quem foi o descobridor da gastronomia brasileira que se faz atualmente.

Eu acho que você influenciou o Edinho, que já usava ingredientes e técnicas regionais no final dessa década, no comecinho do Manacá, correto?
Camburi e Camburizinho foram as primeiras praias que eu conheci no Brasil. A estrada era de terra, tudo era difícil, mas a gente ia muito para lá. Para esses festivais, nós tínhamos que levar as coisas no carro, uma logística complicadíssima, mas valia a pena, porque você estava de férias, em um ambiente rústico, cercado de sofisticação.

Para você, esse é o segredo dos quase 30 anos do Manacá?
Eu teria muita coisa para falar do Edinho. Para começar, ele é um grande *restaurateur*. Isso é mais complexo que ser chef. Ele sempre teve um olho no salão, outro na cozinha. E conseguiu levar para a praia a essência do que os clientes gostavam nos grandes restaurantes de São Paulo: o Massimo, o Ca D'Oro e os franceses La Tambouille, La Cocagne e o Roanne, onde eu trabalhei. Ele frequentava esses restaurantes, se inspirava e levava para lá. Era um autodidata, mas sabia olhar, tanto a comida, como o restaurante.

Ambicioso.
Sem dúvida, mas ele conseguiu. Você tinha um serviço melhor que o de São Paulo, na praia. Era um lugar agradável, boa louça, talheres, bom copo. Estar por ali, conversando com um caiçara e bebendo um vinho no copo certo, na temperatura ideal – você se transportava. Virou um lugar mágico. Além disso, você podia pedir alguns pratos como o *Penne do Manacá* ou o *Peixe na folha de bananeira*, com temperos locais, mas feitos com apuro. Até as roupas dos garçons, ele mandava fazer em uma estilista da Vila Madalena.

Cada detalhe...
Sim, a toalha, a sobretoalha... A partir daí, ele começou a mudar o perfil da região. Os chefs franceses podem ter influenciado os brasileiros, ok, mas lá, no litoral, o Edinho era o *bambambam*. Virou referência. Isso a gente tem de dizer. Todo mundo passou a segui-lo, não só pela comida. Havia uma atmosfera de requinte e prazer. Esse foi o grande trunfo dele. E a Wanda, por trás, puxando o freio do artista, porque todo mundo que sabe se expressar, que é um artista, tem de ter alguém assim ao lado.

Ele diz ter aperfeiçoado a técnica dele e da equipe naqueles festivais que vocês faziam.
Eu me lembro da época que a Maria não conseguia cortar direito uma salsinha. Na verdade, a informação circulava muito pouco naquela época: não tinha internet, as viagens eram caras, os cursos eram caros. Mas foi uma fase boa, divertida.

Você pode falar um pouco mais sobre essas visitas?
A própria cozinha do Manacá, no início, era aberta, a gente ia para lá com o espírito da praia, meio *hippie*. Levávamos produtos, mas mostramos, nesse intercâmbio, que com as matérias-primas da terra era possível construir uma terceira coisa. A partir daí, o Edinho começou a conhecer os fornecedores e a convencê-los a frequentar a região. Ele conseguiu fazer que as pessoas enxergassem o litoral norte com outros olhos. O Manacá era uma experiência gastronômica completa, pensando em tudo, com muito bom gosto.

E o estilo dele, como surgiu?
A partir desse conjunto, ele foi muito rápido: conseguiu, com a técnica adquirida, os produtos locais que tinha à disposição no dia a dia, e os novos ingredientes que começaram a chegar, fazer sua marca, o seu estilo. Quando você ia lá, não encontrava o que tinha nos restaurantes paulistanos, você comia a comida do Edinho. Ele foi se sentindo cada vez mais seguro. É muito mais fácil trabalhar com o restaurante lotado. Essa segurança foi aumentando, as pessoas formadas por ele ficando cada vez melhores e a matéria-prima de fora começando a chegar. A década de 1990 foi a década dele.

O acesso dos chefs aos ingredientes, hoje, melhorou? E porque é mais fácil trabalhar com o restaurante lotado?
A gente trabalha com perecíveis, começa por aí. Com uma boa frequência, o giro é mais rápido. O cliente que está em um restaurante vazio *enche o saco* do garçom o tempo todo. O garçom trabalha mau humorado e acaba contaminando o chef. Com a casa lotada, toda a turma fica ligada. Você pode inventar coisas, tudo fica mais fácil. Se o restaurante está vazio, você fica matutando "será que vai chover?", "será que hoje tem futebol?", você fica assim e acaba carregando esse peso para a cozinha. A coisa mais *brochante* é ter um restaurante vazio ou à mercê do clima. Mas, no caso do Edinho, a praia podia estar vazia, mas o restaurante dele estava sempre cheio.

O brasileiro admira o saber viver do francês, mas o considera um pouco arrogante. Você, que vive aqui há tanto tempo, o que tem a dizer sobre isso?
O brasileiro, em geral, não diz tudo o que pensa sobre você. O francês é mais direto. E o brasileiro pode se ofender com isso. Eu gosto muito do Brasil, é o país que escolhi para viver, mas admito essa rixa. Estava conversando sobre isso ontem com o Érick Jacquin. Todo mundo acha que ele faz teatro na televisão. Mas ele é aquilo mesmo. Se não gosta de uma coisa, não vai dizer que gosta. Nós somos assim. O francês não é grosso, ele fala a verdade.

Mas você é bem humorado...
Porque faço o que gosto. Trabalho 15 horas por dia, e trabalho todos os dias, mas sou feliz. Isso não é exatamente qualidade de vida, mas tenho algumas vantagens: moro aqui perto, tenho meu médico e meu dentista por aqui, faço a minha ginástica aqui mesmo, não perco tempo no trânsito. Prefiro pagar um condomínio mais caro e morar perto do trabalho. São escolhas, não é sorte. O Edinho é um cara feliz porque faz o que gosta. Se escolhi outro país para viver, tenho que estar mais feliz nesse país que estaria no meu. Altos e baixos, todo mundo enfrenta, faz parte da vida. Mas a receita do bem viver é sentir-se bem.

O seu negócio é o prazer...
A nossa profissão é um facilitador do prazer. Melhor que a de um médico, que está sempre recebendo gente com dor de barriga, ou de um advogado, que só fala com gente com problemas. Por isso estou aqui há 14 anos.

Como você renova o seu cardápio?
A receita do Unique é fazer que você se sinta bem, esteja de terno ou de camiseta. Na maioria dos grandes hotéis existem vários restaurantes. O nosso é único e se baseia na diversidade cultural de São Paulo: servimos café da manhã, almoço, atendemos a piscina e, à noite, temos o jantar. O nosso cardápio varia de pizza até a alta gastronomia. Quando nós começamos, em 1998, a cozinha japonesa estava na moda. Além disso, temos dois milhões de descendentes em São Paulo. Então, pegamos pratos da cozinha japonesa, outros da italiana – o brasileiro gosta de massa e de risoto – e, sendo o chef um francês, especialidades francesas. E temos pratos brasileiros, porque o turista estrangeiro quer conhecer a culinária local. O conceito é tentar agradar a todo mundo.

Mas e quanto à renovação?
A gente renova de três a quatro vezes por ano. Sem ser radical. Você muda 50% de um cardápio, normalmente. Pela primeira vez, estou mudando radicalmente as minhas entradas. Tenho uma equipe muito boa atualmente e decidi arriscar a fazer um cardápio um pouco mais *gourmet*. Tem muita invenção por aí, que, quando você vai comer, está uma droga. Tem de ter cuidado. Às vezes, você vê um prato bonito, no qual falta o sal, ou o tempero, ou a temperatura certa.

E quanto a esses modismos, como a comida vegana, por exemplo?
A comida vegana, os alimentos sem glúten ou sem lactose, para algumas pessoas, são obrigatórios. Mas, em 90% dos casos, não é bem assim. Eu conheço bem porque a minha ex-mulher, mãe dos meus filhos, era celíaca e, há 30 anos, não era fácil encontrar alimentação apropriada. Hoje, é uma necessidade. Tenho que ter tudo isso no cardápio. Aqui no hotel tem uma

pessoa que vem todos os dias, come umas folhas verdes, duas cenourinhas, sem tempero, uma batata-doce e um peito de frango. Ela quer, a gente faz. Fazer o que? Ontem, os meninos me disseram que ela está comendo isso há seis dias. O que posso fazer?

São coisas diferentes...
Sim, mas eu já vi pessoas comerem um prato vegetariano e beberem três copos de vinho. Agora, todo mundo está *arregaçando* no pão de queijo porque não tem glúten. Nunca teve, é farinha de mandioca, polvilho. E então, o cara come cinco pães de queijo de uma vez, se achando saudável. Tapioca virou sinônimo de regime. Mas a tapioca sempre existiu. Tem muita coisa assim. Eu não me importo muito, porque não faço mais *comida de autor*. Faço o que as pessoas gostam. Se elas comem o que gostam, ficam felizes e, assim, eu também fico feliz.

E os menus degustação dos restaurantes sofisticados?
O cara convida você para um menu degustação com produtos incríveis que ele trouxe da Amazônia ou da Serra Catarinense, com 16 pratos. Dentre esses 16 pratos, de algum, você há de gostar. Mas se tem 50 pessoas na sala, pelo menos dez não vão gostar do conjunto. Eu já fiz cozinha experimental, 20 ou 30 anos atrás, hoje, não mais.

Esses novos chefs que estão surgindo têm seu mérito, mas os antigos, como você, não precisam provar mais nada, certo?
Eu trabalho com o coração, trabalho, de fato, com amor. E só tenho gente assim na minha equipe. Para trabalhar comigo, tem de ter prazer no que faz. Muitos querem aparecer, mas não tem amor pelo trabalho. Na Europa, na Espanha, em Portugal, na Itália, onde as pessoas gostam de comer, ainda existe isso, mas nos chamados países emergentes é difícil.

Como você define o gourmet*?*
Tem o *gourmand*, que é o guloso, e o *gourmet*, que aprecia uma coisa bem-feita. Eu sou ambos. Hoje, como menos, porque, aos 55 anos, não tenho o mesmo organismo. Mas gostava de jantar com os filhos às seis, com a mulher às oito e, à noite, comia um hambúrguer com os amigos na disco-

teca. Para algumas pessoas, a comida é energia, pra manter o organismo funcionando. Para outras, uma arte.

Existe gourmet nas classes de menor poder aquisitivo?
Você não precisa gostar de caviar e *foie gras*. Eu tive uma sogra que não tinha muitas referências gastronômicas, mas começou a abrir a cabeça para aceitar um cordeiro, por exemplo, ou um pato. Tenho alguns cozinheiros aqui, cearenses, que adoram um arroz e feijão, mas sabem fazer qualquer coisa, com uma boa apresentação. Hoje, tudo está mais acessível.

O brasileiro aprendeu a comer?
Sem dúvida. O Collor, com todas as críticas, foi mandado embora, mas fez alguma coisa ao liberar os importados. Outros e outras estão sendo mandados embora e você não consegue dizer o que fizeram.

Por que, na sua opinião, a gastronomia brasileira não explode lá fora, como a mexicana ou a peruana?
O Peru é um país pequeno. O Brasil tem um território 17 vezes maior que o da França, que é pouco maior que o estado de São Paulo. Mas estamos avançando. Você tem de ter identidade. Por exemplo, em Florianópolis, vou comer mexilhão, uma salada de frutos do mar. Na Bahia, aqueles pratos baianos. Agora temos o Senac, os próprios chefs começaram a atuar nessa direção. No começo, quando eu fazia um purê de inhame, o Laurent, de mandioquinha, era uma novidade. Esse caminho que nós começamos a percorrer só agora está sendo observado. Há 20 anos, as pessoas me criticavam porque eu tomava cachaça. Era deselegante. Agora, tem mestre cachaceiro, especialista em café. Com tudo isso, o Brasil cresceu muito rápido em apenas duas décadas. Os restaurantes têm *sommelier*, menu degustação. Demorou, mas chegou a nossa vez.

Muitos dos colegas de vocês dizem que o Edinho seria a pessoa certa para articular um movimento capaz de solucionar os problemas do setor. O que você acha?
O Edinho tem essa capacidade e ele tem carisma. Eu não consigo comprar 60% dos produtos brasileiros aqui no hotel por falta de regulamentação. O Edinho seria o interlocutor ideal, porque tem o conhecimento gastro-

nômico e é um homem de comunicação. Ele conquista os homens e as mulheres pelas palavras. Tem a doçura, a gentileza, a delicadeza. Nunca ouvi o Edinho gritar. Poderia, sim, ser um embaixador, nos representar. A gente podia entregar a ele essa missão. Nos restaurantes, ele já consegue delegar as próprias atribuições.

Você conhece o Amado?
Sim, ele fez na Bahia o mesmo trabalho que fez há 20 anos no litoral, mas o Amado é um restaurante consolidado. Ele poderia ser o nosso representante, sem dúvida. Sempre foi um bom líder, porque o Manacá tem mais de 20 anos e faz sucesso até hoje. O Edinho está no momento certo para fazer isso. Ele pode transformar essa missão em uma coisa prazerosa. Na mão de outras pessoas, esta poderia ser uma tarefa chata.

Roberta Sudbrack

Ex-estudante de Veterinária nos Estados Unidos, a gaúcha-paulistana Roberta Sudbrack, que, até janeiro de 2017, dirigiu o restaurante com seu nome no bairro do Jardim Botânico, no Rio de Janeiro, começou a sua carreira de chef de cozinha fazendo cachorro-quente em um trailer em Brasília. Ficou famosa ao assumir a cozinha do Palácio do Planalto na gestão FHC, de 1997 a 2003. Depois, foi eleita a melhor chef da América Latina pelo júri da Veuve Clicqot (World's Best Restaurants), em 2015. Baseia as suas criações em ingredientes brasileiros, amplamente usados na cozinha doméstica, como o quiabo, o jiló e a fruta-pão, diante dos quais, no entanto, assume o desafio de encontrar novas possibilidades gastronômicas. Exemplos: quiabo defumado em camarão semicozido, guarnecido por "ovas" de tomate com semente de quiabo e pimenta japonesa.

Falei com Roberta durante um evento do Paladar, em São Paulo, em 2015, em companhia de um ilustre escudeiro, Roninho Almeida, dono da Mercearia Paraopeba, de Itabirito, Minas Gerais, também entrevistado para este livro. Com seu jeito ao mesmo tempo meigo e despachado, ela falou sobre os pioneiros Alex, Mara e Edinho, e sobre o seu assunto predileto: comida no Brasil.

Comecei a escrever a história do Edinho Engel, do Manacá e do Amado, e acabei assumindo a tarefa de roteirizar o surgimento da gastronomia brasileira nos últimos 40 anos. Como você avalia esse movimento?
Eu tenho resistência em rotular esse movimento de nova cozinha brasileira, como alguns dizem, por ver, nesses últimos 40 anos, uma continuação de algo que faz parte da nossa memória, da nossa afetividade. [Interrupção: "Isso é uma torrada com patê de tutano e aquele patinho curado durante 40 dias que o Everaldo mandou pra você...", "Ah, sim, como não? Vou experimentar".] As páginas que estamos escrevendo hoje, nesse compêndio da cozinha brasileira, é algo muito valioso para nós, mas muito afetivo. A minha geração está, de fato, renovando essa tendência que começou com os franceses, como o Claude e o Laurent, e os chefs locais dessa geração, como o Edinho, a Mara e o Alex, que há muito tempo vêm se dedicando a fazer uma cozinha de qualidade, independentemente até da revalorização dos ingredientes e das tradições brasileiras.

Eu me lembro que, antes desse movimento, os restaurantes no Brasil tinham um cardápio bem internacional.
Talvez essa preocupação com a pesquisa dos ingredientes brasileiros seja, de fato, nova. Nós estamos na fase de encontrar os fornecedores, os artesãos, gente que está produzindo esses alimentos há muito tempo e só agora está conseguindo trazê-los para dentro das cozinhas dos restaurantes. O Edinho é um pioneiro nisso, virou uma referência para todos nós, porque fez um trabalho muito mais difícil que aquele que estamos fazendo agora. Pessoas como ele e os franceses foram muito importantes para nos trazer até este novo momento.

No meu tempo, quando eu ia a um bom restaurante, procurava os especializados, como o Freddy, o Marcel, o La Paillote, o Giggetto, o Piolim, o Ton Hoy, o Timpanas ou o Rei do Bacalhau no Rio.
Sim, também isso mudou, com raras exceções. Mas quando eu falo da influência da cozinha afetiva no que fazemos hoje, refiro-me àquele almoço de domingo, na casa da avó ou da mãe. Seja no interior, seja na metrópole. O ato de cozinhar sempre esteve muito associado à reunião das pessoas, e isso faz parte da vida da gente, em praticamente todos os países do mundo. É a primeira coisa que se procura saber, quando se chega a algum lugar pela primeira vez. Algumas culturas têm uma relação mais forte com o ato de cozinhar. A brasileira é assim.

Sempre foi assim no Brasil?
Hoje, a quantidade de informação, de grandes cozinheiros, de mentes pensando, revolucionando, investigando, é enorme. Vivemos um momento incrível. Mas, antes, pessoas como o Claude, o Laurent, o Edinho, estavam fazendo coisas igualmente incríveis, com mais dificuldade, desbravando. Ninguém pode deixar de reverenciar e agradecer esses caras pelo o que eles fizeram.

Eu não queria comparar a cozinha brasileira com a moda, mas há semelhanças. O que falta para a gastronomia brasileira ter alguma repercussão internacional como a nossa moda?
Já temos isso, à medida que estamos confortáveis com o que estamos fazendo aqui. Pode ser que a cozinha brasileira não tenha uma repercussão global, exatamente, mas o que nós estamos produzindo já alcançou uma expressão cultural de cozinha moderna. Há 15 anos, para se fazer uma reserva em um restaurante francês, era preciso um ano de antecedência. Você juntava todos os seus tostões, embarcava e voltava maravilhado de lá, de qualquer maneira, fosse o que fosse o que lhe servissem. Hoje, você vai lá, gasta os seus tostões, fica feliz, mas para e pensa: talvez a experiência que eu tive no Brasil, em tal lugar, no mês passado, tenha sido até melhor.

Você diz isso como chef ou como consumidora?
Até como cozinheira, tecnicamente: a qualidade de ingredientes, do preparo, dos processos, tudo isso mudou. O cozinheiro come analisando tudo. Hoje, nós temos parâmetros. E só tem parâmetros quem tem processos tão bons quanto os melhores. Não só pelo nível de nossos cozinheiros. Isso abrange pessoas como este cidadão que está aqui comigo, o Roninho, da Mercearia Paraopeba, no interior de Minas, que garimpa coisas para os nossos restaurantes. Alguns produtos que ele encontra são parte da nossa memória, do nosso afeto. Eu chamo essas pessoas de heróis nacionais, porque eles não deixam esse conhecimento se perder; na goiabada que ele me traz, cuja fórmula vem sendo reproduzida há mais de seis gerações, ou no fubá da dona Virgínia, que ele também vai buscar para mim.

Embora o país tenha evoluído nesse aspecto, o queijo de Minas e alguns tipos de mel ainda sofrem com a falta de regulamentação pelas autoridades sanitárias, digamos assim. Como facilitar o acesso desses produtores aos centros de consumo?
Fácil, nunca será. Essas coisas dependem da disposição do cozinheiro para ir buscá-las. Quando eu não tinha contato com o Roninho, não conseguia comprar esse fubá de moinho d'água da dona Virgínia que uso hoje, o único que dá a liga certa para o angu de verdade. É como o alho fornecido por ele, que voltou a ser produzido há poucos meses em Amarantina, depois de ter sido quase totalmente destruído por uma doença causada por um tipo de adubo que começou a ser usado pelos produtores, há cerca de 20 anos. Pessoas como o Roninho, repito, são heróis nacionais.

E isso é bom para todo mundo?
Sim, mas tem outro lado: se o acesso for fácil, esses produtos deixarão de ser pitorescos, originais. Se estiverem no supermercado, à disposição de todos, deixarão de ser diferentes. A minha disposição de ir atrás, de pagar mais caro, de substituir um fubá italiano que chega à minha casa com toda a facilidade, por este outro do interior do Brasil, é isso que garante as características do meu prato. É mais difícil, sai mais caro – mas tem um valor emotivo. Se uma pessoa que tem a referência de um angu de verdade experimentar o meu prato, vai se emocionar. Como o

mandiopã, que esse mesmo moço me traz. Quem não se lembra do mandiopã? A pessoa quando come aquilo, chora. Porque, hoje, você não encontra mais por aí.

E a moda do orgânico?
Mais um exemplo: a gente usa só produto sem agroquímicos. Estamos comendo a alface, a couve, o tomate assim, no interior, há muito tempo. Nós, da cidade, perdemos esses hábitos, mas ao nos aproximar das pessoas que nos trazem ou produzem os ingredientes afetivos, reaprendemos isso e trazemos de volta essa informação, por meio da nossa cozinha.

E como você conseguiu, em um país colonizado como o nosso, levar essa informação ao patamar mais elevado da nossa hierarquia social, à cozinha da Presidência da República, por exemplo?
As coisas só deixam de ser normais quando a gente perde o hábito delas. Na verdade, não foi fácil. Eu dei a sorte de trabalhar com duas pessoas que valorizam a cultura brasileira, como o presidente FHC e a saudosa dona Ruth, que viam, nos sabores simples e nas expressões culturais brasileiras, de que forma um alho bem plantado e o quiabo bem trabalhado podem expressar o Brasil. Foi mais difícil colocar esses pratos no menu degustação de um restaurante de alta gastronomia, como fiz, há dez anos. Mas, hoje, quando abro cardápios e vejo quiabo, chuchu, maxixe, cará, fico muito feliz.

Carla Pernambuco

Gaúcha de Porto Alegre, onde se formou em Comunicação Social pela Universidade Federal do Rio Grande do Sul (UFRGS), Carla Beatriz Danesi Pernambuco, assim como Edinho, dedicou-se ao teatro antes de entrar no mercado gastronômico, por meio da Peter Kump's Scholl de Nova

York, em 1992. Em seguida, juntou duas paixões ao frequentar o The French Culinary Institute, situado na Brodway, no coração do maior conjunto de teatros e casas de espetáculos do mundo.

Carla trabalhou em vários restaurantes, dentro e fora do Brasil, como o Cleaver Company e o carioca Bartholomeu. Em 1995, abriu o restaurante Carlota, no bairro de Higienópolis, em São Paulo. A casa logo entrou na lista *Hot Tables* como um dos 50 melhores restaurantes do mundo. Atualmente, a chef gerencia os restaurantes Las Chicas e o Carlota Studio 768. Atua como blogueira no site MSN e colabora como colunista nas revistas *Casa & Comida* e *Estilo Zaffari*. Multimídia, também apresenta os programas *Brasil no prato*, na TV Brasil, e *Bem simples*, na Fox TV. A entrevista a seguir foi concedida em julho de 2015.

Quando eu penso em você, as duas coisas me vêm à mente: o pioneirismo da sua inspiração tailandesa e aquele suflê de goiabada incomparável. Qual desses dois aspectos você elegeria determinante em sua carreira como chef?
Logicamente, o doce e o amargo, o ácido e o azedo – presentes na equilibrada culinária tailandesa – influenciaram na minha interpretação, mas, sem dúvida alguma, o suflê de goiabada alcança, em profundidade, um de meus conceitos norteadores: a construção do que podemos chamar de *cozinha brasileira*, utilizando ingredientes e recursos nativos em uma releitura de receitas trazidas pelas centenas de povos que compõem o Brasil contemporâneo. Um purê de mandioca, uma goiabada ou uma caipirinha de seriguela são releituras de típicas iguarias brasileiras.

Na sua visão histórica – digamos assim – quando foi que vocês, dessa geração de chefs que inclui os franceses, o Edinho, o Alex e a Mara, começaram a recuperar a tradição culinária brasileira para usá-la na cozinha profissional?
No final dos anos 1990, esse grupo que foi citado, mais a Leila Kuczynski, a Renata Braune e eu, trabalhamos no sentido de pesquisar, reinterpretar e promover esse entendimento de uma cozinha brasileira contemporânea. Acredito que a pesquisa e a releitura das tradicionais cozinhas regionais do Brasil colocou esse conjunto em um âmbito mais *gourmet*. O resultado se deu muito mais do ponto de vista da unificação dessas cozinhas em um cardápio tipicamente brasileiro do que de sua mera sofisticação.

Como é que você trabalha atualmente com seus fornecedores? Algum em especial que você tenha "desenvolvido" em pesquisa, teste ou colaboração? Ficou mais fácil fazer compras no Brasil hoje em comparação com o que havia nos anos 1980?

Esse é um ponto fundamental no estabelecimento da regularidade de um padrão de qualidade. Sem falar de São Paulo, que está entre as cidades mais cosmopolitas do planeta – e onde, por consequência, pode-se encontrar tudo aquilo que se imaginar –, já é possível comprar jacas em Pelotas, no Rio Grande do Sul, e morangos e pêssegos em Canaã dos Carajás, no Pará.

Existe essa facilidade?

Embora cara, essa logística é praticada, o que facilitou o nosso mercado. Foi-se o tempo que para se comer um beiju era preciso ir à Bahia. Independentemente dessas facilidades, eu sempre tento me conectar e incentivar os produtores locais e regionais. Acredito que a comida menos viajada é melhor. Um peixe recém-pescado, uma fruta colhida do pé ou um alface consumido perto da horta são substancialmente mais saudáveis e mais saborosos. Tenho parcerias que me garantem não só a manutenção do padrão de resultados de meus produtos, mas também a possibilidade de desenvolver novas receitas.

Você costuma renovar seu cardápio com frequência? Quais são os clássicos dos quais não consegue se desvencilhar? Algum paralelo entre essa dificuldade e a obrigação dos grandes intérpretes de executar sempre as mesmas obras?

É comum que algumas receitas estigmatizem seus criadores. Eu tento fugir disso, embora tenha o meu nome emblematicamente associado a alguns pratos. No Carlota, a renovação do cardápio se dá de forma sistêmica e periódica, quando um percentual da lista é substituído seja por novidades, ou pela volta de algum clássico que ficou descansando por algum tempo. Na maior parte das vezes, as novidades são ajustadas às preferências de meu público regular. Mas, certamente, tem alguns clássicos que, se retirados das possibilidades de escolha, causam surpresas desconfortáveis.

Como você divide o seu tempo? Sei que a família, para você, é muito importante. E o assédio durante as compras e passeios? Ser uma celebridade prejudica a sua atividade de chef?
Tenho uma rotina cheia, mas, dentro de minha agenda, alguns horários privilegiam a família, os amores e a mim mesma. Faço pilates três vezes por semana, vou ao supermercado para abastecer a casa, atendo as necessidades dos meus filhos (Floriana, de 34 anos, Felipe, de 25 e Julia, de 21), visito ou recebo amigos ou amigos desses amigos; viajo, regularmente, para rever meus pais e irmãos que moram em Porto Alegre, e consigo separar um tempo para uma boa leitura que não seja objeto de pesquisa culinária, um filme ou um pouco de "não fazer".

E o assédio?
Não me enquadro na categoria de celebridade e não tenho nenhuma pretensão a virar nome de pracinha. Algumas atividades, em consequência do meu trabalho, me deram uma visibilidade maior: os livros, as aparições eventuais e regulares na TV, a presença em redes sociais, o canal no Youtube, eventos. Todas essas são atividades da Carla cozinheira. Talvez tirem um pouco da minha privacidade, mas tenho conseguido lidar com isso sem nenhum prejuízo pessoal. Ora me divirto, ora faço novos amigos, aprendo coisas novas.

Quem, na sua opinião, entre os jovens talentos, como Helena Rizzo, Rodrigo Oliveira, Ana Luiza Trajano, vai liderar a nova onda da gastronomia brasileira? Ou você acha que essa onda já virou um tsunami, *alcançando outras praças do país, para muito além do eixo Rio-São Paulo?*
Não creio que se trate de um *tsunami*. Entendo que o mercado abriu espaço para essas aparições e, como em qualquer mercado, quem tem competência se estabelece. Esses jovens talentos, aos quais eu poderia acrescentar mais uma centena de competentes e iluminados cozinheiros, *surfam* em uma onda que vem sendo construída faz algumas décadas – e, com certeza, a qualificam e lhe dão mais brilho. Quem lidera a onda da gastronomia brasileira é o cliente e a mídia. Nós, os profissionais, atendemos à demanda e inovamos dentro de um limite estabelecido por nosso público. As tendências se renovam, e quem enxerga isso, chega na frente.

Quando, em sua opinião, o Brasil vai se inserir no roteiro gastronômico do mundo, ou, em outras palavras, em que momento a gastronomia brasileira vai se tornar um atrativo tão importante para o país quanto sua música, a dança, os esportes e as belas paisagens?
O que deixa o país um pouco prejudicado, nesse cenário, é o seu custo. O empresário paga muito, arrisca muito, e tem sido subtraído por taxas que alimentam um complexo tributário altamente burocrático. A Inconfidência Mineira acontece quando a Coroa Portuguesa cobra 20% em impostos sobre o ouro arrecadado nas Minas Gerais – tributo que chamávamos de *quinto dos infernos*. Hoje, pagamos mais de 37% em tributos, o que equivale a dois *quintos dos infernos*. Isso encarece e empobrece o mercado.

Os restaurantes sofrem mais que a indústria, por exemplo?
Nosso segmento é empregador de mão de obra intensivo; o custo para se manter uma operação como a nossa funcionando é altíssimo, tanto para nós, empresários, como para o consumidor. Isso desestimula novos empreendimentos e planos neste setor.

E a capacitação da mão de obra, melhorou?
Sim, mas até certo ponto da hierarquia de um restaurante. Poucos investem em capacitação, portanto, a nossa mão de obra qualificada é extremamente escassa. Nossa legislação trabalhista e esse conjunto de valores populistas que estimulam o desemprego e a desqualificação são extremamente prejudiciais ao trabalhador e, consequentemente, ao empreendedor. Quem paga essa conta? O cliente final. É por causa disso que ainda somos uma opção questionável no mundo da gastronomia mundial. Produtos bons e qualificados, temos de sobra. Mas quando um bom vinho chileno ou argentino é mais barato que um bom vinho brasileiro, alguma coisa está errada.

O você pensa do Edinho, como pessoa e como empreendedor?
Eu o conheci na praia, em Camburi, e foi uma conexão imediata entre nós. Depois, entre as nossas famílias. Viajamos juntos diversas vezes. O Edinho é um de meus bons amigos, tem um coração enorme e é o sujeito mais animado para negócios que eu conheço. Ele adora uma nova emprei-

tada e, acima de tudo, é um realizador de muito sucesso, não tem tempo feio para ele. Como se diz, sou *megafã* dele.

Rodrigo Oliveira

No comando do restaurante Mocotó, em São Paulo, desde 2004, o paulistano Rodrigo Oliveira começou a ajudar o pai, José Oliveira de Almeida, aos 13 anos. Lavou pratos, limpou banheiros, atendeu mesas e tudo o mais que se faz em um restaurante. Para atender a um desejo de seu Zé, que queria ver todos os filhos formados, aos 19 anos ingressou na Faculdade de Engenharia Ambiental. Mas foi só o pai viajar para Pernambuco, para cuidar do sítio da família, que ele arregaçou as mangas e começou a reformar o lugar onde, pouco tempo depois, surgiu o novo Mocotó.

Aborrecido com os puxões de orelha de seu Zé, Rodrigo voltou a estudar, mas nunca mais abandonou o serviço. Por ironia do destino, na volta à faculdade, ficou amigo de um sujeito que cursava Gastronomia. "Que será isso?", perguntou-se. Leu tudo o que podia e começou a visitar outros restaurantes. Não teve mais dúvidas: mudou de faculdade, fez contato com grandes cozinhas do mundo, aprendeu novas técnicas e ingredientes. Para completar a formação, foi estagiar com grandes chefs de São Paulo. Depois, partiu em busca de suas origens: percorreu restaurantes, mercados e feiras livres do nordeste, em uma peregrinação de 30 mil quilômetros. Os troféus dessa viagem são garrafas de cachaça de todos os cantos do país que, hoje, ilustram as prateleiras de seu restaurante.

"Temos orgulho do nosso trabalho e da repercussão que tivemos", ele diz, na página de abertura de seu restaurante, "mas não nos deslumbramos.

A receita para manter uma casa por tanto tempo tem dois ingredientes: boa comida e hospitalidade. Mesmo parecendo simples, é algo que só se consegue com muita dedicação, talento e, acima de tudo, paixão".

A entrevista a seguir foi obtida em maio de 2015.

Rodrigo, a sua personalidade tem, pelo menos, três semelhanças com as do Alex Atala e do Edinho Engel, independentemente do talento culinário, tantas vezes premiado: carisma, empreendedorismo e humildade. Concorda com isso?
Ainda no meu tempo de faculdade, a vida me presenteou com a oportunidade de conhecer o Edinho. Foi em um dos primeiros eventos do Paladar, do *Estadão* e desde então, nós criamos uma relação de amizade que, de minha parte, também significa admiração e respeito. Nós cozinhamos juntos nos Estados Unidos e eu tive a oportunidade de cozinhar para ele no Amado, na Bahia, o que me deu muito prazer.

Como você vê esse movimento da cozinha bossa nova, do qual você fez parte, embora jovem?
Essa bolinha você pode olhar por vários ângulos, mas falando da questão prática – que é o que mais interessa –, ainda me considero em fase de amadurecimento.

E quanto à gastronomia brasileira, está consolidada?
Esse movimento está se consolidando. O mercado tem evoluído, sim. Eu tenho pouca estrada, menos propriedade para falar, mas como um dos garotos desse grupo, sinto que, há duas décadas, ao se falar de grandes restaurantes, a referência era a cozinha internacional. Italianos, espanhóis, franceses, mais recentemente, os japoneses.

Você quer dizer Fasano, Ca D'Oro, Le Casserole, La Cocagne, Don Curro?
Sim, e também o Massimo. Depois vieram esses franceses iluminados, o Claude Troisgros, o Laurent Suaudeau e o Emmanuel Bassoleil, que traduziram a cozinha internacional por ingredientes brasileiros. Descobriu-se a mandioquinha, os nossos peixes, as nossas frutas. Eu acredito que esse foi o primeiro passo para a evolução da nossa cozinha tradicional. Porque uma coisa é o sistema alimentar consolidado, feito em casa, com

os produtos da feira. Outra é o movimento da restauração profissional. E nisso, temos um momento mais recente, de uma linguagem própria, que tem a ver, é claro, com a nossa herança indígena, por exemplo, mas que não pode deixar de contemplar todo esse incremento que tivemos ao longo do tempo.

A nossa herança cultural, você quer dizer?
A gente fala português. O que seria genuinamente brasileiro? Só a comida indígena. Você, por exemplo, não tem nenhum traço indígena. Eu também não, embora a minha tetravó tenha sido indígena. O Brasil, na sua essência, é diverso, plural, tem olho puxado, pele de muitos tons, e a gente só tem a ganhar com isso. Você fala de cozinha nordestina e não dá para deixar de mencionar o coco, o coentro, a cana-de-açúcar. Os três foram aclimatados, não são nativos. A carne seca: tanto o boi como a técnica de preparo vieram de fora. A cachaça, considerada a bebida do Brasil, com seu processo de destilação – tudo isso era novidade para os nativos mas, nem por isso, esses produtos deixam de ser brasileiros.

O que faz, então, desses ingredientes, produtos brasileiros?
O nosso trabalho é reconhecer aquilo que nos faz únicos, e que não existe em outro lugar. Claro, isso passa pela terra, pela ancestralidade, pelo nativo e, também, por meio de cada imigrante que chegou aqui e trouxe sua história. Até porque a cozinha é o homem sobre o alimento. O cultural sobre o natural. Não dá para ignorar essa relação.

Você está redefinindo a gastronomia brasileira. Essa antropofagia não seria uma característica do nosso povo? Quero dizer, essa mistura de influências gerando uma terceira coisa?
No caso da comida, não. Pense em um ícone da cozinha italiana, o macarrão. Ele é chinês e o tomate, americano. A cozinha mexicana, com suas tortilhas e salsas. As tortilhas têm uma tecnologia nativa, mas as salsas, que ganharam o tomate, depois o alho e a cebola, têm grande influência europeia, assim como a cúrcuma. Ao longo do tempo, fica difícil reconhecer o que era nativo e o que foi adquirido.

O que pesa mais nesse caldeirão: o processo ou os ingredientes?
Ambos. Porque ao considerar a domesticação das espécies vegetais, por exemplo, você pode descobrir um ingrediente específico, atribuído ao acaso, e verificar, depois, que isso passou por um longo processo de seleção, cultivo e preparo. Algumas espécies foram avaliadas ao longo de milênios por civilizações que vieram antes de nós, com escolha de sementes, métodos de plantio, testes, até chegar ao que elas queriam. O Carlos Dória, que escreveu *Cozinha Inzoneira do Brasil*, cita exemplos dessa seleção de sementes. Em algumas tribos indígenas, ele encontrou mangas de qualidade excepcional. Isso resulta de uma longa seleção. A questão da mandioca brava é outro exemplo: foi uma longa escolha de variedades.

E o tucupi?
Todas as mandiocas têm, em maior ou em menor proporção, a linamarina[11], que origina o ácido cianídrico, presente no tucupi, esse caldo extraído da mandioca brava ralada. Os índios foram domesticando, justamente, espécies bravas da mandioca, mais resistentes às pragas, e também desconhecidas por outras tribos. As pessoas tendem a achar que eles tentaram cultivar as espécies mais mansas. Mas todos os indícios são contrários a isso, como aponta esse estudioso que eu citei. Sempre foi assim. Estamos sempre progredindo.

Não deixa de ser um fator cultural...
Com uma ação autoral também, muito forte.

Sobre a gastronomia brasileira, você acha que isso pode se banalizar, no bom sentido? Daqui a pouco, todo mundo vai assar batata-doce com tomilho e manteiga, enrolada em uma folha de bananeira?
Banalização talvez não seja a palavra, mas alguns conceitos de gastronomia, sem dúvida, podem popularizar-se, se estamos falando de técnicas. O cozimento *sous vide*[12], por exemplo, em justa temperatura. Há apenas alguns anos, poucos chefs conheciam esse processo e o aplicavam. Hoje,

---

11 Glicosídio cianogênico, substância altamente tóxica.
12 Cozimento a vácuo.

até em sua casa, você tem todo o aparato disponível, por menos de 500 dólares. Tem muitas vantagens em eficiência energética, preservação de nutrientes, sabor e textura. Por que não? Há uma década, pouca gente conhecia o microondas e, hoje, ninguém pode pensar em uma casa sem um microondas.

A minha área, o jornalismo, foi invadida pela internet e, hoje, todo mundo publica tudo...
E, em alguns casos, com credibilidade.

Você teme que a sua atividade fique comprometida por essa popularização?
Não, isso favoreceria o amadurecimento do mercado e do público. Antigamente, era bem mais fácil enganar as pessoas, em um restaurante bonito, com serviço pomposo e uma comida medíocre.

Bastava cobrir o ingrediente com o molho...
É verdade. Por muitos anos, tivemos muito acessório e pouco conteúdo. E se pagava caro por isso, porque não havia referências. Acredito que com um público mais informado, conhecendo melhor, entendendo a importância do alimento, esses cozinheiros mais preguiçosos vão ter que se movimentar, porque o público vai questioná-los. Isso estimula gente como a gente a sair procurando qual será o próximo passo.

Somos movidos a evolução.
É o que o Massimo Montanari prega. Ele diz, lindamente, que a tradição nada mais é que uma inovação que deu certo. Alguém, pela primeira vez, talvez por acaso, salgou a carne e fez a carne de sol. Cozinhou o milho com cal e descobriu a *tortilla*, ou um *petit gâteau*, ou um escondidinho. As tradições evoluem com o contexto e a condição para que elas se mantenham está na criação das novas tradições.

Imagino as primeiras experiências dos franceses com o maxixe, com o jiló... Tem de ter coragem.
Se eles tentassem, naquele momento, servir um barreado, dificilmente teriam sucesso. Mas um ravióli com mandioquinha, pignole e trufa, certa-

mente. Essa artimanha trouxe ao público uma novidade. Foi o que eles fizeram, ao descobrir molhos incríveis com jabuticaba ou com acerola para servir com o pato e a codorna. Você vai apresentando isso a seus clientes aos poucos. Não fosse isso, talvez, hoje, a gente, aqui no Mocotó, não conseguiria servir a *mocovafa*, fazendo o público receber isso como um prato de alto valor gastronômico. Não importa que é um cozido. Hoje o público percebe que, atrás de um prato como esse, tem um grande trabalho culinário, com ingredientes, técnicas, cocções.

Na minha área, poucos jornais e seus suplementos resistiram ao ataque da internet à mídia tradicional. O Paladar, que você citou, é um exemplo raro, talvez por causa do fascínio que a gastronomia exerce sobre as pessoas. Como funciona o seu processo criativo, a propósito?
Pode ser disparado por muitas coisas. Às vezes, vem de um produto: uma farinha incrível do Acre, uma fruta da qual a gente nunca tinha ouvido falar, como a grumixama, um produtor de cateto com uma amostra da costela ou da paleta. Isso já dispara um monte de possibilidades. A gente vai associando com coisas que já conhece, aquela fruta que lembra a cereja, este porco, mais artesanal. E há os estímulos externos, o jornalista que quer escrever sobre a jaca, o evento que exige uma receita original. Você experimenta um prato como o ceviche e pensa que pode introduzir esse conceito para a nossa realidade, ou aplicar isso a um produto nosso, dentro de uma nova técnica, ou fazer uma adaptação.

Você acha que a gastronomia é uma arte que se devora com as entranhas?
Frase bonita. Mas o resultado da arte gastronômica, senão na memória, é efêmero. Um prato que você, às vezes, demora meses ou até anos para produzir, porque a receita vai evoluindo à medida que está no cardápio. Na hora do consumo, esvai-se em poucos minutos.

É como se dizia na minha profissão: o jornal de hoje, amanhã só serve para se embrulhar peixe.
Mas a gastronomia também é uma arte que desfruta, como nenhuma outra, a intimidade com o público. De fato, você realmente incorpora o trabalho do artista. A marca na memória é poderosíssima, também. O gosto

e o cheiro chegam ao cérebro praticamente sem nenhum filtro. Por isso os aromas têm tanto poder de evocar memória.

Chegamos a Proust...
Sim. Esses aromas e sabores podem remeter você a outro momento da vida, de forma até chocante. Mas é bom lembrar que o trabalho do cozinheiro tem muito de artesão, mais até que de artista. Tem momentos de criação artística, mas, frequentemente, o cozinheiro é um artesão. Eu costumo compará-lo com um cantor que, na maior parte do tempo, está se apresentando em shows e eventos, programas de TV, cantando as mesmas canções. Uma pequena parte do tempo dele é dedicada à pesquisa, ao estudo, à composição. Em algum momento, ele vai parar para gravar coisas novas e materializar esse processo todo. Parecido é o trabalho do cozinheiro, que fica lá, repetindo as mesmas receitas e, em algum momento, vai testar coisas novas, afinar o que já está sendo apresentado no cardápio. Claro, tem aqueles que nunca vão compor, vão somente apresentar trabalhos de outros artistas...

O intérprete.
Sim, aqueles que preferem reproduzir coisas já testadas, criações de outros artistas.

Considerando o seu lado artístico, o Mocotó é uma tela. Mas você se baseou no empreendimento do seu pai. Depois, criou o Esquina Mocotó, é verdade, mas a base é a estrutura criada por ele. Você nunca pensou em se expandir? Os Jardins, em São Paulo, seria o seu caminho natural. Como vê o seu futuro?
O porquê da Vila Medeiros é uma pergunta frequente. Por que a Vila Medeiros, por que comida do sertão? Porque somos sertanejos, vivendo na Vila Medeiros. Estamos aqui há 40 anos. E eu poderia inverter a pergunta: por que não? Qualquer coisa que eu venha a fazer na cidade grande, posso fazer aqui. Hoje, as pessoas estão dispostas a vir até aqui. E ainda há muito o que evoluir, o que afinar. Não me parece sensato dedicar-me a outro projeto neste momento. Além do mais, estar em uma das beiradas da cidade é um facilitador para um dos nossos conceitos de cozinha, a inclusão. Nossa ideia é de que a mesa é um elemento de comunhão, de encontro, de

não estratificação. E, aqui, a gente consegue exercer isso, atendendo aos clientes do bairro, que nos acompanham desde o início, ao lado das estrelas de TV e dos operários. Tem o dono do banco e o motoboy do mesmo banco, o presidente da República e o presidente da escola de samba, os modernos e os caretas, enfim, todo mundo. Se a gente não quer selecionar pelo preço, o que não nos parece certo, a gente recebe bem todos os que estão dispostos a vir até aqui e entender o nosso contexto.

Nas pesquisas, quem são as suas cobaias?
Geralmente, eu sou o guia da pesquisa e inovação do restaurante. Trago um produto, ou uma ideia ou uma demanda, e trabalho com alguns cozinheiros, nem sempre os mesmos, e a gente vai, de acordo com as minhas diretrizes, trabalhando um produto ou um conceito, que é mais que uma receita. Exemplo: um omelete. Costumo trabalhar mais com os conceitos. Vou conduzindo o processo criativo e meus auxiliares são o meu primeiro público. Quando nos sentimos minimamente satisfeitos com o resultado, o apresentamos ao resto da equipe: pessoal do salão, da cozinha, muitas vezes, o próprio produtor – se estamos falando de um tipo diferente de matéria-prima. Recebemos os *feedbacks* e vamos aperfeiçoando o jeito de fazer. E vamos trabalhando, juntos, a logística do prato. Porque nem sempre uma composição extraordinária resulta em um prato excepcional. Pode ficar muito bom, mas ser inviável de ser servido em um restaurante, por conta de um processo, do custo etc.

E quando dá certo?
Nós começamos a oferecer como cortesia para alguns clientes habituais do restaurante. Um presentinho. Isso feito, conseguindo novos *feedbacks* e a aprovação dos clientes, começamos a servir o prato, mas sem colocá-lo no cardápio. Quando estamos confiantes de que vamos conseguir a matéria-prima, que os custos e a logística estão equacionados e que o prato foi bem aceito pelos clientes, então ele vai para o cardápio.

A criação também precisa ser economicamente viável. E por falar nisso, porque no Brasil o ingrediente é tão caro? Seria o peso do atravessador?
O ingrediente não é tão caro no Brasil. Mas a maior parte do custo está, sim, na cadeia logística. Por isso é tão importante, hoje – um movimento

presente aqui –, que os cozinheiros se aproximem dos produtores e vice-versa. Muita gente vem atrás de nós para se apresentar. Há pouquíssimo tempo atendi o produtor de pirarucu, logo em seguida, falei com o nosso fornecedor de cateto, queixada. E, provavelmente, até o fim do dia vou falar com mais três ou quatro, de FLV, de aves, laticínios.

Isso resolve o seu problema, mas não o meu...
Não entendi.

Essa aproximação do fornecedor resolve o problema do cozinheiro, do restaurateur, mas nós, consumidores, continuamos sem vez...
Talvez, mas, realmente, eu não acho os ingredientes culinários caros no Brasil. Você vai ao supermercado e gasta muito menos com um quilo de carne que gastava há 20 anos. Hoje, comer está mais acessível. Independentemente dos problemas de obesidade que nós estamos enfrentando com a comida industrializada, claro. Os produtos, os ingredientes estão mais acessíveis. O grande peso que nós temos, os restaurantes, é a carga tributária. Pior é não ver o retorno disso em educação, em segurança. Nós ainda temos que investir na formação e treinamento do nosso pessoal.

Você fala de práticas culinárias?
Não, nós oferecemos uma bolsa integral para ensino fundamental e médio. Além do treinamento em Gastronomia. E patrocinamos alguns cursos universitários também.

Quando eu cheguei aqui, vi o pessoal do salão tendo aula de inglês. É isso?
Exatamente. Escola de inglês do Mocotó. A nossa carga tributária, no Brasil, está em torno de 35%, mas a gente não vê o retorno. Nós aqui, temos seguranças empregados durante 24 horas, para ter uma falsa sensação de segurança. O transporte é precário, a educação é precária. Nada disso condiz com a nossa carga tributária. Além disso, se você tem problemas, o governo não participa dele. Se o seu mês foi terrível, se você teve que fechar o restaurante por alguns dias, a parte do governo está garantida.

Nisso, eles são supereficientes. Jamais vão se esquecer de nos cobrar algum tributo.
Podem cobrar alguma coisa indevidamente, mas esquecer de cobrar é muito improvável.

Voltando à questão dos ingredientes, você acha que o consumidor comum vai poder aproveitar esses atalhos que vocês, cozinheiros, estão abrindo junto aos produtores?
Talvez. Se houver demanda, vai haver oferta. E o restaurante, sem dúvida, é uma ótima vitrine. Você pode nunca ter comido cateto, mas se está em um restaurante que você confia e o chef lhe oferecer cateto, você vai experimentar. E daí, talvez, na próxima vez que você estiver em um supermercado, pode levar um cateto para casa. O restaurante tem um papel forte na formação da opinião e dos hábitos das pessoas.

Você fez Engenharia Ambiental. Além de o governo não entregar o que a gente precisa de básico, ele não se preocupa com o desenvolvimento sustentável. Acha que, algum dia, as pessoas vão se preocupar com a pegada ambiental do bode, por exemplo?
Poucos atos humanos têm tanta implicação no meio ambiente quanto comer. Esse ato tem implicação econômica, comercial, ecológica e, certamente, social, familiar e até religiosa. Aqui, por exemplo, estamos cercados de artificialidade, à exceção daquela árvore ali. Mas o alimento é e vai ser um elo indissociável entre nós e a natureza. Não dá para se alimentar de petróleo, aço, cimento. É uma questão de sobrevivência.

Vamos ter que aprender?
Pode ser da maneira mais dura, por necessidade, mas, sim. Quando houver escassez e, em alguns lugares do mundo isso já é verdade, as pessoas vão começar a se preocupar. Isso tem muito a ver com o olhar do sertanejo sobre o alimento. Onde existe falta, tudo é precioso. E tem um dado terrível, que é a quantidade de comida que se joga fora. Se não me falha a memória, está em torno de 30%. Desperdiça-se, em todos os elos da cadeia. A *National Geographic* lançou uma série de reportagens sobre como vamos alimentar sete bilhões de pessoas, daqui a pouco, em 2050. Passa por muita coisa, mas tudo está ligado à reeducação.

Uma última pergunta: em casa, como você se alimenta?
Um cozinheiro tem poucas chances de almoçar e jantar com sua família. A nossa grande refeição, como no caso do Edinho, é o café da manhã. Tem todo um ritual, mesa posta, nossas duas filhas, a Nina Maria e a Maria Flor. Hoje, por exemplo, tivemos cuscuz, pão feito em casa, queijos e manteiga.

A sua esposa, Lígia, também cozinha?
Ela tem pouca oportunidade, confesso. Mas cuida muito da alimentação das crianças. Os ingredientes, feijão, arroz, carne, legumes, frutas, peixe. É muita coisa. Mas o meu momento com elas é no café da manhã.

Janaina Rueda

Ela nasceu na Rua dos Castelões, no centro de São Paulo, e é filha do musicólogo Gilberto Torres, e da Relações Públicas (ou *hostess*, como se dizia, na época) Rejane Rodas dos badalados Gallery e Hippopotamus. Janaina Rueda é a metade urbana e intuitiva dos Rueda: ela, no comando do Bar da Dona Onça, no Edifício Copan – o coração da capital paulista – e Jefferson na Casa do Porco, na calçada oposta (Rua dos Araújos).

Na entrevista a seguir, realizada em fevereiro de 2017, ela fala de política, empreendedorismo e de sua fama de fera. Mas também de seus amores: Jefferson (o marido), João e Joaquim (os filhos) e o Bar da Dona Onça (o negócio).

Como você vê a cozinha do Dona Onça? Seria uma tradução ou uma síntese da culinária brasileira?
É um produto da minha intuição. Eu busco pesquisar a culinária brasileira e trazer o que aprendi de técnica, principalmente com o Jefferson, para deixar

um prato popular parecido com a receita tradicional, mas com outra nuance: uma batata ou uma cenoura que não fiquem desmanchando, uma carne selada, uma vagem que não perca a coloração, a cocção adequada de frutos do mar. Às vezes, eu gosto de introduzir alguma coisa mais contemporânea no meu cardápio.

Um prato mais sofisticado?
Mais trabalhado, talvez. Nessas ocasiões, eu sempre consulto o Jefferson, que tem essa expertise. Mas nossos estilos são totalmente diferentes. Ele tem toda a tradição dos grandes restaurantes. É muito técnico, muito autoral e busca trazer todas as novas tecnologias para a cozinha dele, embora tenha uma origem caipira. Já eu sou totalmente urbana e busco uma cozinha de raiz tradicional, de antigamente.

Ter começado em uma padaria, fazendo de tudo, ajudou você?
Tudo me ajudou. Com cinco anos eu já frequentava os grandes restaurantes, que hoje têm 50 anos, com a minha mãe, que trabalhava na noite. No Giovani Bruno, por exemplo, eu atendia ao telefone, quando era criança. O Gallery, o Hippopotamus – eu gostava das cozinhas desses lugares. Minha mãe trabalhou com o Ricardo Amaral, com o Zé Vitor Oliva – que nessa época, namorava Maria Cristina Poli, jornalista, amiga de Valéria Baraccat (psicóloga e jornalista), que foi uma espécie de tia para mim. Os chefs dessas casas iam cozinhar na minha casa, o João Cadela, por exemplo. Aprendi desde cedo a receber pessoas. Depois, passei por vendas. Com 14 anos, eu vendia sapatos.

Eu vejo que você tentou passar esse lado boêmio para o Dona Onça.
A minha infância foi assim, eu não viajava para a Disneylândia. Eu frequentava festas, muitas dentro da minha casa.

E como você concilia esse lado com o papel de mãe de dois filhos pré-adolescentes?
Hoje, eu não saio muito. Faço jantares, ainda convivo com artistas, músicos, mas em minha casa. Até porque não existem mais lugares como aqueles da minha adolescência. Eu posso ir a uma danceteria, mas uma vez por ano, no máximo. Quase não há mais lugares que eu goste. A minha pegada, hoje, é mais de comer alguma coisa, beber um uísque, ouvir boa música. Eu gosto de

MPB, mas os bares musicais acabaram. Os antigos inferninhos acabaram. Esses lugares tinham músicos, moças liberais – que hoje são conservadoras –, o mundo mudou muito. As cortesãs de antigamente não têm mais espaço. Hoje, as moças todas são liberais. É uma pena, porque os inferninhos, as boates, eram bares musicais. Eu não penso nisso como negócio porque, para mim, seria um *hobby*, e não poderiam misturar isso com o meu trabalho, mas tem muita gente perguntando por que não existem mais esses bares.

Quando o Bar da Dona Onça foi fundado, o seu sócio, Júlio de Toledo Pizza, disse que topou o negócio porque, com um bar aqui no centro de São Paulo, ele não teria que andar muito para bebericar o seu uísque e beliscar alguma coisa. A deterioração do centro velho não afetou vocês?
Eu conheci o seu Júlio porque a minha tia namorava um grande amigo dele, o professor Fonseca. Os dois frequentaram o Bar do Museu, que ficava aqui na Rua 7 de Abril, no prédio dos Diários Associados, onde funcionaram também a primeira sede do MASP, a agência McCann-Erickson e a TV Cultura. Eu tinha 9 anos. Eles contavam histórias, e eu achava aquilo fascinante. Até hoje, eu gosto dessas histórias. Faz parte da minha alma. Ele também gostava das minhas histórias, da vida noturna que eu conhecia, apesar de muito nova, por causa da minha mãe. E hoje, as famílias, a minha e a dele, são muito amigas.

Eu acompanhei as tentativas dos Parlapatões e dos Satyros, entre outros artistas, de recuperar a Praça Roosevelt, que também fica aqui ao lado. Desculpe insistir, mas como é que a decadência desse centro da cidade, que já teve tanto glamour, afetou o Bar da Dona Onça? Ou isso não afeta?
Eu vou ser sincera: eu nasci aqui na Rua dos Castelões e sempre frequentei a região, indo, no máximo, até a Vila Zelina, onde minha avó morava. O meu perímetro ia até a Radial Leste, Mooca, Bixiga e centro. Para mim, tudo isso está deteriorado. Mas para quem sempre viveu em um lugar, isso não afeta. Eu não enxergo essa deterioração. Estou acostumada a tudo isso. Nunca vi diferente. A minha avó contava sobre o glamour, os saltos altos na Avenida São Luís. Eu cheguei a frequentar o Rubaiyat, aqui na Avenida Vieira de Carvalho, mas aquela elegância dos anos 1950 e 1960, aqui no centro, eu não cheguei a conhecer.

Tem a praga do crack...
Eu consegui resgatar uma garota que morava na porta da Casa do Povo, certa vez. Eu a ajudei, ela teve uma recaída, mas hoje livrou-se do vício, tem celular, emprego, parece curada. Talvez isso passe, como tudo, mas a solução passa por uma série de outras coisas, as famílias, a educação de má qualidade, que não é aqui do centro, mas de todo o país.

E o Brasil, tem jeito?
Estamos passando por uma transformação. Muita coisa acontecendo ao mesmo tempo, mas o maior problema está na educação. É por isso que eu me aproximei da Secretaria da Educação e resolvi, há um ano e meio, atuar como voluntária na Merenda Escolar, como forma de contribuir, fazer alguma coisa pelo meu país.

E que tal, a experiência?
Está acontecendo, ainda. Não pretendo sair. No que der para eu ajudar, vou ajudar. O Obama (ex-presidente dos Estados Unidos) deu um depoimento que me chamou a atenção: a responsabilidade pela administração pública não é só dos políticos, é também dos cidadãos. A gente precisa ser mais atuante. Para poder cobrar, tem de participar, tem de fiscalizar. Nós, aqui, nas duas casas, pagamos cerca de 200 mil reais (60 mil dólares) de impostos, a cada três meses... é muito dinheiro. Quem vai administrar esse dinheiro? Eles, os políticos, os funcionários públicos, são apenas gerentes cuidando da nossa empresa. Se a gente não tiver trabalho, infelizmente, não vai poder reclamar.

Vale para tudo...
Até os Estados Unidos, que nós sempre julgamos um país de nível cultural melhor e políticas públicas mais avançadas, acabou elegendo um presidente como o Donald Trump. E quem elegeu o Trump? Foram, principalmente, as pessoas de nível social mais baixo. Portanto, se a gente se aliena, não pode reclamar. Cadê os pais, as mães? Não é só a escola, a gente tem de mudar o nosso entorno. Por isso, na minha participação na Merenda Escolar, eu disse ao Secretário da Educação que pretendia atuar, inicialmente, aqui no centro.

Mudar o seu entorno...
Por que eu vou abrir um Dona Onça nos Jardins? Não tem nada a ver comigo. As pessoas pensam no dinheiro e no poder, mas não cuidam do seu ambiente, da própria aldeia, das suas origens.

O Pedro Cardoso, ator, que está vivendo em Portugal, matou a charada: no Brasil, as pessoas ficam desesperadas por dinheiro para poder fugir dos serviços públicos, que não prestam...
Concordo, quando você tem as necessidades básicas atendidas, pode viver com menos.

Voltando à cozinha, de que forma os franceses, o Edinho, a Mara e o Alex influenciaram o seu trabalho?
Influenciaram, sim, mas via Jefferson. Porque além de ser casada com ele, sou grande admiradora da pesquisa que ele faz da cozinha do interior de São Paulo. Mesmo em gastronomia, o importante é trazer o seu entorno ao que se faz. A do Rodrigo Oliveira, por exemplo, que começou estagiando com o Jefferson, é de raiz nordestina, como o pai dele. A Mara traz a cozinha do Brasil porque tem viajado muito para fazer essa pesquisa, em Goiás, em Pirenópolis; ela gosta disso, está aí há muito tempo fazendo isso. A área de pesquisa do Jefferson é São Paulo, um pouco Mato Grosso e Minas, porque fazem fronteira com o nosso interior. E hoje, na Casa do Porco, ele tenta levar isso para o exterior.

E você?
A cozinha do Dona Onça ficou muito paulista por causa da influência do Jefferson. A cozinha amazônica, hoje, está bem representada pelo Thiago Castanho, que está literalmente no quintal da Amazônia. O Edinho tem aquela cozinha caiçara, litorânea, ele é o chef das águas.

Você conheceu o Edinho no Paladar?
O Edinho, um querido, me ensinou até a pronúncia correta dos vinhos, quando foi meu cliente na Expand. Foi um dos meus primeiros professores. Lembro do peixe na folha de bananeira, eu me apaixonei por ele. O que eu gosto, no cozinheiro, é quando ele traz a raiz dele à tona. Isso

mexe comigo. Alguns cozinheiros, eu admiro muito, como o Edinho, o Rodrigo, a Roberta e a Mara, que trazem a cozinha brasileira em sua forma popular, embora com uma técnica apurada.

Quando eu entrevistei a Mara, ela estava dedicada à pesquisa de uma buchada que agradasse todo mundo. O que é mais difícil? Administrar o restaurante como uma empresa ou agradar o cliente?
Na minha opinião, a primeira tarefa do chef, hoje, é ter o restaurante *na mão*, como uma empresa sólida. Senão, você perde o *tesão*. Tem gente que diz não ter jeito para administrar, mas isso é preguiça. A gente tem de cuidar de tudo. A tendência do mercado gastronômico, hoje, é essa: olhar para dentro da casa e deixá-la sólida. Se você não quer administrar, não abra um negócio. É como a família da gente.

Tudo, na sua casa, é bacana, mas o nome é sensacional. E você não conheceu o Péricles, autor do Amigo da Onça...
Quem sugeriu o nome foi o Paulo Caruso, cujo irmão, o Chico, é coautor de uma peça de teatro sobre o cartunista. Eu tenho o Troféu Amigo da Onça, que ele ganhou em uma competição com 12 outros cartunistas.

E você é mesmo brava, como dizem?
Eu sou correta. Não tenho papas na língua, é verdade, não sou muito política, embora seja ativa nas políticas públicas. Mas eu costumo peitar as coisas com as quais eu me deparo. Todo cidadão quer respeito. Quando me faltam com o respeito, eu respondo à altura. Antes, era mais brigona, mas hoje, tenho preguiça. Prefiro deletar algumas pessoas que não me interessam.

Tem uma onda recente, na alta gastronomia, de pratos gourmet *em domicílio. Você acredita que essa é uma tendência, como parte do fenômeno da comida na sociedade atual, ou o modelo tradicional de restaurante como o seu, na sua opinião, vai prevalecer?*
A minha meta é fazer que o Dona Onça dure cem anos, continuando a inovação e a pesquisa. A cozinha vai mudar? Não, mas vai tomando a forma do que for o meu momento. O Dona Onça é tradicional, é popular, mas eu busco trazer uma inovação.

O site de vocês, por exemplo, é muito bom, e isso não é muito comum em restaurantes. Como a informação hoje é muito rápida, a gente tem de estar ligado em tudo...
Eu quero que o meu restaurante envelheça, mas de forma saudável.

Como é a sua relação com os fornecedores? Uma característica dos profissionais que nós citamos aqui – a primeira geração de chefs da gastronomia brasileira desses últimos 40 anos, como o Edinho, o Alex, a Mara e os franceses, como o Claude, o Emmanuel e o Laurent – é descobrir e desenvolver fornecedores de ingredientes raros ou de boa qualidade, como o Roninho, da Mercearia Paraopeba...
Quem descobriu esse cara foi um escritor, Rusti Marcellini, que publicou um livro chamado *Caminhos do sabor – Estrada real*. Ele era fã da Roberta e acabou apresentando os dois. Depois, a Roberta se tornou a principal cliente da Paraopeba.

E como você descobre esses fornecedores?
No meu caso, basta atravessar a rua.

É o Jefferson que faz esse trabalho?
Sim, ele sempre fez isso, inclusive com os porcos que ele prepara. Ele é que vai atrás disso. Acabou de descobrir, para mim, um fornecedor de *wagyo*. O fornecedor de legumes coloridos orgânicos, ele curte isso: conhecer o produto, entender o que é, ir atrás de fornecedor. Pescado que, hoje, às vezes tem sulfito, corante. Ele vai muito atrás. E eu fico mais na parte administrativa.

Casamento tem de ser assim?
Eu, às vezes, vou com ele a alguns lugares, porque estamos casados, para Rio Pardo, para o México, como fizemos este ano, mas ele sempre fez isso brilhantemente.

Mudando de tema, você acha que o Brasil precisa de um articulador, de um interlocutor, que pegue a bola da gastronomia brasileira e a leve adiante?
O problema do Brasil não é só gastronômico, tudo o que é de fora é melhor. É uma questão de colonização, muito difícil de perder. Talvez por isso nós não tenhamos avançado como o Peru, por exemplo, na gastronomia. Até na música é assim.

Mas, no caminho da nossa música, antes da Bossa Nova, veio a Semana de Arte Moderna, que acabou gestando a Tropicália.
Peri Ribeiro, Sandra de Sá, são conhecidos lá fora. Mas quem conhece Roberto Menescal no Brasil? A turma conhece o Michel Teló.

Ajudaria se tivesse alguém que levasse as demandas e ideias do setor aos centros de decisão?
Os próprios cozinheiros boicotariam, eu acho. Tem o peso dos egos, mas também há um empecilho cultural. Nossa classe artística também está passando por um momento muito difícil. Os maiores artistas não são os mais divulgados. Os mais preparados, intelectualizados não têm nem paciência para essa disputa. Infelizmente isso está ligado à educação no país. Haverá um momento que não vai ter mais jeito, é a minha esperança. Voltando à cozinha, a nova geração de chefs terá um novo *approach* nessas questões, mas vamos ter que esperar uns dez anos ainda.

Pode me dar um palpite do que acha que vai acontecer?
Os cozinheiros que trabalharam lá fora, que se formaram agora, têm outra cabeça, são mais antenados em tudo o que está em volta. E o país também vai passar por uma transformação. Somos um país colonizado, e como outros países crescem, obviamente, vai chegar um momento que os cozinheiros vão começar a se unir e a trabalhar na mesma direção. Mas não será do dia para a noite. Será um movimento natural de conscientização. Principalmente no sentido de uma conduta que reproduza o que você pensa. Eu vejo pela turma nova que trabalha com o Jefferson, por exemplo. São atentos, questionam, observam o que o chef faz e o que fala. Vamos chegar lá.

E o apelo comercial que segue essa febre gastronômica?
As empresas vêm atrás da gente, todos os dias, mas você não pode fazer as coisas de um jeito diferente do que pensa por causa de cem mil reais (30 mil dólares). Senão, a engrenagem acaba destruindo você. Eu entendo aqueles que escolhem fazer essas parcerias, mas não se pode perder a identidade. E as agências de propaganda também precisam evoluir. É cafona pedir somente ao chef de cozinha para fazer propaganda de alimento. Eles poderiam usar os chefs em outros setores, mas isso não acontece. Mas não é um

problema brasileiro. Na Itália, os chefs fazem propaganda de todo tipo de alimento industrializado. É um problema mundial. O próprio Jamie Oliver. Nós temos que ter mais reserva em relação a esse movimento. Se o produto não é o que eu costumo trabalhar ou usar, eu tenho que ter a coragem de recusar. Mesmo em eventos. Só faço aqueles nos quais eu acredito muito.

Jefferson Rueda

Um olho no gato, outro no porco: foi assim que o empresário e chef Jefferson Rueda deu a entrevista a seguir, a um metro do balcão de saída dos pratos da Casa do Porco, no centro de São Paulo, em uma tarde de muita chuva. Falou de suas raízes caipiras, em São José do Rio Pardo, interior de São Paulo, onde ele teve o primeiro contato com a preparação de alimentos no açougue do pai; do primeiro curso de Gastronomia criado no Brasil, pelo Senac de Águas de São Pedro, em 1994; das estrelas Michelin concedidas ao restaurante Attimo, onde Jefferson trabalhou por oito anos; do susto que levou quando o seu atual fornecedor de porcos obrigou-o a trocar de sapato para entrar em um chiqueiro; e do nicho gastronômico que criou, seguindo uma tendência hoje predominante no mercado de restauração.

Dá para identificar claramente a nova era da gastronomia brasileira, compreendida por esses últimos 40 anos, a partir da redescoberta ou da descoberta dos ingredientes locais pelos franceses que chegaram ao país, no fim dos anos 1980, e uma geração de chefs brasileiros como Edinho, Alex e Mara Salles, influenciada por eles?
A primeira geração foi esse pessoal que veio de fora – Laurent, Emmanuel, Claude – e os brasileiros que voltaram ou que viajaram, como o Alex

e o Edinho. A minha geração, considerada a segunda desse movimento, vamos chamar assim, é a primeira de chefs 100% brasileiros. Mas a gente reconhece e agradece muito o trabalho que eles fizeram.

Quem mais pode ser considerado parte da geração dos franceses, do Alex e do Edinho?
Eu não sei a idade dela, mas acho que a Roberta (Sudbrack) veio de fora também. Tinha o Carlão[13], que trabalhou com o Emmanuel. E um negão forte[14] que ficou famoso nos anos 1980, cujo nome eu não consigo lembrar – o Emmanuel vai lembrar.

Por que você considera a sua geração como a primeira genuinamente nacional?
A minha turma foi a primeira que se formou em Gastronomia no Brasil. Em 1994, o Senac criou um projeto piloto de formação de chefs que, em 1997, produziu a primeira linhagem de cozinheiros brasileiros com esse nível de especialização. Até então, só existiam os cursos de cozinheiro e de garçom de nível técnico, do próprio Senac, ambos criados para dar alguma formação a pessoas de baixa renda, que não tinham muitas oportunidades de emprego.

Depois de passar por vários restaurantes de alta gastronomia, você criou, na Casa do Porco, um novo nicho de mercado? Acha que essa especialização é uma tendência?
A gente tem de se adaptar ao que vem acontecendo no mundo. Eu venho de um restaurante no qual você tinha que pagar, no mínimo, 120 dólares para comer. Claro, sobre uma toalha de linho, com copos de cristal, tudo em alto nível. E, em um dado momento, chegou a crise. Ninguém vai parar de comer, mas o cliente começa a pensar de outro jeito. Quem gastava cem, vai gastar 50, quem gastava 50, baixa para 25, e quem gastava 25, começa a levar marmita para o trabalho.

---

[13] Carlos Messias Soares.
[14] Léo Filho.

As escolhas são outras.
Antigamente, você tinha que ter de tudo no cardápio – faisão, massa, bacalhau –, para agradar gregos e baianos. Hoje, você quer macarrão, vai em uma *trattoria* ou em uma cantina; quer comer uma comida contemporânea, vai no restaurante de cozinha contemporânea; quer comer porco, vai ao Jeffinho, nordestino, ao Rodrigo. É uma questão de preferência e, também, de custo/benefício.

Qual a diferença do público do Pomodori, do Attimo e o daqui?
Aqui vem todo o tipo de cliente.

É mais democrático?
Ôpa! É por isso que eu voltei para o centro.

Mas eu ouvi dizer que aos sábados, aqui, chega a ter três horas de espera.
Sim, mas esses meus clientes do Jardins, se eu tivesse começado aqui, não viriam. Eles vêm porque me conhecem dos outros restaurantes.

Você trouxe o seu público.
Uma boa parte. Era o meu público. Porque eles me procuravam e diziam: "Jeffinho, você saiu do Attimo, e agora, como vai ser?" E eu respondia: "Ué, eu estou lá no Centro".

Gozado, o cardápio do Attimo ficou mais clássico italiano.
Era ítalo-caipira, mas isso era uma coisa minha, não dava para continuar assim, eu acho. O dono mesmo era o Marcelo Fernandes, e ele tinha que dar um novo rumo ao restaurante.

Uma coisa é ser chef-sócio, outra é ser empresário.
Quando eu comecei, muitos amigos me criticaram. É como se você tivesse trocado o *New York Times* por um jornal de bairro. Eu dizia que viria montar um bar de porco, no centro, e eles ficavam escandalizados. Mas será que eu vou desaprender de cozinhar porque estou no centro? Você, por estar escrevendo em um jornal de bairro depois do *New York Times*, quer dizer que ficou burro? As pessoas desdenham de você.

Isso acontece em todas as profissões.
Na verdade, eu queria desmistificar a alta gastronomia, popularizar o hábito de comer bem. Além disso, eu juntei, aqui, todas as minhas paixões. Não adianta vir para o centro, deixar mais acessível para todos, e misturar estações. É por isso que eu fiz a janelinha para vender sanduíches. Meu tíquete médio, aqui, começa com 15 reais (5 dólares).

E funcionou?
Eu vendo, em média, 300 sanduíches por dia naquela janelinha. E, dentro do restaurante, em face de todas aquelas mudanças que eu mencionei, a verdade é que as pessoas não aguentam mais muita firula: toalha de mesa, menu longo. Eu acho que gastronomia é entretenimento, você quer ser feliz.

Se não, melhor cozinhar em casa.
A pessoa que passa por um restaurante e pensa que para entrar nele precisa ir para casa se arrumar, acaba não voltando. Aqui, além disso, você faz o seu tíquete. É bem-vindo o cara que chega aqui, come um petisco e toma uma cerveja. Tanto quanto o cliente que vem em busca de alta gastronomia. É difícil taxar a Casa do Porco de cara ou barata, ou média. Quem faz o preço é o cliente.

Isso é legal.
Tem dia que você gasta 15 reais, mas tem dia que você quer gastar 200 (60 dólares), tomar champanhe. Aqui também pode. É como padaria, você vai lá para comprar um pãozinho, mas o cara acaba te vendendo o leite, a mortadela e um bolo. Se calhar, a banca da esquina também é dele.

Você acha que essa explosão de gastronomia decorre do acesso de outras classes sociais ao consumo?
Eu tento popularizar a minha experiência profissional. Fazer uma comida diferenciada, mas popularizar. Os chefs às vezes gostam de complicar as coisas, dizer que tudo é difícil. Faz 20 anos que estou nesta profissão. Sempre quis ter um restaurante para fazer o meu menu, por exemplo, sempre pedi isso a Deus. Acho que eu fui atendido. Eu vendo 14 mil *couverts* por mês aqui, em

média e, pelo menos, dez mil são de menu degustação. No Attimo, eu vendia quatro mil. Só que lá, cada um custava 350 reais (100 dólares). Aqui, custa cem. É por isso que lota, todo dia. E os clientes dizem que a Casa do Porco é um presente para eles, porque lá, por mais que eles gostassem, não dava para ir todos os dias. Claro que eu trabalho três vezes mais, mas adoro isso.

Compensa...
É como a nossa política. Como só 50 milhões trabalham, esses 50 milhões têm de trabalhar pelos outros cem milhões que não trabalham.

E tem espaço para todo mundo? Os food trucks, os chefs midiáticos, as TV dinner, os mercados gourmets?
Não. Existe muito modismo. Eu sou focado em cozinhar. Hoje, existem os cozinheiros atores. O cara não sabe nada de gastronomia, veste uma doma ou um dólmã, faz um programa de TV e vira um sucesso. A minha esposa comenta que se eu tivesse que começar hoje, estaria ferrado. Porque ia correr o risco de montar um restaurante e trabalhar 15 horas por dia sem chegar a lugar nenhum, enquanto o cara que faz um programa e é bonitão, iria longe.

Você foi convidado e acabou recusando, na última hora, aquele programa do SBT. Ninguém o criticou por isso, mas foi excesso de purismo não aceitar os merchandisings que o programa impunha?
Não, porque eu só faço aquilo que acredito estar certo. Gosto de deitar e dormir. Não gosto de coisas momentâneas. Quero que meus filhos tenham orgulho de mim. Hoje, o meu espelho é o meu pai e minha mãe. Princípios. Ou o sujeito tem caráter ou não tem. Eu não estou preparado para ouvir uma piada por causa de uma coisa que aceitei fazer. Vou dar uma facada no cara, e o dinheiro que eu ganhei não vai dar nem para pagar o advogado para me defender. Eu sou cozinheiro. Depois da gravação, eu ia voltar para o meu restaurante, eu não sou o Sílvio Santos.

Como é a sua relação com essa molecada que trabalha com você?
Eles participam de tudo. Eu tento passar para eles tudo o que sei. Se eu nasci com algum talento, eu tenho a obrigação de multiplicar isso, é assim

que eu vejo. Não vou morrer com isso, e não tenho medo de ensinar, eu quero propagar o meu conhecimento. Se a gente tem um país melhor, tem de fazer isso. Inclusive na gastronomia. É por isso que eu tento democratizar a alta gastronomia. Quero que a comida do boteco, amanhã, seja igual à que eu faço aqui hoje.

E os jovens de hoje não são difíceis por serem bem-nascidos?
Esses, não entram aqui. Eu não gasto vela com defunto ruim. Eu dou oportunidade a quem precisa. E mais, eu trabalho mais com mulheres. Machismo, comigo, também não tem vez.

E como você consegue, além de cuidar da cozinha, administrar 80 pessoas?
Um chef, hoje, tem de ter várias qualidades, além de saber cozinhar. Entender o cliente, saber de onde vem a sua mercadoria, se relacionar com os funcionários. Faz parte do mundo de hoje.

Mas é difícil, no Brasil atual. Quando eu entrevistei o Rodrigo, no Mocotó, vi o pessoal dele tendo aula. Achei que era de inglês, mas era um supletivo.
Infelizmente, nós temos que contribuir para superar essas carências.

Você desenvolve fornecedores, também, como aquela primeira geração que a gente mencionou?
O chef está na ponta da cadeia, entre o produtor e o consumidor. Eu participo muito, estou sempre muito envolvido com os meus fornecedores. Vejo o que o porco come, como é criado. Estudo as raças brasileiras, faço um trabalho de formiguinha, mas que vale a pena, a gente tem de mudar o nosso entorno – sempre acreditei nisso. Quando eu vim para cá, essa esquina era frequentada por *craqueiros,* o espaço estava sujo, abandonado. Não só a esquina mudou, mas toda a rua. Com os fornecedores, é a mesma coisa.

Tem alguma descoberta recente?
Recente, não, mas tem o Zé Luis, de São Sebastião da Grama, vizinho de Rio Pardo, que mexe com porco. Um dia, quando eu quis entrar no chiqueiro dele, ele perguntou se eu estava com os pés limpos. Ciumento,

trabalha com porcos semiconfinados, ele é que começou a mudar minha cabeça em relação à cadeia de alimentos.

Você é palmeirense?
Corintiano. Mas quem trabalha no comércio, não pode misturar trabalho com mulher, religião e futebol. Fiz um jantar para os amigos, logo no começo, aqui, e pendurei uma camisa do Corinthians ali na porta, para ninguém ter ideias erradas sobre a Casa do Porco.

E qual a sua relação com os prêmios que você já ganhou?
Não é o que me move. O que mexe comigo é acordar cedo e trabalhar muito. O prêmio tem de ser consequência. Senão, no ano que você não ganhar prêmio, vai se matar. Hoje, às seis horas da manhã, eu já estava no banho. Às sete, vim tomar café com os meus funcionários. Tem dia que eu entro às sete e saio à uma da manhã, é paixão.

A família não reclama?
Isso aqui é uma extensão. Como a gente mora na porta, quando eles têm saudade, vêm para cá. Eles vivem por aqui. Mas não é fácil administrar um restaurante. Só que eu não sei fazer outra coisa. E não fico sentado esperando mudar. Vejo que cada dia vai ficando mais apertada a nossa margem. Porque tudo estoura na gente. Mas, pelo menos, pago meus impostos e meus funcionários em dia. Se não estiver feliz, tenho que fazer outra coisa.

O Peru, em pouco tempo, virou um país gastronômico. O que falta aqui?
União e um interlocutor, que saiba recolher as demandas, os problemas, e tentar resolver. O nosso mercado é como o da moda. Por trás dos holofotes, o pau canta. Mas, um dia, vai acontecer.

Helena Rizzo

Ela abandonou as passarelas para dedicar-se à gastronomia em 1997. Primeiros passos: o extinto Roanne, de Claude Troisgros e Emmanuel Bassoleil. Depois de trabalhar em restaurantes renomados ao redor do mun-

do e ganhar notoriedade com o Maní, em São Paulo (fundado em 2008, com o então marido e também chef, Daniel Redondo, as amigas Fernanda Lima e Giovana Baggio e o ex-piloto Pedro Paulo Diniz), Helena alcançou, em 2014, a 36ª posição na disputada lista *The World's 50 Best Restaurants*, organizada pela revista *Restaurant*, que também a nomeou *The World's Best Female Chef*.

Nesta entrevista, feita pouco antes de Helena ser convidada a compor a bancada do programa *The Taste Brasil*, do GNT, em março de 2017, ela falou sobre tudo isso e, também, sobre as perspectivas da atividade no país.

Você aprendeu direto da fonte desses últimos 40 anos de gastronomia brasileira, ou seja, com os três chefs franceses que começaram a valorizar os nossos ingredientes com técnicas internacionais, enquanto três brasileiros seguiam de perto essa tendência. Entre os chefs que representam a segunda geração desse movimento, foi você que levou essa bandeira mais longe?
Não, não. Tem outros... Roberta Sudbrack, Manu Buffara, Jefferson Rueda, Thiago Castanho, Rodrigo Oliveira.

O Rodrigo é um pouco mais novo, porque ele estagiou com o Jeffinho. Você bebeu direto da fonte.
Sim, mas quem elevou essa escola à expressão máxima, com a mensagem do *terroir*, na minha opinião, foi o Alex Atala, porque o Claude, o Laurent Suaudeau e o Emmanuel Bassoleil começaram a valorizar os ingredientes locais, mas a cozinha deles ainda era muito francesa. Quando eu comecei a cozinhar em São Paulo, tinha menos de 18 anos, mas participei desse movimento. Depois, trabalhei com o Luciano Boseggia, que trouxe a influência da cozinha

internacional italiana para o nosso caldeirão. No fim dos anos 1990, quando eu fui para a Europa, ainda não conhecia o Edinho, mas o Alex já fazia menus degustação considerando não apenas os ingredientes, mas o comer brasileiro. Aquele purê de cará, com gema de ovo, essa pegada bem brasileira.

O Edinho também começou a fazer isso, no Manacá, e a Mara, no Tordesilhas.
É verdade.

Curiosidade de fã: você já conhecia a Fernanda Lima desde Porto Alegre?
Isso. Quando a gente veio para São Paulo, resolvemos morar juntas aqui. E a gente comia muito em restaurantes, porque as agências tinham permuta com eles. E sempre falava em, um dia, montar o nosso restaurante. Nós duas gostávamos muito de comida, tanto que continuamos sócias aqui até hoje. No fim dos anos 1990, eu fui para a Espanha, pesquisar e trabalhar, e fiquei por quatro anos. Um dia, ela foi me visitar, e fez o convite: "Que tal voltar para o Brasil e abrir um restaurante?". Ela já tinha conversado com o Pedro Paulo Diniz, que também continua nosso sócio, e ele topou o projeto. O restaurante foi aberto em 2008.

E quem deu um presente para quem, nesse caso?
(risos) Eu acho que foi ela, que acreditou em mim e em toda a minha turma.

Mas o sucesso do seu trabalho a recompensou largamente...
Foi uma troca.

Atualmente, vocês têm quantos funcionários nas cinco casas? O Maní e o Manioca do Shopping Iguatemi, a casa de preparos, o Maní Eventos e a Padoca.
Temos mais de 200 funcionários.

No restaurante são dois turnos?
Sim, mas tanto os preparos como as finalizações têm de ser feitos nos dois turnos. O peixe vem direto para cá, de manhã, onde é limpo e preparado, mas a maioria dos outros ingredientes é refeita no turno da noite. Na nossa cozinha de produção, em Pinheiros, são feitas todas as carnes que precisam de longo tempo de cocção, os molhos e as bases.

Quantos couverts vocês estão servindo, em média, no Maní?
Uns 120 por dia.

E no Shopping Iguatemi?
Seiscentos (risos). Começou em 2014. Tem a livraria ao lado, que ajuda.

E como você consegue administrar tudo isso, mais uma filha e tudo o mais que a gente precisa fazer em uma cidade como esta?
A administração é feita pela Giovanna (Baggio), que também cuida de Pessoas. Eu fico na cozinha e em todo o resto.

Onde você aprendeu mais na sua formação fora do Brasil? Na Itália ou na Espanha?
Na Espanha, sem dúvida. Onde mais trabalhei foi no Celler, de Can Roca, na Cataluña, eleito algumas vezes, inclusive em 2015, o melhor restaurante do mundo, pela revista *Restaurant*. Dos três irmãos, Joan, Josep e Jordi Roca.

Você pegou aquela onda da cozinha molecular dos catalães, cujo nome de maior expressão foi o de Ferran Adriá, do El Bulli.
Sim, mas esse movimento, na minha época, estava apenas começando. O vanguardismo dele foi valorizar os ingredientes da região, coisas da terra deles, uns bichos do mar, alguns esquisitos, que pouca gente conhecia, e elevar essas coisas a um status gastronômico. Até então, a cozinha espanhola também era muito francesa. Quando eu estava na Espanha, já planejando abrir o meu restaurante, eu já pensava nas coisas que faria com o que nós temos aqui.

Pode ter sido o seu melhor aprendizado?
Sem dúvida.

Prêmios são importantes?
São uma coroação, não se pode desprezar.

E o reconhecimento, como o desta senhora que veio aqui interromper a entrevista?
É o melhor.

Que ingredientes você mais tem trabalhado recentemente?
Eu trabalho muito com jabuticaba, caju, com alguns tipos de farinhas especiais, peixes que nos chegam de um fornecedor maravilhoso, que faz um trabalho bacana com pescado aqui da região sul do país e entrega o produto superfresco. Temos fornecedores aqui do Vale do Paraíba, de taioba, feijões, milho.

Pouca gente presta atenção a esse trabalho de desenvolver fornecedores que a gastronomia brasileira tem feito. Quem são aqueles que você descobriu ou dos quais se aproximou?
Tem o Patrick Assumpção, da Fazenda Coruputuba, em Pindamonhangaba, que começou me fornecendo mandioca e montou uma produção agroflorestal que combina o manejo de várias culturas, como milho, feijão e mandioca com palmeira real e banana – usando plantas como o ingá e os próprios pés de milho, feijão e cambucá como sombra e adubação verde. Ele entrega vários ingredientes para nós e ainda promove eventos com outros fornecedores da região.

É uma tendência os novos chefs desenvolverem seus fornecedores de ingredientes naturais?
Acabei estabelecendo uma relação com o seu Pedro Borges Coni, da Aporba (Associação dos Produtores Orgânicos do Recôncavo Baiano), por exemplo, que me manda fécula de araruta, uma raridade no Brasil, embora seja parte da nossa cultura como ingrediente de mingaus, bolos e biscoitos. É muito mais leve que as farinhas de trigo e milho, além de possuir reconhecidas propriedades medicinais. E, também, com a Antonia Paidvaskas, do Empório Poitara, que nos traz ingredientes amazônicos e começou a plantar algumas coisas em um sítio aqui, mais perto de São Paulo. Tem, ainda, o seu José Ferreira, agricultor florestal, que nos traz vários ingredientes da Serra da Bocaina.

Quais são as principais dificuldades desse pessoal? A infraestrutura, as exigências sanitárias ou a sustentabilidade econômica?
A burocracia. É terrível, desde o Brasil Colônia. Não há leis específicas, são leis gerais, que colocam todo mundo na mesma categoria. Isso é com-

plicado, mas também guarda relação com os nossos hábitos. A gente está acostumado à abundância, a ter tudo. Então, quando não chega um produto, a gente sente falta. É preciso saber se adaptar.

O seu cardápio muda eventualmente?
Não, mas eu não trabalho com um peixe fixo, por exemplo. Isso já mudou. As pessoas estão começando a se desencanar do robalo, do badejo...

É a coleta do dia.
Sim. A pescada amarela, por exemplo, ainda está no limiar desse primeiro grupo e o novo, mas, graças ao trabalho desse tipo de fornecedor, como o Cauê (Tessuto), isso está mudando, porque o melhor peixe é o mais fresco. A gente já escancarou essa porta: tem a prejereba, o carapau, o caranha. Além, é claro, do buri, da tainha e da raia.

Você acha que esses fornecedores de produtos artesanais conseguirão superar os entraves da burocracia?
O pequeno, se quiser ser grande, vai ter que mudar toda a concepção de sua atividade. Mas existe espaço para ambos os mundos: o *gourmet*, com os produtos artesanais, orgânicos, mais naturais, com mais qualidade; e o outro, mais popular, com ingredientes industrializados, aos quais a maioria da população tem acesso.

Você acha que, um dia, essas pessoas vão poder trocar o refrigerante e o salgadinho por um bom suco e comida de verdade?
É um sonho, mas a gente tem de ter uma utopia. O Pedro Paulo, meu sócio, tem esse sonho, de fazer orgânico em larga escala, mas o custo, na minha opinião, sempre será maior.

Com todo esse fenômeno da moda da comida, dos food trucks, *dos mercados* gourmet, *da gastronomia em domicílio, a restauração tradicional vai continuar tendo o seu espaço, no seu modo de ver?*
Penso que sim. Mas o que eu vejo muito, no Brasil, que sempre teve uma grande diferença social e, por consequência, uma gastronomia alta e outra baixa, acho que essa distância está diminuindo. Vêm surgindo restau-

rantes com uma cozinha muito boa, muitos deles focados na culinária brasileira, nos quais você paga um preço justo e come uma boa comida. O André Mifano, no Lilu, o Jeffinho, no Porco, o Marcelo Correa, no Jiquitaia. O próprio Mocotó. Em todos eles, você come comida de qualidade, por um custo legal.

Quando você descansa?
Com a filhota, agora, só em uma parte da tarde, um pouco. E nos fins de semana tenho um refúgio na praia.

E o que você acha daqueles restaurantes que o Manacá acabou estimulando por lá?
Eu gosto muito, acho que os restaurantes bons no Brasil, de fato, estão se espalhando. Existem boas casas em diferentes regiões do país. E penso que tem espaço, também, para outras fórmulas, como a dos *food trucks*. Eu gosto dessas variações. No geral, as pessoas estão mais interessadas em comida, e a comprovação disso é a dedicação da mídia a esse tema. Isso é positivo. Nós não aceitamos mais, de olhos fechados, só o que nos oferecem, na mesa, no supermercado ou na feira.

Está na hora de vocês, chefs e restauradores, terem um articulador para unir o setor e negociar com o governo, a fim de fortalecer a gastronomia brasileira?
O diálogo é sempre bem-vindo mas, nesta fase, tem acontecido menos. Em São Paulo, recentemente, teve um movimento de rua, de comida, muito forte, mas acabou se perdendo.

Nós vivemos uma transição política neste momento, é verdade, mas eu pergunto tendo em vista o médio prazo.
O Brasil continua sendo o país do gado e da soja, por enquanto. O ideal seria uma gastronomia menos elitizada. Há um buraco aí no meio que nós teríamos de preencher. A agricultura orgânica, para nós, chefs, faz mais sentido. Até porque os produtos químicos prejudicam a terra, a qualidade futura dos nossos alimentos. Teríamos que recuperar o que foi perdido.

E quanto a um interlocutor junto ao governo, congresso etc.?
Temos a necessidade de alguns, um de cada região, pelo menos.

A sua formação sempre foi muito ligada à estética – curso de arquitetura, modelo, gastronomia. Beleza é fundamental?
Não, a beleza é consequência de uma harmonia, de um equilíbrio.

Você tem alguma outra crença?
A minha religião junta um pouquinho de cada coisa.

Gastronomia é arte?
É artesanato.

Você tem algum projeto novo?
A gente está se dedicando, agora, ao projeto Lab Maní, um programa de estagiários e *trainees* para as pessoas que vêm trabalhar conosco. Elas começam frequentando cursos e aulas que estamos promovendo. Mas o projeto mais ambicioso, para o futuro, é de um restaurante escola. Já temos aulas de fermentação, de peixes, de cozinha caipira (Carlos Alberto Dória) e de plantas nutritivas e terapêuticas (Neide Rigo). Em breve, teremos um curso de história da arte.

Faz parte da sua utopia? Contribuir para melhorar o país?
Sim, a educação no Brasil está em mau estado. Tem de ser revista. Nós temos essa ambição. No Maní, começamos os estágios de forma pouco organizada, mas, depois, vimos que 80% da nossa equipe vinha desses estágios. Então, nós temos que contribuir também, até porque o nosso trabalho de pesquisa e investigação não pode parar.

Ivan Ralston

A logomarca do restaurante Tuju, de Ivan Ralston, que aparece no site da casa, reflete a juventude do chef de 30 anos – eleito o melhor do ano de 2014 pela *Folha de S.Paulo* –, e a proposta contemporânea da casa aberta no mesmo ano na Vila Madalena, em São Paulo, e uma das três primeiras no Brasil a receber uma das famosas estrelas do Guia Michelin, em 2015, junto com os restaurantes de Roberta Sudbrack, no Rio, e de Alex Atala, também em São Paulo (as três mantiveram suas indicações em 2016).

"Vemos o Tuju como um espaço coletivo para pesquisar, criar, experimentar", informa o site. "A técnica só existe para ressaltar o ingrediente", acrescenta. "Fomos atrás de parceiros motivados a nos entregar algo especial. E buscamos, em nosso primeiro cardápio, apresentar, de um jeito diferente, pratos do nosso dia a dia". Exemplos: *Cronut de rabada, tutano e beldroega*; *Cuscus de farinha Uarini com pescado azul, iogurte e trevo*; *Ostra com cajuína e vinagrete de papaia verde* e *Vieiras com feijão guandu verde e alga codium*.

Antes de voltar à cozinha onde cresceu vendo seus pais administrarem o(s) restaurante(s) Ráscal, Ivan Ralston dedilhava as cordas do seu contrabaixo na Berklee College – a mais famosa faculdade independente de música do mundo, em Boston, nos Estados Unidos. Mesmo tendo se formado precocemente, aos 19 anos, a música não resistiu à paixão pela gastronomia. Ivan decidiu testar as suas habilidades na Escuela de Hostelería Hofmann, em Barcelona, e se deu bem. Fez estágio no espanhol Mugaritz, atualmente o 6º melhor restaurante do mundo, de acordo com o ranking *50 Best* e, depois de uma passagem pelo Japão, resolveu abrir o Tuju, focado na busca por ingredientes regionais frescos. E menos óbvios.

A seguir, veja a entrevista realizada em novembro de 2016.

Você passou meses pesquisando fornecedores de hortaliças cultivadas com as chamadas boas práticas agrícolas, além de peixes frescos e ingredientes brasileiros. No fim, decidiu plantar uma horta própria no restaurante. Não tinha outro jeito?
Nós buscamos o equilíbrio entre produto, técnica e cultura. Procuramos usar os melhores ingredientes – não os mais caros –, aplicar técnicas que

elevem esse produto à sua melhor *performance* e, por fim, inserir tudo isso em um contexto cultural que fizesse sentido, do ambiente ao tipo de cerâmica na qual um prato estivesse sendo servido.

O Tuju é uma casa de cozinha fusion *ou de cozinha contemporânea?*
Fazemos pratos que poderiam ser rotulados como uma ou outra dessas tendências, mas somos, essencialmente, um restaurante paulistano. São Paulo é uma cidade com muitas influências, cosmopolita e única. Usamos uma fronteira imaginária, formada por todas as nossas influências, que convergem para essa cultura paulistana. Buscamos encontros improváveis, que só seriam possíveis aqui, como o canelone de pato no tucupi. Essa é a nossa visão.

E qual seria a sua missão dentro desse código empresarial que você usou?
Toda cultura é propagação do conhecimento, das crenças, das artes, das leis e dos costumes de grupos humanos. O conhecimento gastronômico, passado de geração em geração, também faz parte desse conjunto. Acredito que o Brasil ganharia muito com o reconhecimento de sua comida como cultura. Isso serviria para impulsionar a indústria do turismo, o que seria muito positivo para o país.

Nesse trabalho ou filosofia de pesquisar ingredientes de qualidade mais próximos, alguns produzidos em sua própria horta, você se inspirou, de alguma forma, nos chefs franceses que trouxeram a Nouvelle Cuisine *para o Brasil nos anos 1980?*
O Claude, o Laurent, o Emmanuel, assim como o Edinho, a Mara e o Alex, abriram muitas portas para os jovens cozinheiros. Eles continuam nos inspirando, assim como as nossas tradições culinárias. O receituário deles, do Edinho, mais caiçara, do Alex, mais amazônico, sedimentou um terreno no qual nós, hoje, podemos caminhar. Você pega uma receita tradicional, um bobó de camarão, por exemplo. Pouca gente sabia o que era isso nos anos 1970, assim como a manjuba na brasa. O caminho, hoje, ficou mais fácil.

Parece que quando você conheceu o Edinho, no Manacá, era garoto.
Alguns sabores daquela época ainda estão na minha memória, eu talvez não me lembre mais dos pratos, mas o peixe na folha de bananeira, os *pestos* – o Edinho gostava muito de inventar alguns – e as caipirinhas, que

eu só viria a experimentar mais tarde, isso tudo ficou gravado. E, claro, o atendimento, que estava muito à frente do seu tempo. Era um restaurante muito fino, tipo Michelin, só que dentro da mata. Aquele ambiente me seduzia muito. Eu me lembro que a minha família, que tem casa em Camburi desde quando eu tinha 3 anos de idade, frequentava o Manacá pelo menos uma vez, a cada fim de semana de praia.

Então você cresceu frequentando o Manacá?
Sim. E foi ao Manacá que eu levei a minha primeira namorada. Hoje, eu frequento menos os restaurantes do Edinho, porque fiquei pobre. Você sabe, quando abre um restaurante no Brasil, a sua conta bancária vai para o vermelho. Encargos, impostos, infraestrutura, dificuldade de acesso aos produtos, tudo é muito difícil. Tem de ser apaixonado pela profissão (risos).

Como foi que os seus pais, Liane Ralston e Roberto Bielawski, do Ráscal e do Viena, encararam a sua nova carreira?
Como um bom pai judeu, ele, muito cedo, percebeu a minha dúvida sobre que direção seguir e me jogou na cozinha do restaurante dele. Naturalmente, eu fui aprendendo tudo. Quando dei meu grito de independência, pude trabalhar com Helena Rizzo, no Maní, onde fiquei por dois anos. A Escuela Hoffman, em Barcelona, foi um passo adiante, assim como o trabalho no Mugaritz, onde aprendi muito, e no Ryugin, em Tóquio, especializado em kaisekis, degustações clássicas, servidas de forma moderna.

Como você tem encarado os obstáculos regulatórios ao uso de ingredientes naturais, artesanais ou regionais?
Nós temos muitas questões pendentes, sobretudo no que se refere à regulação de alguns deles. Coisas que a gente precisa comprar vivas, como as vieiras, alguns tipos de mel e de queijos, que tecnicamente, são consideradas ilegais. A gente tem de avançar muito nessa área.

O Alex Atala, o Edinho, a Mara Salles e a Roberta Sudbrack vêm tentando apoiar os produtores. Temos algum progresso, na sua opinião?
Tem um cara, o Gonzalo Barquero, da Cerrado Carnes, que tem conseguido algumas mudanças junto ao Ministério da Agricultura e Pecuária. En-

tre os restauradores, talvez o Alex tenha algum acesso, mas o Edinho também poderia desempenhar esse papel de representar o nosso mercado nessas instâncias. Ele é muito bom de relacionamento humano, de capacidade de articulação. Fica aí a ideia.

André Mifano

André Mifano começou a trabalhar em restaurantes aos 18 anos como ajudante de cozinha, no Cuccina Daltore, do chef Hamilton Mellão, em São Paulo. Diz que, na época, sua outra opção era atuar como operário na construção civil. Cinco anos depois desse começo, ingressou no instituto Le Cordon Bleu de Londres, na Inglaterra. Passou uma temporada em San Francisco, nos Estados Unidos, e na volta ao Brasil, reforçou o seu vínculo com a culinária italiana, ao assumir a cozinha do Buttina, também em São Paulo. Em 2008, consagrou-se como chef revelação à frente do restaurante Vito, outra joia da gastronomia paulistana, com uma filosofia de cozinha simples, focada nos ingredientes artesanais – 90% deles de manufatura própria, incluindo pães, massas, queijos e embutidos. Depois, virou estrela do programa *The Taste Brasil*, do GNT.

No fim de 2016, André Mifano estreou uma nova casa, também no bairro de Pinheiros, o Lilu, com a proposta de resgatar a simplicidade e a alegria de compartilhar a mesa com pratos que deixam de se dividir em entradas e menu principal, apresentados em um cardápio que apenas indica os seus ingredientes. Aliás, o chef habituou-se a aproveitar o máximo de cada ingrediente, o que, no seu antigo restaurante, alcançou 19 tipos de embutidos produzidos em sua própria cozinha.

André não gosta de toalhas elegantes e cristais. Os móveis de seus restaurantes são feitos de madeira reciclada, assim como as cadeiras, balcão e sofás. A cerâmica do serviço (pratos e travessas) foi produzida manualmente pelo casal de artesãos Gabi Neves e Alex Hell, do Studio Neves, que acabaram se tornando amigos do proprietário.

A seguir, veja a entrevista realizada com André Mifano em maio de 2015.

André, qual é a história entre você e o Edinho Engel?
Essa história aconteceu porque a minha mãe, de fato, desde quando eu comecei a cozinhar, sempre que eu fazia peixe, me dizia que o do Manacá era melhor. Uma ocasião, eu tinha começado a trabalhar no restaurante do Mellão aqui em São Paulo, onde fazia o menu degustação. Isso tem uns 20 anos. Um dia, por acaso, o Edinho apareceu por lá. Um dos pratos do menu era peixe. Estamos falando da década de 1990, então, o peixe era um linguado, o que havia. Pouca gente conhecia peixe, tanto os chefs como os clientes. O meu prato era feito com molho de *wassabi* (raiz forte), com base em creme. Depois de comê-lo, o Edinho entrou na cozinha perguntando: "Quem fez este peixe?" Ele não me conhecia, mas eu sabia quem era ele. Então me adiantei, e disse que tinha sido eu. E ele disse: "Está muito bom, extremamente delicado, gostei muito", e foi embora. Então eu peguei no telefone, na mesma hora, e liguei para a minha mãe: "Fique sabendo que o Edinho Engel acaba de sair daqui e adorou o meu peixe".

A sua relação com os peixes terminou aí? Você é conhecido como o profeta da carne de porco.
Eu cresci comendo muito porco. Mas esse não era um prato comum nos restaurantes há dez anos. Quando abri o Vito, pensei em uma comida que fosse, ao mesmo tempo, emblemática para mim e difícil para o público. Seria uma diferenciação. No início, a minha barriga de porco era difícil de vender. Foi um trabalho de formiguinha. Aos poucos, as pessoas foram reconhecendo o restaurante e me associando a essa missão de porta-voz da carne de porco, o que acho ótimo. Pouca gente sabe, mas eu também adoro trabalhar com peixe. Não tenho um prato fixo usando peixe, o que significa que todo dia, faço um peixe diferente.

Você conheceu o Edinho no Manacá?
Eu não me lembro que idade tinha quando a minha família começou a frequentar o Manacá, até porque nós não íamos lá muitas vezes. A casa dos meus pais ficava no Guarujá, que fica a uns 6 quilômetros de Camburi. Mas as idas ao Manacá eram sempre um momento especial. Isso acontecia algumas vezes por ano. A minha memória não é, propriamente, de sentar e comer, mas de chegar, entrar no mato – o que, para uma criança, era uma aventura – e encontrar aquele ambiente requintado lá dentro. Que eu saiba, o Manacá foi o primeiro restaurante conservacionista do Brasil, muito à frente de sua época.

Continua assim...
Sim, é um restaurante inserido no ecossistema, sem agredir ou transformar o seu entorno. O Edinho nunca tirou uma árvore para construir o restaurante e isso me chamou muito a atenção. Eu também me lembro disso e do cheiro de camarão, ocupando a casa, quando eu chegava.

Isso, de alguma forma, influenciou os seus projetos?
Sem dúvida. E essa experiência de consumo, esse conjunto de atributos me trouxe a ideia de promover um evento, em conjunto com o Edinho, no Manacá, celebrando essa herança. Ainda não aconteceu, mas está em nossos planos. É interessante como o mundo é cíclico. O Manacá está inserido em um bioma que não chama tanto a atenção das pessoas, e eu acho importantíssimo que a gente cuide, cada um, um pouco, de um espaço desses.

A Mata Atlântica...
Tem muita gente prestando atenção na Amazônia, onde o desmatamento tem avançado – acho importante, claro, acabamos de ver reportagens sobre a extração ilegal de madeira nobre nas reservas indígenas de Belo Monte. Tem gente cuidando do cerrado, dos pampas gaúchos, mas ninguém olha para a Mata Atlântica, que está acabando. Outra coisa que ninguém sabe é que muitos chefs de São Paulo usam produtos que eles mal sabem de onde vêm. A manjuba, o carapau, a banana, a taioba, a mandioca, a pupunha, são produtos daquela região que a gente usa muito aqui em cima, sem conhecer sua origem.

E o Manacá sempre valorizou esses ingredientes...
Exatamente. Um cara que, há 20 anos, já fazia isso – valorizar os produtos do entorno – dentro de um restaurante que já era conservacionista, na Mata Atlântica, sem agredi-la. É por isso que estou tentando promover um evento lá, com chefs da nova geração.
Você se considera parte dessa nova geração de chefs brasileiros?
Estou com quase 40...

Mas o respeito que vocês, mais jovens, mostram pelos que vieram antes, nessa mesma pegada, chama a atenção.
Para mim, é até difícil falar de alguns desses caras – o Claude, o Edinho, o Alex. O Alex é o meu mentor, o meu guia. Eu não estaria aqui, falando com você agora, se não fosse por ele. O Claude é um ícone. O que ele fez para a gastronomia brasileira, assim como o Alex, não tem precedentes. Os dois são meus amigos pessoais. E pessoas incríveis. Todo mundo viu na TV como o Claude funciona, emoção à flor da pele. O Laurent também é especial, como toda essa geração que pavimentou a nossa estrada. Acho terrível qualquer cozinheiro, hoje, olhar para trás e não fazer, no mínimo, uma homenagem a esses caras. Porque se não fossem eles, nós não estaríamos aqui hoje.

Como começou essa onda de fermentados e embutidos que você acabou liderando?
Essas coisas são ancestrais. Mas eu usei um componente de modismo nisso. Nos anos 1980, a gente comia estrogonofe. Nem por isso, estrogonofe tornou-se ruim. Em dado momento, as pessoas pararam de comer esse prato, que passou a ser uma receita doméstica, do dia a dia. Na década de 1990, a moda era aquela cozinha minimalista, herdada da *nouvelle cuisine*. Nos anos 2000, os olhos da gastronomia mundial se voltaram para uma parte específica do mundo, a Dinamarca, a Noruega, e a forma como eles cozinham. Mais recentemente, para o Peru. E tudo isso chega até nós. A alimentação existe desde o primeiro homem, mas somos um animal inquieto, que não consegue comer exatamente a mesma coisa todo dia. Então, a gente precisa reinventar a comida, tomando por base o que já existe desde os primórdios da humanidade. No fundo, estamos remontando, reciclando e reapresentando as mesmas coisas.

Mas de onde exatamente veio o seu fascínio pelos picles e embutidos?
O meu apreço pelas carnes curadas e pelos fermentados, como os picles, veio de outra motivação, que é fazer as coisas gastando o mínimo possível de recursos da natureza. Isso começou quando eu pensei como fazer para aproveitar absolutamente tudo, evitando desperdiçar qualquer recurso. Eu tenho picles de beterraba, por exemplo, que eu uso nas minhas formulações, mas também faço picles do talo dessa beterraba e uso suas folhas, além de produzir, também, o vinagre que utilizo nessa formulação. O Vito conseguiu, de fato, o menor nível de desperdício de todos os restaurantes nos quais eu já trabalhei ao longo da minha vida, cerca de 8% no máximo de todo o seu consumo.

Seus clientes sabiam disso?
Nem sempre. Nós processávamos tudo o que era servido no restaurante, mas os clientes nem sempre percebem. Eu não posso ir, de mesa em mesa, explicando essas coisas, pessoa por pessoa. Seria lindo se eu pudesse dizer a cada cliente, "olha, esse prato no qual você está comendo, foi feito à mão, como todas as louças da casa, que foram tingidas à mão, com material brasileiro e mão de obra brasileira. Esta sua mesa foi construída com madeira de queimada". O restaurante não usa toalha de mesa para não gastar água e detergente na lavagem, e essa decisão não foi tomada depois que as represas de São Paulo começaram a se esgotar.

Não existe outra forma de conscientizar o seu público?
Eventualmente, sim, pela comunicação. Muita coisa transparece, acredito. No fim das contas, eu não sou aquele cara bonzinho, militante da natureza, o tempo todo. Faço isso também para economizar o meu dinheiro. Porque não é nada fácil manter um restaurante. Eu costumo dizer que apenas sobrevivo. Eu tiro menos por mês do que pago ao meu subchef, por exemplo. Não faço dinheiro aqui. Eu vivo de outras coisas, como a televisão, por exemplo. Mas cozinhar é a minha paixão. Eu acho que não é a gente que escolhe a cozinha e, sim, o contrário. Eu comecei lavando louça, porque não tinha outra perspectiva. Não estava estudando e precisava fazer dinheiro para viver. De repente, virei cozinheiro. Alguma coisa tem aí.

Parte 3
Futuro

Quem vem lá

À medida que chefs brasileiros e franco-brasileiros começaram a estimular o público de seus restaurantes a entrar na onda dos ingredientes nativos, naturais, caseiros e tradicionais – contaminando o mercado gastronômico com essa tendência –, pesquisadores, mercadores, produtores e fornecedores começaram a ressurgir nas diferentes regiões do país, como um corpo preguiçoso que se espreguiça em várias direções, tomando consciência de si próprio e buscando novos limites.

Com base nas informações de chefs como Edinho Engel, cujo sócio no Amado, Flávio Gomes, associou-se em 2006 ao costarriquenho Gonzalo Barquero na criação da Cerrado Carnes, especializada em *carnes de caça*, fui em busca de outros exemplos desse movimento. Encontrei agroindústrias recém-criadas, como a Ecobrasil, que comercializa o produto da Associação dos Produtores da Região dos Inconfidentes Aperji, na Estrada Real, perto de Itabirito, Minas Gerais; o frigorífico Saudali, que processa carne de porco de manejo sustentável em Ponte Nova, a 30 quilômetros de Viçosa, também em Minas; produtores de queijos artesanais nas serras das Antas, em Petrópolis, no Rio de Janeiro, Capixaba, em Venda Nova do Imigrante, Espírito Santo, e da Rocinha, em São José dos Ausentes, Rio Grande do Sul, além do laticínio *Queijo com Sotaque*, na Serra do Tabuleiro, em Santa Catarina.

Em Biguaçu, também em Santa Catarina, uma engenheira agrônoma da Universidade Federal (UFRGS) desenvolveu uma produção de cogumelos cujo subproduto abastece um criatório de rãs, a Ranac, no município vizinho de Antônio Carlos. No Amazonas, a comunidade indígena Baniwa criou, com o apoio do chef Alex Atala, um poderoso sistema de beneficiamento de espécies nativas de pimenta.

Na região metropolitana de São Paulo, um microempresário nascido no Japão implantou um sofisticado processo de criação do pirarucu, que fornece o peixe ao restaurante Mocotó, de Rodrigo Oliveira, entre outros na mesma cidade. Em Feira de Santana, o abatedouro Baby Bode – fornecedor do Amado Bahia – baseou a sua atividade em um programa social desenvolvido junto aos criadores, modelo também adotado por dois outros fornecedores do restaurante: a cooperativa Repescar, na ilha de Itaparica, e os manufaturadores de carne de fumeiro de Maragogipe, no Recôncavo Baiano.

Ao lado de cada um dos chefs da nova gastronomia brasileira, aprendizes dos alquimistas franceses, encontrei um ajudante, ou *soprador* como se chamavam antigamente, esses *ajudantes de bruxos*. São personagens como Roney de Almeida, da Mercearia Paraopeba, em Itabirito, Minas Gerais, descoberto pela chef Roberta Sudbrack e descobridor ele próprio de personagens como dona Isabel, da geleia de mocotó; dona Cidinha, das rosquinhas; dona Laurinha, dos doces de goiaba, leite, figo, cidra e laranja; de seu Antonio Maria, o hortelão de Itabirito; de Ivã Guimarães, da Grota da Mina – produtor de banana, jabuticaba, uva e cabaças decorativas – e de seu Félix, do alho de Amarantina, que não gosta de visitas; além da dona Virgínia, do fubá de moinho de pedra.

Muitos dos fregueses de Roninho são também seus antigos fornecedores de aves, ovos, doces e cereais. Geraldo Rodrigues Cândido, por exemplo, parceiro da mercearia há 17 anos, tem uma cozinha especial para matar, limpar, lavar e preparar as aves vendidas pela Paraopeba.

Conheça, a seguir, alguns desses fornecedores de alimentos saudáveis que, mais dia, menos dia, vão chegar à nossa mesa. Você também vai encontrar histórias de pessoas que, além de lutar todos os dias para tirar o próprio sustento de uma atividade útil para outras pessoas e para a natureza, vêm contribuindo para fortalecer a nova gastronomia brasileira, enriquecer a nossa cultura e nos dar prazer.

A gente está tentando
se aproximar mais deles
os produtores artesanais],
primeiro, por causa dos
preços, depois,
pelas descobertas.
(Mara Salles)

Uruçu, Mandaçaia e Jataí

Na degustação com queijos de André Mifano, no restaurante Vito em 2015, nas criações de Ivan Ralston (Tuju), Helena Rizzo (Mani-Manioca), Bel Coelho (Clandestino-Biomas), Alex Atala (D.O.M.) e Edinho Engel (Manacá), o mel de abelhas nativas – Uruçu, Jataí, Mandaçaia e Jandaíra – tornou-se ingrediente obrigatório. Além de formulações sofisticadas com méis em diferentes estágios de fermentação, o produto virou complemento de molhos para carnes e vinagretes de saladas, ultrapassando os limites de seu consumo tradicional na confeitaria.

Um dos agentes dessa mudança é Jerônimo Villas-Bôas, que, depois de participar de algumas edições do evento Nordeste Gourmet a convite de Edinho Engel, tornou-se amigo de outros chefs de cozinha e de produtores artesanais de mel de abelhas sem ferrão, em aldeias indígenas e projetos sociais nos quais atua como consultor. Um exemplo é o Instituto Sociedade, População e Natureza (ISPN), patrocinado pelo Programa das Nações Unidas para o Desenvolvimento (PNUD). Sob a chancela do ISPN, Jerônimo produziu e lançou em 2012 o seu *Manual Tecnológico Mel de Abelhas Sem Ferrão* – leitura obrigatória para os interessados no tema.

Jerônimo começou a estudar meliponicultura em 2002, durante o segundo ano da Faculdade de Ecologia da Universidade Estadual de São Paulo (UNESP) de Rio Claro (o primeiro da modalidade criado no Brasil). A vocação teve influência direta dos pais – ambos antropólogos – que proporcionaram ao ecólogo uma infância em contato com a natureza e com indígenas, em postos da Funai e parques como o do Xingu. Ao estagiar no Projeto Iraquara, em Boa Vista de Ramos, no Amazonas, em 2013, Jerônimo tornou-se discípulo do técnico Fernando Oliveira, criador de um método de extração de mel de abelhas nativas que incluiu uma nova caixa-camadas para facilitar o manejo e a divisão das colônias produtivas.

Na pesquisa para obter o seu mestrado, Villas-Bôas virou produtor em João Pessoa (Melipolinário Massapê), onde viveu por sete anos. Além do grau de mestre, a experiência lhe rendeu um relatório sobre a abelha Uruçu, apresentado no 12º Congresso Brasileiro de Apicultura realizado em Cuiabá, em 2010, mas com poucos resultados materiais: "Eu não tenho a capacidade de vender", admite. "Dei muito mel de presente, muita gente deixou de me pagar, o que me interessava mesmo era a técnica e o conhecimento que pude repartir com os pequenos produtores da região".

Atualmente, o consultor desenvolve um programa do ISPN com uma comunidade de Linhares, no Espírito Santo. "Já pensei em me tornar um agente dos produtores junto aos grandes restaurantes e pontos de comercialização capazes de *driblar* a regulamentação inadequada do produto junto ao Ministério da Agricultura", afirma, "mas decidi continuar lutando por uma regulamentação adequada e pela melhoria da produção artesanal".

A regulamentação dos méis definida pelo Sistema de Inspeção Federal (SIF) do Ministério da Agricultura, Pecuária e Abastecimento está adequada à produção e comercialização do mel da espécie *Apis mellifera* – muito exótica –, popularmente conhecida como abelha-europeia ou africana. De acordo com a norma do SIF, o mel dessa abelha tem de ter um grau de umidade de no máximo 20%, enquanto os méis de abelhas nativas costumam apresentar de 25% a 35% de água, estando, portanto, mais vulneráveis à fermentação.

"Um dos desafios dos produtores de mel de abelhas nativas é a estabilidade do produto", informa Jerônimo Villas-Bôas, "embora nem sempre a fermentação seja um problema. Para retardar o processo, os apicultores precisam cercar-se das melhores práticas de coleta e manipulação", ensina, "o que inclui equipamentos de fácil higienização como o aço inox, vidro e materiais atóxicos, água limpa, higiene pessoal e acessórios por parte de quem se encarrega da coleta, beneficiamento e envase".

Segundo Jerônimo, alguns chefs, como Rodrigo Oliveira, do Mocotó, já fazem experiências com o mel maturado, que tem um grau de acidez mais elevado, como era consumido pelos maias, na América Central, há dois mil anos. "No Brasil", revela o especialista, "a técnica foi aprimorada pelo Projeto Abelhas Nativas, do Maranhão, que permite a fermentação do mel por um período de três a seis meses, findo o qual, a espuma produzida pelas leveduras forma um anel que adere ao vidro do recipiente, estabilizando o produto – que não vai estragar na prateleira do consumidor".

Considerado um produto medicinal pelas comunidades indígenas, o mel também é objeto de alguns mitos, como o da sua suscetibilidade a microrganismos capazes de transmitir doenças como o botulismo[15]. "O presente da minha filha mais velha, ao completar um ano de idade, foi uma boa colherada de mel de abelhas nativas", revela Jerônimo, em cuja opinião, no primeiro ano de vida, as defesas do organismo humano podem não estar preparadas para combater eventuais invasores. "Depois disso", observa, "o risco é mínimo, mesmo se tratando de mel *in natura*. Independentemente disso", acrescenta, "a procedência é importante no consumo de qualquer alimento natural".

O mel também pode ser considerado uma das principais fontes de energia para o organismo humano (80% a 90% de carboidratos), além de possuir um alto índice de flavonoides (quercetina, luteolina, kaempferol, apigenina, crisina e galangina) e ácidos fenólicos, conhecidos por suas propriedades antioxidantes. O conteúdo nutricional varia segundo a fonte do néctar e a espécie da abelha, mas sempre inclui vitaminas A, B1 e do Complexo B (Riboflavina, B6 e Niacina), além de sais minerais.

O aroma e o sabor também variam segundo a espécie de abelha e as floradas das quais elas retiram o seu néctar, lembra Jerônimo, que tornou-se uma espécie de "só-mel-lier", como ele costuma brincar. "É possível identificar as inúmeras variedades do produto por suas notas de aroma e paladar", garante, "dentro de algumas famílias de sabores, como os florais, os frutados, os vegetais, os de especiarias, os minerais e os animais".

"Uma roda sensorial", revela o apicultor, "foi produzida pela grande especialista italiana Lucia Piana, e aprimorada pela pesquisadora colombiana Patrícia Merida, que tive o privilégio de conhecer e que encontrou,

---

[15] O botulismo é uma intoxicação alimentar rara, mas potencialmente fatal, causado por uma toxina produzida pela bactéria *Clostridium botulinum*, presente no solo e em alimentos contaminados e mal conservados.

nos diferentes méis, sabores que se aproximaram da classificação tradicional de vinhos, dos mais acidificados, como os da uva Torrontés, aos ricos em açúcares, como o vinho do Porto, passando por sabores mineralizados, como o do saquê. As espécies de abelhas nativas no Brasil são mais de 200, embora as mais comuns não passem de 60. Se você multiplicar esse número pelas espécies florais e acrescentar a isso as variações de clima, posso garantir que eu, hoje com 30 anos, não viverei para experimentar todos os tipos de mel existentes", conclui.

Para Jerônimo Villas-Bôas, que se considera, acima de tudo, um "facilitador" da produção e consumo de mel de abelhas sem ferrão no Brasil, a batalha dos produtores por uma regulamentação específica para produtos artesanais, em nível dos órgãos reguladores, é fundamental neste momento, assim como o papel de chefs como Mara Salles, Alex Atala e Edinho Engel nesse processo, pela importância que eles têm perante a sociedade brasileira.

"O Alex costuma brincar que gostaria que o seu restaurante fosse, um dia, interditado por usar mel de abelhas nativas, porque isso chamaria a atenção das autoridades para um problema que se arrasta nos escaninhos da administração federal há anos", revela Jerônimo. "Mas o fato de esses chefs usarem e promoverem um produto que, muitas vezes, é a principal fonte de renda de produtores da agricultura familiar representa, para mim, um alento", ele afirma.

Segundo o especialista, produção artesanal de mel de abelhas sem ferrão atinge, em média, 200 quilos por ano em cada cadeia produtora. O Instituto Iraquara, na Amazônia, onde ele começou sua carreira como estagiário, trabalhando com 32 famílias meliponicultoras, alcançou uma produção recorde de 500 mil quilos.

Outros obstáculos à consolidação de uma rede de produtores artesanais regulamentados, capazes de promover o consumo e os benefícios do mel de abelhas nativas, é a proliferação das monoculturas no país e a mudança dos hábitos alimentares, embora a história dos alimentos industrializados não tenha mais de 60 anos. "Meus pais eram antropólogos, foram *hippies* e eu cheguei a levar aqueles cereais de milho como lanche para a escola", ele ironiza. "Mas a merenda das minhas filhas é bem diferente".

Na opinião de Jerônimo Villas-Bôas, embora a produção de alimentos, em vista da explosão demográfica esperada para os próximos 30 anos seja altamente relevante, uma grande mudança nos métodos dessa produção vai ocorrer, até pelo atual investimento das grandes empresas de proteção de cultivos na chamada *revolução verde*, que começou há menos de quatro décadas. "Assim espero", afirma, "e também as nossas amigas abelhas, que não podem sobreviver usando apenas as reservas legais de matas nativas, e sim de matrizes ambientais muito maiores e mais ricas".

‹›

Pirarucu

Em 1978, um colégio eleitoral, criado em 1965 para dar feição democrática à ditadura militar, elegeu o último presidente-general do Brasil, João Figueiredo, satirizado pelo comediante Chico Anysio na personagem *Salomé de Passo Fundo*, que, por telefone, *puxava a orelha* do ex-aluno, *João Batista*, toda vez que o governo cometia arbitrariedades. O então sindicalista Luís Inácio Lula da Silva liderou a primeira greve dos metalúrgicos "deste país" na mesma época. O Vaticano elegeu Karol Woytila como papa (João Paulo II) e Louise Brown nasceu em Oldham, na Inglaterra – o primeiro bebê de proveta da história da humanidade. O *blockbuster Saturday Night Fever*, com John Travolta, levou multidões ao cinema, enquanto Gilberto Braga estreava a sua primeira novela de sucesso, *Dancing Days*.

Em uma quarta-feira de maio desse mesmo ano, um garoto japonês de 20 anos, Ryunosuke Ejiri, desembarcou no Aeroporto de Guarulhos, acompanhado por um tio mais velho, Akira, que seria o seu tutor, pelos quatro anos seguintes, no comando de uma indústria de panelas esmaltadas situada, por coincidência, perto daquele aeroporto. A fábrica era a primeira filial do senhor Ejiri-pai fora do Japão, e chegara com a onda da globalização em busca de mercados mais atrativos no Ocidente. De que forma esse investimento transformou-se no criatório do pirarucu mais saboroso do Brasil, na Serra do Cafezal, entre São Paulo e Paraná, é o que vem a seguir.

"O mercado japonês de utensílios domésticos estava saturado e muitas empresas japonesas começaram a migrar para os outros países da Ásia", conta Ryunosuke, "mas o meu pai queria um desafio maior. A minha adaptação ao Brasil foi difícil, por causa da cultura, mas a do meu tio foi pior. Quatro anos depois, ele voltou para o Japão e me deixou aqui, cuidando de uma empresa com 200 funcionários", relembra. O jovem empresário ingressou em uma faculdade de Administração de Empresas para aliviar a sensação de peixe-fora-d'água em sua própria organização.

Os negócios prosperaram. Em 38 anos de Brasil, o "senhor Ejiri" fez amigos, pescou muito – seu principal *hobby* – e viajou pelo mundo a serviço da empresa. Conheceu uma japonesa de terceira geração (sansei), dona Edna, com quem se casou. Criou dois filhos e construiu um patrimônio que, hoje, lhe permite viver confortavelmente. Na virada do milênio, decidiu interromper a produção de panelas em Guarulhos. "A empresa estava líquida, mas, com a moda do inox, o negócio deixou de ter perspectivas", justifica. "Foi difícil convencer o meu pai, mas paguei todos os funcionários e encerrei o negócio, conservando o terreno e o nosso galpão, que depois seria vendido para outra companhia".

Ryunosuke Ejiri tentou outras atividades, como uma fábrica de artefatos de concreto criada com um associado, mas gostava mesmo era de pescaria. Enfrentou o mar e os grandes rios brasileiros, mas foi nos pesqueiros, que floresciam na época, que começou a se interessar pela tilápia (*Pseudocrenilabrinae tilapia*) pela qual se apaixonou, a ponto de colocá-la no centro de seus interesses.

Em 2001, o empresário contratou um "consultor famoso", como ele diz, Fernando Kubitsa, expert em tilápia e pirarucu, que trabalhava para empresas que produzem grandes volumes. "Naquela época", observa, "o Brasil não tinha uma piscicultura desenvolvida, mas o meu foco era o mercado norte-americano, que consome muito *catfish*, um tipo de bagre apreciado no sul dos Estados Unidos, por ser uma proteína relativamente barata. Viajamos, eu e Fernando, para vários lugares. Em New Orleans, visitamos um produtor que não era o maior do país, mas tinha 1,2 mil hectares de área alagada. Lá, essa atividade, com menos de 300 hectares de área alagada, não compensa".

"Como os americanos de baixa renda comem muito *catfish*", continua o criador, "o governo dos Estados Unidos resolveu incentivar a produção que, além de tudo, emprega muita mão de obra". Em New Orleans, algumas fazendas ocupam dois mil hectares de área alagada, no delta do rio Mississippi. Duas universidades e um instituto do governo dão apoio à atividade. Tem fábrica de ração e de filetagem, tudo muito moderno, com apoio do governo. E muito rigoroso. "Se um único peixe morre", ressalta Ejiri, "eles levam imediatamente ao instituto para examinar e não espalhar a doença".

Paraíso da Tilápia

O empresário pensou em reproduzir o modelo no Brasil, usando a tilápia, muito mais saborosa que o *catfish* americano. Começou a procurar um terreno, imaginando um grande criatório, e escolheu o delta do rio São Francisco como o lugar ideal para o projeto.

"O então governador de Alagoas era Teotônio Vilela, uma pessoa fácil de se conversar, e ficou entusiasmado com o nosso projeto", revela o empresário. "A área alagada na região já era grande, por causa das plantações de arroz, embora eles estivessem enfrentando uma praga de ratos do campo na época da colheita. A renda familiar de lá era muito baixa, e o governo alagoano nos cedeu 500 hectares de área em local bem situado. A Companhia de Desenvolvimento dos Vales do São Francisco e do Parnaíba (Codevasf) prometeu nos apoiar no que se refere ao abastecimento de água, para estender, à nossa unidade, o bombeamento que já servia as fazendas de frutas da região".

Enquanto o projeto amadurecia, Ryunosuke Ejiri morou em Alagoas por dois anos, mas não parou de viajar, a fim de conhecer mais sobre o seu futuro negócio e eventuais concorrentes. Quando estava tudo pronto, incluindo compradores firmes nos Estados Unidos e na Ásia, a região sofreu uma forte seca que baixou totalmente o nível das águas do rio São Francisco. A pouca água que sobrou ficava retida nas barragens. O fenômeno, associado à descoberta do uso intenso de agrotóxicos nas propriedades agrícolas da região, amedrontou o investidor. "Fizemos uma nova análise da qualidade da água", ele diz, "e o nível tinha despencado. Pensei comigo que isso poderia acontecer de novo, quando o projeto estivesse consolidado, e acabei desistindo".

"No nosso caso, a qualidade e o frescor do peixe seria um diferencial", ressalta. "Nós tínhamos tudo acertado com as empresas aéreas para levar o produto para Miami, nos Estados Unidos. O nosso plano de marketing tinha analisado também a concorrência, que era um país da América Central, grande produtor de tilápia, mas nossos custos seriam competitivos. Os pontos fortes deles eram: a qualidade da água e a proximidade do mercado americano. Mas a seca acabou com o nosso sonho e com o *paraíso da tilápia* no delta do São Francisco".

"Cheguei a visitar outros estados, como o Rio Grande do Norte e o Ceará – hoje, um grande produtor de tilápia, por causa do clima e da água –, mas acabei optando pelo pirarucu", relata o senhor Ejiri. "Eu tinha uma base de estudo em piscicultura e sabia que o brasileiro gosta desse peixe porque, quando o pescava, dava para os funcionários da fábrica e eles pediam mais. Conversei com o Eduardo Ono, um amigo que atuava nessa área e estava experimentando criar pirarucu em um criatório de um grande frigorífico na Amazônia. Ele brincou comigo: disse que eu não teria que me preocupar porque o pirarucu engorda praticamente sozinho".

Miracatu

Em 2010, finalmente, o empresário-pescador virou criador: encontrou uma área com água abundante, na Serra do Cafezal, em Miracatu, na divisa entre São Paulo e Paraná, e começou o seu projeto, que já dura sete anos: o sítio fica mil metros acima do nível do mar e tem dez hectares de área. O lago principal, medindo cerca de 800 metros de diâmetro, recebe água pura de três fontes.

A primeira ideia de Ejiri era instalar o seu criatório no Tocantins, onde vive o melhor pirarucu do país, mas a pesquisa da tilápia indicou que o melhor local seria perto dos principais centros de consumo. "Em vez da região fácil de se criar, optamos pela fácil de se vender", revela o empresário.

O sítio de Miracatu não custou caro, porque nele já havia um criatório de peixes, com três tanques, que não serviriam para outra atividade. Mas o grande lago, para o empresário, valia ouro. "Demorei um ano para construir a casa de ração e o abatedouro, porque aqui, quando chove, vira lama, caminhão não entra. Não foi fácil adaptar a propriedade. Tivemos que trazer 3.500 sacos de terra e areia em carrinho de mão", ele conta.

A área fica no fim da Serra do Cafezal, em uma região que nunca recebeu investimentos de infraestrutura, mas preservou a sua riqueza natural. A segunda opção do empresário era Mato Grosso ou o oeste de São Paulo, mas ele ouviu dizer que, nessas áreas, se a água está limpa hoje, amanhã, ninguém saberia. "Preferi o Vale do Ribeira", ele diz, "que já produziu muita banana, mas deixou de ser explorado há mais de 20 anos. Os resíduos de agrotóxicos desapareceram", acredita Ejiri. "O solo é pobre, mas tem água boa".

A água do sítio de Miracatu tem um PH neutro (7), ligeiramente acima do ideal para a criação do pirarucu, que é levemente ácido, de 6,5. Abastece sete tanques, cada um com capacidade para 100 toneladas de água.

O plantel de Ryunosuke Ejiri tem, atualmente, cerca de 10 mil peixes, mas a produção não passa de mil indivíduos por ano. O difícil acesso ao criatório facilita a proteção e os cuidados que o criador oferece a seus *hóspedes*. Isso inclui bem-estar, alimentação saudável e higiene adequada até na hora do abate, que, no sítio, é feito da forma menos cruel possível, para preservar a qualidade da carne: uma única pancada na nuca do indivíduo, desferida por um técnico bem treinado.

Na terceira e última etapa de crescimento, os peixes ficam em dois tanques de engorda: um com cerca de 850 peixes pesando dez quilos (um ano e meio de vida) e outro, menor, com cerca de 150 exemplares, com cerca de um ano e peso variável entre cinco e dez quilos.

O abate é feito quando o pirarucu chega a um peso entre 16 e 20 quilos e dois anos e meio de vida, aproximadamente. A ração tem de ser equilibrada e de alta qualidade, para manter o ritmo de crescimento da espécie: com um ano e meio, o pirarucu atinge dez quilos. Além de limpa, a água precisa estar sempre em movimento, a uma temperatura de 21ºC, para garantir a saúde do animal. A imunidade do peixe também é assegurada com uma pequena dose periódica de sal adicionado à água. Além do lago principal, a propriedade do senhor Ejiri possui dois outros lagos naturais e duas nascentes secundárias.

No caso dos restaurantes, os principais clientes do criatório ficam em São Paulo e em Curitiba. Segundo Ejiri, a desvantagem de vender para os restaurantes está na inconstância da quantidade fornecida, que varia de acordo com o movimento dos clientes. A vantagem está no aprendizado com a experiência dos chefs brasileiros, que vêm se encarregando de divulgar a qualidade do produto: Edinho Engel, Alex Atala, Mara Salles, Manu Buffara, Helena Rizzo e Rodrigo Oliveira, que ainda trata o empresário respeitosamente por "senhor Ejiri".

"Embora tenha vindo para cá há 30 anos", ele diz, "só agora estou aprendendo a conhecer o paladar dos brasileiros, porque a matriz da nossa fábrica de panelas ficava no Japão e eu estava sempre viajando para lá e para outros países, acompanhando os familiares no circuito mundial das feiras de alimentação. Sempre aproveitávamos para experimentar os pratos da gastronomia do país onde estávamos", ele conta. "Quanto à gastronomia japonesa, tudo é minucioso, cheio de detalhes. Nos restaurantes de sushi, por exemplo, o preço de balcão é bem mais caro que na mesa, embora a comida seja a mesma. Existe uma sutil diferença entre o peixe servido no balcão e na mesa".

Mapa da mina

Ao comparar o Brasil com os países que costumava visitar, o senhor Ejiri afirma que o país está se aproximando do padrão da gastronomia internacional em variedade e, principalmente, em invenção. "Nisso, o brasileiro é fora de série", brinca. "No outro dia, o Alex (Atala) estava gravando um programa da BBC em São Paulo, no qual eu apareci como figurante. A gente comeu diversos pratos do menu degustação dele. No meio das entradas, tinha alguma coisa vermelha com temperos incríveis. Maravilhoso, mas só depois eu descobri que era só melancia (risos). Também tinha formiga e o nosso pirarucu, grelhado com farinha de mandioca. Ele sempre faz o peixe de forma simples. E, finalmente, um copo feito de pimentão com saquê dentro".

Mas, além das criações sofisticadas de seus amigos chefs, o senhor Ejiri também gosta de comida brasileira mais pesada: no Mocotó, o seu prato preferido é a carne de sol mal passada. "O Rodrigo é uma pessoa humilde, escuta o que a gente fala. Uma vez, contei a ele que fizemos em casa um pirarucu marinado por quase dois dias no limão siciliano com gengibre e depois assado, e ele acabou testando a receita".

Sobre o sabor especial de seus peixes, o criador diz que o segredo está na forma de abate, assim que o bicho sai da água, com uma pancada instantânea. "O pirarucu retirado da natureza é morto sem nenhum critério", informa. "O pescador tem de trazê-lo na canoa. A primeira coisa que se deve fazer, ao matar qualquer animal, é retirar o sangue. É isso o que garante o sabor da carne. A carne do pirarucu não é rosada, tem de ser branca. E o peixe de cativeiro não tem cheiro nenhum porque a nossa ração é balanceada. Como nós, humanos, se o peixe come mal ou não recebe a quantidade certa de alimento, acaba doente".

Segundo o senhor Ejiri, na fase de engorda, o pirarucu ganha cerca de um quilo por mês. Ao contrário do pacu, ele não acumula gordura. A espécie tem cerca de cem milhões de anos e respira ar, como as baleias, embora viva na água. A água não exige aeração artificial, mas é corrente, o que garante oxigênio na quantidade certa para impedir a proliferação de bactérias. "Tem gente que coloca antibiótico na ração, mas nós não fazemos isso", revela. "Nossa receita é colocar um pouco de sal na água todos os dias. O nosso índice de mortalidade, que no começo era de 30%, caiu para 8% no ano passado".

O pirarucu do senhor Ejiri é entregue em restaurantes e poucos entrepostos na capital paulista, com a cabeça, o couro e sem escama, para que ninguém tenha que usar a faca no peixe antes de prepará-lo. "Inventamos um equipamento – à base de furadeira com uma escova de parafusos – para retirar as escamas, um processo difícil, para quem não conhece. Não tenho estrutura para entregar o peixe limpo e embalado", ele diz. De acordo com o empresário, descendentes de japoneses costumam fazer sopa com o couro do pirarucu, com muito colágeno, que costuma ser usado também na indústria de cosméticos. "Um chef amigo nosso", diz ele, "já fez gelatina para temperar saladas com colágeno de pirarucu. Também é possível cozinhar o peixe com a pele, que depois de cozida, desmancha na boca".

"É um alimento perfeito para idosos", afirma o criador, que também dirige uma instituição para pessoas de idade avançada em Miracutu. Mais ou menos duas vezes por ano, eu forneço o peixe para os nossos eventos beneficentes", ele revela. "Todo mundo adora".

Os idosos também apreciam as galinhadas de Alex Atala, que começou a colaborar com essas obras sociais a convite do criador. "Fazemos uma barraca com bambu e lona de caminhão, mas aqui em Miracatu tudo é muito difícil", ele diz. "Em 2015, fizemos um desses eventos na Vila Carrão, onde eu tenho muitos amigos da comunidade *Okinawa*. O convite foi vendido a 80 reais [25 dólares] e não sobrou nenhum".

Na opinião de Ryunosuke Ejiri, o brasileiro comum, por enquanto, não pensa muito na origem e na qualidade do peixe que consome: o preferido ainda é o salmão do Chile, que é um dos piores do mundo. Depois, vem a tilápia, beneficiada pela divulgação do subtipo *saint peter*. Os peixes de água salgada são apreciados, mas custam caro. A truta está ganhando uma fatia de mercado, mas é difícil ter volume. Ela vive em água muito fria e corrente, o que acaba sendo um problema.

Aos poucos, as espécies amazônicas ganham espaço, mas a sua disseminação nas outras regiões do país enfrenta restrições. "A rigor", admite Ejiri, "eu não poderia criar pirarucu em São Paulo, porque ele é um peixe nativo da Amazônia. Mas os rios no Vale do Ribeira já têm de tudo: pacu, tambaqui, dourado, tilápia, pirarucu. As pessoas criam em pesqueiros, mas, no primeiro estouro da barragem, os peixes vão embora e se multiplicam. Até uma prefeitura da região, certa vez, mandou fotografar uma soltura de alevinos de espécies exóticas, sem saber que isso era proibido".

As restrições dificultam a comercialização fora do circuito de restaurantes. "Eu concordo com o controle ecológico", declara Ejiri, "mas infelizmente, neste caso, as condições já se alteraram. O próprio Ibama admitiu que não consegue controlar a disseminação dos peixes amazônicos nos rios brasileiros. Tenho uma autorização informal para criar o pirarucu, mas evito aumentar a comercialização por causa do impedimento legal", informa.

"Faço o que posso para manter meus peixes confinados ao criatório", justifica-se o empresário. "Também estou investindo em uma nova fábrica de ração, para uso doméstico, isolada do local de abate dos peixes. Além disso, em vez de reutilizar a água dos tanques, vou usá-la na irrigação de uma zona de cultivo de inhame, que usa muita água e, aqui, tem uma ótima qualidade. É melhor que filtrar essa água, tratá-la e jogá-la no rio. Até porque não usamos nenhum produto químico. O adubo da plantação será o efluente da alimentação do pirarucu".

O pirarucu produzido é vendido ao preço equivalente ao de um peixe nobre do mar, como o robalo e a garoupa. Mas o principal retorno ao criador, segundo ele, é de outra ordem. "Além de fazer o que gosto, o pirarucu me permitiu ajudar as pessoas desta região, que é muito pobre. Tem sido uma forma de devolver um pouco do que o brasileiro me deu. Isso me faz muito bem. Eu costumo dizer a meus clientes que o peixe que mando para eles é abençoado. Foi depois de conhecer o nosso trabalho que o Alex Atala resolveu nos ajudar. Mas ele não divulga isso porque não gosta de aparecer nesse sentido e também porque, se alguém mais pedisse, ele não teria mais tempo".

"Se eu calcular o que gastei e somar a depreciação do empreendimento, melhor nem pensar", garante Ryunosuke Ejiri. "Eu crio o pirarucu como se fosse uma pesquisa. E o sítio, se alguém for continuar o que estamos fazendo, ele estará valorizado. Se a pessoa que comprar for fazer outra coisa, o meu investimento terá ido embora. Para mim, o importante é que a atividade cubra os gastos operacionais. Se sobrar alguma coisa para investimento, ótimo", conclui.

Queijo, cogumelo e carne de rã

Depois de *instilar* a gastronomia clássica no DNA da cozinha brasileira no fim dos anos 1980, europeus apaixonados por comida e pelo Brasil voltam a incrementar os nossos modos e costumes, dessa vez, produzindo artesanalmente ingredientes como queijos, pães, vinhos, cogumelos e carne de rã.

Duas mulheres radicadas em Santa Catarina fazem parte dessa tendência: a francesa Elisabeth Schober, da Queijo com Sotaque, instalada no município de Paulo Lopes, na Serra do Tabuleiro, a 50 quilômetros de Florianópolis, e a portuguesa Margarida Mendonça, engenheira agrônoma e professora da UFSC, que conseguiu desenvolver um processo de reprodução de cogumelos exóticos e nativos da Mata Atlântica em Biguaçu, a 30 quilômetros de Florianópolis. Ambas estão abastecendo empórios e restaurantes brasileiros, dentro e fora do estado.

Tanto Elisabeth como Margarida navegam na corrente dos novos hábitos alimentares dos brasileiros, que vão além do paladar, alcançando o prazer de cozinhar, de conhecer e pesquisar ingredientes de boa qualidade, além dos alimentos orgânicos e naturais. Para atender a essa demanda, robustecida pela necessidade do empreender, pequenos produtores regionais começam a estabelecer conexões entre si, parcerias com chefs de cozinha e acordos de comercialização com o varejo.

Enquanto Elisabeth promove seções de harmonização de seus queijos, junto a produtores de vinhos e de cervejas artesanais de Santa Catarina e do Rio Grande do Sul, além de apoiar os produtores de leite da Serra do Tabuleiro, Margarida passou a fornecer o subproduto de sua produção de cogumelos a criadores de rãs da Ranac, instalada na cidade vizinha, Antonio Carlos, que também produz uma especialidade gastronômica de alto valor agregado com qualidade, sustentabilidade e bem-estar animal.

Queijo com sotaque

Para alcançar um padrão de qualidade capaz de equiparar os seus queijos fabricados no Brasil ao padrão de seus ancestrais franceses, Elisabeth Schober – no país desde 2006 – aproximou-se de produtores de leite da região de Morro Agudo, ao pé da Serra do Tabuleiro, em Santa Catarina, aos quais, em troca da garantia do fornecimento dentro da qualidade exigida para a sua produção, assegurou um preço compensador, cerca de 50% acima do que era pago pelos grandes laticínios.

Em São Paulo, a francesa identificou o seu principal público fora de seu estado, depois de participar de alguns eventos gastronômicos, como o Paladar e o Prazeres da Mesa, a convite de chefs brasileiros e franceses radicados no Brasil. No primeiro ano de funcionamento de seu laticínio, em 2013, estabeleceu uma parceria com o empresário Fernando de Oliveira, de A Queijaria, que funciona no circuito gastronômico da Vila Madalena, em São Paulo. No fim de 2014, Elizabeth arrebatou oito medalhas – duas de ouro – do *Prêmio Queijo Brasil*, da revista *Prazeres da Mesa*, e teve quatro produtos escolhidos como os melhores pelo voto do público.

A produtora alcançou projeção nacional, mas nunca deixou de atender os seus primeiros clientes da feirinha da Lagoa da Conceição, em Florianópolis, que funciona aos sábados e onde ela começou a vender os seus queijos com sotaque, em 2006. Um ano depois de sua estreia, algumas de suas 18 variedades começaram a despontar nos empórios gastronômicos, eventos e restaurantes *gourmet* da capital catarinense.

A empresária também inaugurou um novo modelo de promoção e merchandising junto a dois outros produtores artesanais: o fabricante de cervejas especiais, Richard Westphal Brighenti, de Lauro Muller (Santa Catarina), e os vinicultores franco-brasileiros radicados no Rio Grande do Sul, Gaspar Desurmont, da Vinhética (com sede em São Paulo) e Patrícia Ferraz, da Vinhedos Monte Agudo (em São Joaquim-SC).

Namorados

Elizabeth começou a se apaixonar pelo mundo dos queijos aos 17 anos, quando vivia na região de Toulouse, no sul da França, e conseguiu o seu primeiro emprego em um laticínio integrado a uma fazenda leiteira. Interessada no negócio e no filho do dono da fazenda, por quem tinha uma queda, ela decidiu investir na atividade, embora desaconselhada pela mãe, cujos pais tinham enfrentado a dura vida no campo. Também por sugestão da mãe, estudou e formou-se em Administração de Empresas, em nível técnico, mas, logo em seguida, ingressou em um período sabático de dois anos para dedicar-se à formação prática, como prevê a estrutura educacional francesa.

Depois de trabalhar por algum tempo em uma empresa de tintas, a queijeira entendeu que suas raízes estavam mesmo no campo e começou a estudar Agronomia à distância no período da noite. Pouco tempo depois de obter seu bacharelado em Agronomia, Elisabeth comprou a sua primeira propriedade rural, em 1989, com um empréstimo bancário subsidiado pelo governo francês. Era um pequeno sítio, sem benfeitorias e de solo pedregoso. Ela própria pastoreava as suas 33 cabras, tomando emprestadas áreas das propriedades do entorno. Em troca, ajudava esses vizinhos a produzir e a vender também os queijos deles. Nos fins de semana, comercializava a produção das redondezas no mercado público de Toulouse.

Quatro anos depois, a pequena produtora conseguiu comprar outra propriedade, mais valorizada, onde montou uma pousada rural. O turismo lhe abriu outras perspectivas. Em contato com hóspedes que viajavam o mundo todo, incluindo franceses radicados em vários países, resolveu conhecer o Brasil: passou por Foz do Iguaçu e Florianópolis, mas não resistiu à beleza da Praia do Rosa, também em Santa Catarina, a 30 quilômetros de onde, hoje, funciona a sede da Queijo com Sotaque.

Encantada com a natureza e com a paisagem humana que conheceu principalmente no interior do estado, Elizabeth decidiu adotar o Brasil, Santa Catarina e a Serra do Tabuleiro como sua morada. "Conheci lugares onde o tempo parece ter parado há mais de cem anos", afirma. "Também descobri, em contato com a colônia francesa no Brasil, que as pessoas não sabiam fazer nossos queijos, e resolvi ensiná-los". Já casada e com filhos pequenos, comprou uma casa em Paulo Lopes, grande suficiente para instalar uma produção artesanal de queijos finos, e começou a trabalhar.

Três meses depois, a francesa montou uma barraca na Feira da Lagoa da Conceição, em Florianópolis – que começa *quente*, às seis da manhã, e vai até as duas da tarde aos sábados. Tímida e sem entender muito o português, Elisabeth começou a comercializar o seu produto, mas ficou assustada: "Depois de provar, as pessoas praticamente arrancavam os queijos das minhas mãos", conta, emocionada. "Nessa hora, percebi que estava no caminho certo, porque, até então, todo incentivo que recebemos dos parceiros de colônia francesa tinha seu viés: eles só queriam comer queijo bom mais barato".

Três anos depois da inauguração do laticínio próprio, em 2013, o produto da Queijo com Sotaque já era comercializado em 25 pontos de venda em Santa Catarina. Até recentemente, a marca não tinha permissão para venda direta em São Paulo – que concentra o seu maior mercado potencial –, mas isso já foi superado.

Coagulação

Foi em 2011 que Elizabeth percebeu que o sonho de montar o seu próprio laticínio estava perto de realizar-se: com o fruto do seu trabalho nos anos anteriores e o apoio do marido e dos dois filhos, Alexander e Suelen, ela adquiriu uma área de dois mil metros quadrados, nas margens da BR 401, começou a instalar o seu laticínio, que hoje, ocupa 400 m² de área construída e processa cerca de 10 mil litros de leite por mês, equivalente a algo entre 600 e 900 quilos de queijos nesse período.

Cada lote de leite recebido, diariamente – entre 600 litros e 900 litros –, é separado em cinco tanques, conforme o tipo de queijo a que se destina: o de vacas da raça Jersey, por exemplo, serve para os tipos Manezinho (*Reblochon*), Laranjal (*Saint Paulin*), Pedra Branca (*Brie*) e Morro Agudo (*Raclete* e *Abbaye de Citeaux*). Os outros queijos da fábrica são feitos com leite de vaca holandesa: Cambirela (*Tomme de Savoie*), Bom Retiro (*Saint Nectaire*), Catalon (*Petit Pastre*), Ribeirão (*Gruyère*) e Serra do Tabuleiro (*Comté*).

A Queijo com Sotaque também oferece os tipos Alvorada (*Munster*), Barriga Verde (*Morbier*), Bela Catarina (*Perail*), Mandioquinha (*Camembert*) e Taboa (*Livarot*), além do comum queijo branco cremoso.

A marca desenvolvida pela empresária não poderia refletir melhor a conexão que ela estabeleceu entre o seu país de origem e a cozinha brasileira: seus queijos são produzidos com leveduras desenvolvidas por ela, mas a partir de amostras de produtos franceses, mostrando como duas culturas tão diferentes podem se combinar na composição de iguarias voltadas ao paladar e aos prazeres de comer e viver bem.

O paraíso chamado Praia do Rosa, em Ibiraquera, a 92 quilômetros de Florianópolis, ainda seduz a família francesa que, há dez anos, decidiu montar acampamento na região. É para lá que Elisabeth Schober costuma fugir de vez em quando, de uma rotina que não dura menos de 15 horas diárias.

A fábrica é operada por cinco pessoas, mas o processo de produção segue um fluxo rígido, comandado pela própria Elisabeth e seu fiel escudeiro, Adilson Adílio de Souza, que ela conheceu como mestre de obras, ao fazer um conserto no telhado de sua casa. Adilson e o filho, Diego de Souza – também funcionário da empresa –, fizeram curso de queijeiros e viajaram à França em companhia de Elisabeth, para aprender tudo o que podiam sobre o produto.

"O brasileiro tem algum complexo de inferioridade em relação ao velho mundo", ela diz, "mas tem um talento e uma curiosidade que o levam a aprender muito rápido. Só precisa ter mais confiança em si próprio".

Jornada tripla

Na chegada do leite resfriado a 5ºC, a empresária prepara, em seu laboratório, os fermentos para cada tipo de queijo – coalho –, que coloca potes de cores diferentes para levá-los aos tanques, imediatamente após a pasteurização do leite. Nessa primeira etapa, são adicionados os acidificantes, cuja dosagem varia conforme o PH do leite.

As misturas de cada tanque passam por testes antibacterianos de gordura e proteína. O processo de coalho pode demorar entre 20 minutos e duas horas. Depois, o queijo é cortado por facas em formato de rede – processo que varia de queijeiro para queijeiro – e a massa é espremida para liberar o soro, mas a separação continua ocorrendo durante a noite na pré-secagem. No dia seguinte, a massa recebe um desacidificante e a salga. Em seguida, os queijos são acomodados em suas formas, onde costumam descansar por períodos que variam de quatro a 24 horas – novamente, dependendo do tipo de queijo e da temperatura ambiente. Só então, recebem os fungos de cura e são acomodados nas salas de secagem.

A cura do queijo branco pode durar de três a quatro semanas – caso do tipo *Comté* – ou de oito meses a um ano, como os do tipo *Gruyère*. O tipo *Reblochon* leva dois meses para atingir o seu ponto ideal, enquanto os tipos *Saint Paulin*, *Munster*, *Perail*, *Livarot*, *Camenbert* e *Brie* – que têm leveduras parecidas – costumam "amadurecer" em menos de três meses. A Queijo com Sotaque possui quatro câmaras frias, mantidas à temperatura de 11ºC a 12ºC, além de uma sala de embalagem.

A principal dificuldade enfrentada pela queijeira, no início de sua operação industrial, foi regulamentar o seu produto. "Eu tinha a desvantagem de não falar bem o português, mas também me vali de duas vantagens", revela, "ser mulher e ser francesa". Elisabeth já conhecia os meandros da fiscalização aos produtores de queijo na França, mas assustou-se com a burocracia e com os custos do Sistema de Inspeção Federal (SIF) do Ministério da Agricultura, embora os fungos usados em seus queijos tivessem sido previamente analisados pela Anvisa.

Na Companhia Integrada de Desenvolvimento Agrícola de Santa Catarina (Cidasc), encontrou um caminho mais fácil: a única restrição apontada pela veterinária do órgão, Alexandra Olmos, foi quanto ao uso de carvão vegetal em um dos produtos da empresa, mas o obstáculo foi contornado diante da exposição do processo de fabricação – totalmente controlado e isolado – do queijo que contém uma fina camada de carvão em seu interior, o Barriga Verde (*Morbier*).

Além de obter a aprovação da Cidasc, Elisabeth Schober decidiu cooperar com a Universidade Federal de Santa Catarina em um projeto de separação e reprodução de cepas de fermentos usados por ela, para serem vendidos a outros laticínios artesanais. Enfim, o produto da Queijo com Sotaque recebeu a chancela da Empresa de Pesquisa Agropecuária e Extensão Rural de Santa Catarina (Epagri).

Embora tenha se formado em Administração de Empresas, Elisabeth nunca se sentou para desenhar um plano de negócios para a Queijo com Sotaque. Nem para calcular o tempo de retorno do investimento – seu e do marido – no laticínio. "Talvez eu não viva para isso", diz, com surpreendente alegria. "Espero conseguir o suficiente para viver e dar uma boa educação aos filhos", pondera, "além, é claro, do prazer de levantar todos os dias para fazer o melhor queijo do Brasil". Segundo ela, o melhor retorno vem dos clientes que elogiam o seu produto.

No início de 2016, a Queijo com Sotaque aguardava a liberação oficial de suas plantas para construir um novo edifício, ao lado do prédio principal do laticínio inaugurado em 2013, para duplicar a sua produção. "Por enquanto, tudo o que produzimos está sendo vendido", comemorava a empresária.

Quando chegou ao Brasil, a queijeira espantou-se ao descobrir que a comida de festa no sul do país resumia-se a churrasco, pão e farofa. E que a base da nossa alimentação consistia de arroz e feijão. Hoje, porém, ela acredita que a gastronomia brasileira vai saltar as fronteiras do país, não apenas por causa dos chefs – locais e estrangeiros radicados no Brasil –, mas pela exuberância e pela qualidade dos ingredientes culinários produzidos aqui: uma grande variedade de peixes e frutos do mar, frutas, legumes e verduras, "maravilhosas", segundo ela. Além, é claro, de seus próprios queijos.

A francesa tem uma visão otimista, não apenas da gastronomia brasileira, mas do nosso país. Lembra que, na Europa, as pessoas se acostumam, desde crianças, a comer salada, cujas folhas geralmente se combinam com legumes, um pão e algum queijo, o que já a transforma em um prato alegre, colorido e saudável. "Esse hábito", diz, "o brasileiro está começando a valorizar, o que é ótimo. O Brasil é um país alegre, positivo e dinâmico", elogia. "Vejo muita gente que quer melhorar as coisas, que acredita no futuro, e isso é muito importante".

Sobre as parcerias com produtores artesanais de vinhos e também de cervejas especiais para divulgar o seu produto, Elisabeth diz que os queijos se harmonizam com ambas as bebidas. "O brasileiro gosta muito de cerveja e, de fato, depois de um dia quente, uma bebida mais leve combina muito bem". Quanto aos vinhos, acredita estarem se tornando cada vez mais presentes na mesa do nosso consumidor, graças sobretudo às seções de harmonização em excursões que ela, sempre que pode, apoia.

A respeito da relação entre saúde e alimentação, Elisabeth garante que seus queijos são excepcionalmente saudáveis, por não usarem corantes, nem conservantes. A lactose, segundo ela, acaba depois de três dias de maturação do queijo, cujos microorganismos continuam quebrando as moléculas do produto. "Não usamos cloreto de cálcio", afirma, "o que, para mim, seria um sacrilégio. Nossos queijos são produzidos com 13 litros de leite por quilo de queijo, em média, razão pela qual são mais caros que os industrializados".

Mesmo assim, o produto da Queijo com Sotaque pode ser comprado a preços bem mais baixos que os de seus similares importados, apesar de embutir os custos de transporte e a margem dos comerciantes.

Paris, Japão e Mata Atlântica

A professora doutorada Margarida Mendonça chegou ao Brasil no início dos anos 1980, para ensinar Agronomia na Universidade Federal de Santa Catarina (UFSC), em Florianópolis. Depois de pesquisar cogumelos comestíveis e medicinais no laboratório da universidade, passou a dar consultoria a agricultores interessados em produzi-los, considerando o interesse comercial do produto por suas propriedades nutritivas e medicinais, e como agente imunológico: os cogumelos intensificam a atividade das células de defesa do organismo. São frequentemente confundidos com plantas, embora suas células não possuam clorofila e não sejam formadas por celulose, e sim por quitina[16].

Segundo a Empresa Brasileira de Pesquisa Agropecuária (Embrapa), a produção brasileira de fungos comestíveis – mais conhecidos pelas espécies champignon de Paris (*Agaricus bisporus*), shiitake (*Lentinula edodis*) e shimeji (*Pleurotus*) –, ainda é inexpressiva. O consumo brasileiro, hoje, não passa de 280 gramas *per capita* por ano, enquanto que, na França, chega a dois quilos.

---

16 Quitina: mais abundante fibra de ocorrência natural depois da celulose, é um polissacarídeo constituído por um polímero de cadeia longa (N-acetilglicosamina). Foi descoberta em cogumelos pelo professor francês Henri Braconnot, em 1811, tendo recebido a denominação inicial de fungina. Somente em 1843, Payen descobriu que a substância continha nitrogênio em sua estrutura, semelhante à fibra vegetal denominada celulose. O nome quitina foi dado por Odier, em 1823, quando esta foi isolada de insetos. Insolúvel em água e córneo, ocorre naturalmente em diversos organismos, sendo o principal componente da parede celular dos fungos e do exoesqueleto dos artrópodes.

"Poucos iam adiante em seus projetos de cultivo", explica a professora, "por causa da complexidade do processo que, geralmente, as pessoas não esperam. Quando me aposentei, decidi eu mesma iniciar uma produção de cogumelos, para mostrar que isso não é tão complicado, embora exija dedicação. Como sempre fui muito ligada à ecologia, decidi montar uma empresa ecologicamente correta".

A produção de cogumelos exige um alto consumo de energia, mas também se baseia na utilização de resíduos orgânicos. A estrutura montada pela professora em um sítio de dois hectares no município de Biguaçu, a 40 quilômetros de Florianópolis, levou em consideração, acima de tudo, o uso racional dos recursos naturais – água, terra e ar – com um mínimo gasto energético e o menor impacto ambiental no terreno, situado dentro de uma reserva de Mata Atlântica, onde não se vê belos jardins ou plantas decorativas: o mato cresce livremente, sob controle discreto, mas rigoroso, da proprietária.

Com uma equipe enxuta, de apenas cinco pessoas, sem contar a própria professora e sua mãe, Clara, de 90 anos, a Fungi Brasilis começou, em 2011, a produzir cogumelos que já tinham uma demanda consolidada – como o champignon de Paris e o shiitake – que, além de não serem nativos, exigem condições mais agressivas ao meio ambiente. Em seguida, partiu para a produção dos cogumelos nativos que, conforme ela diz, estão *de bem com a área*, embora consumam mais energia em seu processo de crescimento.

Com experiência em pesquisa de campo, Margarida selecionou, em pouco tempo, os tipos destinados à produção em escala, sabendo que a comercialização desse produto dependeria de sua qualidade, da continuidade do suprimento e da produtividade no cultivo. Os cogumelos que aparecem na natureza nem sempre estão à disposição do consumidor. Para produzir o ano inteiro, o principal insumo acaba sendo a energia, porque, em seu meio natural, alguns se desenvolvem no inverno, outros, no verão.

"Aspargos, por exemplo", observa a professora, "às vezes vêm dos Estados Unidos, outras, do Chile. Mas, no mesmo local, não existe nenhum clima que sempre facilite a vida do ser vivo. O shiitake nós conseguimos produzir em condições naturais durante seis meses do ano, quando o clima está mais frio. Nos outros seis meses, temos que usar um sistema de climatização, o que significa um consumo de energia três vezes maior".

Um cogumelo que aparece na natureza durante o outono, só vai se reproduzir em escala comercial no outono, ensina a professora, e assim por diante. "Quanto à reprodução", explica, "cada espécie demanda um estudo da complexidade do seu organismo. Isso pode consumir de um ano a um ano e meio de pesquisa para se encontrar o substrato certo, o inoculante adequado (semente) e uma previsão de quando esse inoculante vai 'frutificar'. Para isso, o laboratório tem de reproduzir as condições adequadas do ambiente natural, o que não é tão fácil", diz.

"Às vezes", acrescenta, "damos tudo o que imaginamos que um cogumelo necessita, e ele não frutifica. É um trabalho ardiloso", afirma. "Fazer um cogumelo que todo mundo já sabe produzir não é tão complicado. O shiitake é mais complexo e o tipo ostra, que temos aqui, mais ainda", revela.

"Para não contrariar os princípios de correção ecológica", explica Margarida, "somos obrigados, às vezes, a andar na contramão do mercado, escolhendo cogumelos mais adaptados ao clima da época. O consumidor, geralmente, quer sempre a mesma coisa: o fã de shiitake só quer shiitake, quem gosta de shimeji, quer shimeji. A gente procura sugerir que a pessoa experimente outro tipo, mas isso também depende de uma adaptação cultural que nem sempre está a nosso alcance", lamenta. "A dificuldade da nossa empresa é parecida com a enfrentada pela Cerrado Carnes, por exemplo, que trabalha com animais criados em condições semelhantes às da vida selvagem: oferta e procura condicionadas às características da produção".

A Fungi Brasilis tem trabalhado em parceria com alguns chefs de cozinha de Santa Catarina, na tentativa de mudar os hábitos dos consumidores de cogumelos: Alex Floyd, da Alameda Casa Rosa; Coelho, da D'Acompora; Allysson Muller, do Rosso; Gabriel Nassif, do Divino Gastroclub; e Emerson Kim, do Majestic. "Eles têm nos ajudado a convencer as pessoas a mudar um pouco os seus hábitos, experimentando outras variedades de cogumelos", afirma Margarida.

"Em troca, oferecemos a esses clientes um produto extremamente fresco, colhido e entregue no mesmo dia que vai ser consumido. Não temos nada em estoque, porque estamos localizados a 50 minutos dos nossos principais pontos de consumo", explica. "Além dos restaurantes, temos vendido para as mercearias *gourmet* e os eventos gastronômicos em Florianópolis, mas eu tenho a ambição de chegar a São Paulo porque os nossos microverdes, sem falsa modéstia, estão maravilhosos. Além de serem excelentes guarnições para diversos pratos, eles têm 12 vezes mais nutrientes do que uma planta crescida. Como chegaríamos até lá? No mesmo transporte que leva as nossas ostras", especula.

Em 2014, a Fungi Brasilis contratou um chef de cozinha formado em Boston, nos Estados Unidos, para assessorá-la na produção de verduras exóticas, que se alimentam do subproduto dos cogumelos: saladas baby, frutas comestíveis e microverdes. Nenhum desses produtos tem alteração genética. O que muda é a tecnologia de produção: solo, espaçamento, irrigação, adubo, tempo de cultivo, época de colheita. A produção foi desenvolvida pela agrônoma para aproveitar o subproduto dos cogumelos que já frutificaram e teriam que ser descartados.

No fim de 2014, Margarida Mendonça foi eleita *Mulher de Negócios* de Santa Catarina pelo Sebrae – Serviço Brasileiro de Apoio à Micro e Pequenas Empresas.

A produção de cogumelos da Fungi Brasilis alcança, hoje, cerca de 600 quilos por mês. A empresa também fornece aos restaurantes catarinenses 100 quilos de *babyleafs*, 40 quilos de microverdes e 40 mil flores de alto valor agregado, por causa de seu *conteúdo tecnológico*. Outra palavra-chave da Fungi Brasilis tem sido a produtividade. Margarida orgulha-se de produzir dez vezes mais que seus competidores, usando, basicamente, conhecimento técnico, o que inclui os seus experimentos em laboratório.

Um pé de alface *babyleaf* da Fungi Brasilis pode custar até o equivalente a 10 reais (3 dólares), se for para o cliente pronto para ser consumido e decorado com duas flores comestíveis: além da qualidade, ele tem de privilegiar a estética e o sabor. "Nosso custo é muito alto", justifica a professora, "porque as sete pessoas que trabalham na empresa são muito bem remuneradas e todos os nossos processos são manuais. O preço é justo, embora seja mais alto".

Para Margarida Mendonça, a demanda por alimentos saudáveis, artesanais e de qualidade veio para ficar: muitas pessoas, na opinião dela, já entendem ser melhor investir na própria saúde e bem-estar que comprar um BMW, por exemplo. "Eu sei", afirma, "porque me relaciono com essas pessoas. Nem todo mundo está preocupado com as aparências. Em Florianópolis, por exemplo, as pessoas têm um grande apreço pela saúde. Não é por acaso que temos mais academias e mais restaurantes naturais associados ao turismo".

Segundo Margarida, para que os hábitos saudáveis alcançassem a maioria da população, seria necessário mudar a política agrícola do país, hoje focada na produção em larga escala de grandes áreas e grandes culturas. "O governo teria que incentivar cultivos de menor escala, voltados à qualidade dos alimentos", ela diz. "Por enquanto, estamos muito concentrados no milho, na soja, no trigo. Mas o mundo está mudando. Os meus vizinhos, por exemplo, descendentes de alemães bastante sistemáticos, estão construindo estufas para produzir hortaliças, seguindo o modelo que implantamos há três anos. Dois deles já começaram a produzir orgânicos, como nós. Demora, mas a gente chega lá", acredita.

Na opinião da professora, outra razão pela qual a onda dos alimentos naturais, orgânicos e artesanais vem se espalhando está na percepção das pessoas quanto à relação de causa-efeito entre os pesticidas e doenças como o câncer. "Muita gente está optando pela redução de pesticidas por causa disso", observa. "A mão de obra da produção orgânica é maior, mas esse esforço é recompensado por um preço melhor".

Em torno das áreas de plantio e de cultivo de cogumelos da Fungi Brasilis, o mato e as plantas nativas se encarregam de promover um equilíbrio natural que facilita o controle de pragas. Há plantas que afastam algumas espécies de insetos e ajudam os seus predadores naturais. Evita-se o desperdício de água (captada em poço artesiano), o que, segundo Margarida, também favorece a prevenção de doenças. "É a política do orgânico aplicada à vida real", ela diz. "Escolhemos variedades resistentes, faço testes frequentes no laboratório e, no caso dos cogumelos, eu preparo pessoalmente os inoculantes e os processos iniciais do cultivo, como fiz com o *Pleurotus djamor*, fungo de cor salmão nativo da Mata Atlântica, que já conquistou o paladar dos consumidores catarinenses".

Casa, comida e água fresca

O engenheiro de produção Diego de Souza, de 30 anos, formado pela Unisul há quatro anos, é o braço direito da professora Margarida Mendonça na Fungi Brasilis. Ele não tem nada de místico, mas as vantagens que ele conseguiu reunir ao aceitar esse emprego, poderiam ser atribuídas a uma conjunção astral: sua mulher, Tharin Marisio, administra a empresa; o trabalho é bem-remunerado e se encaixa em sua vocação; e, por fim, a vida no campo é tudo o que ele sempre quis, a ponto de lhe permitir criar um boi e uma vaca no quintal de sua casa, vizinha ao sítio da Fungi Brasilis.

Diego explica que a base do substrato para o cultivo de cogumelos é de serragem de eucalipto, que os fungos conseguem degradar. Pinus, por exemplo, não serviria, nem qualquer outra madeira considerada "nobre" – como a canela preta e o angelim –, por sua resistência e longevidade. Cultivadores japoneses e chineses de cogumelos usam castanheiras e carvalho asiático.

No substrato usado pelos cogumelos, 80% da base é serragem, mas o *arroz e feijão* desses fungos é feito dos grãos e farelo de trigo misturado à serragem. No início do processo, a mistura é feita com água em uma betoneira; depois, o alimento é compactado em blocos de 1,2 quilo. Esses blocos vão para uma autoclave equipada com duas portas, uma no pátio externo da unidade de produção, outra na área interna, para evitar a contaminação do material.

Na autoclave, o substrato passa por uma pasteurização em temperatura de 95ºC – para cogumelos das espécies *Pleurotus* (salmão, citrino e sajo) e *Pleurotus ostreatus* (shimeji) –, ou por uma esterilização em temperatura mais alta, de 121ºC, sob pressão de 1,8 kgf – para cogumelos do tipo *Leritinula edodes* (shiitake) e *Agaricus* (champignon de Paris).

Em uma sala limpa e sob temperatura controlada, os fungos são inoculados em tijolos de substrato por uma lâmina de cogumelo que funciona como *semente* ou *spawn* (inoculante). Essa matéria viva é extraída de um cogumelo adulto, em cultura controlada, na qual os gametas do cogumelo ou dos cogumelos são misturados a grãos de trigo cozidos. As placas também contêm BDA (fungo de batata destrose com alga ou malte). Alguns desses fungos são conservados por Margarida Mendonça por mais de cinco anos – em média, duram dois anos.

A cultura que vai gerar outros cogumelos, em seguida, é misturada a grãos de trigo em saquinhos que vão se multiplicando, à medida que dão origem a novas culturas. Uma inoculação chega a produzir "sementes" para três mil novos cogumelos.

Na natureza, os cogumelos – fêmeas, machos ou hermafroditas – se cruzam, abrem o seu *chapéu* e depositam seus esporos/gametas no ambiente. A aparência dessas culturas pode ser aquela cobertura verde que se vê no chão de algumas florestas, ou do pozinho liberado por um pão apodrecido. "Em laboratório", explica Margarida, "o que fazemos pode ser considerado um processo de clonagem".

O ambiente dos galpões (quatro com 80 m² cada) é controlado, por estar sujeito a ácaros, fungos e bactérias. O inoculador tem de tomar banho com sabonete bactericida antes de iniciar o processo de produção. Cada galpão conserva, pelo menos, 200 blocos inoculantes. No caso do shiitake, por exemplo, todo o processo de reprodução dura entre 60 e 120 dias. Os *Pleurotus osteratus* florida (shimeji) e Djamor (salmão), por exemplo, crescem em prazos que variam de 40 a 60 dias.

Depois de inoculados, os cogumelos shiitake recebem um *choque térmico*, permanecendo durante sete dias em temperatura de 18ºC a 21ºC. Por não florescer fora de um ambiente temperado, ao contrário dos fungos brasileiros nativos da Mata Atlântica, esse cogumelo recebe, além do alimento natural, oxigenação e umidade, por meio de grandes ventiladores e borrifadores instalados no teto dos galpões.

O cogumelo da espécie shiitake constrói, em torno do substrato, uma capa que se assemelha à casca de uma árvore. Já os Pleurotus precisam de ajuda humana para romper a capa plástica que envolve o seu substrato. Algumas espécies são vendidas quando o cogumelo ainda não se desenvolveu plenamente – é o caso do shimeji que, grande, torna-se hiratake. O chão dos galpões onde crescem os cogumelos é recoberto de brita permanentemente umedecida, sobre a qual é despejada uma fina camada de cal. Isso impede a passagem e destrói as lesmas, que também se alimentam de cogumelos.

Segundo Diego de Souza, os mais apreciados continuam sendo os da espécie shiitake, shimeji, ostra e salmão, cujas bandejas chegam aos consumidores a preços que variam de 14 a 18 reais (4 a 6 dólares). Grandes redes de supermercados catarinenses, como a Hippo, o São Jorge e a Imperatriz, já ofereciam o produto da Fungi Brasilis nos espaços *gourmet* de suas lojas *premium* em 2016, quando visitei a empresa.

Rana Catesbeiana

Mesmo que a perereca (*Salientia hylidae*) lá do começo do livro (p. 13) pudesse saltar até esta página, por curiosidade, e ficar consternada em saber que sua prima avantajada, a rã touro (pode atingir 15 centímetros quando adulta), costuma ser abatida com algo entre dez meses e um ano de vida, para abastecer restaurantes e mesas de fino trato, esse constrangimento se esvaneceria num átimo, como diria o meu saudoso professor de Latim, se ela soubesse que além de desengonçada (embora saborosa), ela não passa de uma parente distante, originária dos alagados norte-americanos e que chegou ao Brasil por volta de 1930, justamente para dar início às criações comerciais. Na natureza, sua dieta alimentar não costuma distinguir vizinhos, amigos ou parentes.

O subproduto dos cogumelos cultivados pela Funghi Brasilis não se perde: serve de alimento à criação de girinos que abastecem a principal produtora de carne de rã touro do país, a Ranac, situada no município de Antonio Carlos, vizinho de Biguaçu, a 35 quilômetros de Florianópolis e a 80 quilômetros do porto de Paranaguá. Criada em 2006, a empresa atende aos mercados interno e externo: é a única fornecedora brasileira do produto com licença para exportar para os Estados Unidos, Canadá, Europa, Oriente Médio e Ásia.

A Ranac foi fundada em 2006 e nasceu de duas apostas: o crescimento do mercado *gourmet* e a ideia de transformar a criação de rãs em um arranjo produtivo estruturado nos mesmos moldes da avicultura, com famílias de pequenos produtores rurais comprometidas com o negócio e com a qualidade dos produtos. Os ovos, produzidos pelas *melindrosas*, apelido dado às matrizes da empresa por um dos sócios, Elemar Schwingel, são fornecidas a um parceiro que acompanha a sua eclosão e os primeiros 30 dias de vida dos girinos, quando eles desenvolvem as duas pernas traseiras. O ambiente das *melindrosas* reproduz as condições do ambiente natural, inclusive no que diz respeito às condições climáticas, e tem música ambiente, para que elas se sintam mais confortáveis. Com 30 dias de vida, os girinos são distribuidos aos produtores associados à Ranac para engordar os bichinhos ao longo dos próximos 10 meses.

Além da ração, a Ranac oferece treinamento a seus fornecedores, tanto de rãs como de pescado (camarão rosa, abrotéa, congrio rosa, polvo, tentáculos de polvo e posta de cação).

Embora o consumo da carne de rã não seja comum, no Brasil, a Ranac tem se esforçado para aumentar a sua penetração na restauração brasileira. "Em oito anos de empresa, descobrimos que esse é o nosso melhor marketing. No restaurante, podemos cativar o paladar do consumidor. Nosso objetivo é ampliar a produção da carne de rã, dos atuais 300 abates/mês, para uma capacidade instalada de 600 abates/mês". Em 2017, a Ranac deveria começar, também, a fornecer carne de jacaré, diversificando a sua produção e aumentando a sua presença nos restaurantes.

Desde 2016 a carne de rã pode ser encontrada em supermercados de quase todas as capitais brasileiras (seções *gourmet*) a preços (sugeridos) que variam de 25 reais (8 dólares) as embalagens de 250 gramas, com entre seis e oito coxinhas e 30 reais (9 dólares) as embalagens de 500 gramas com quatro rãs inteiras.

Além do paladar, o principal argumento para o consumo da carne de rã está nos seus benefícios à saúde humana: 0,3% de gordura (usada como cicatrizante por uma parcela da indústria farmacêutica), é rica em aminoácidos essenciais e tem composição proteica com baixíssimo valor calórico (69 Kcal/100g), baixo teor de colesterol e apenas 1% de sódio. Promove, segundo os especialistas, o equilíbrio das funções do corpo humano, sendo indicada para pacientes submetidos ao tratamento de quimioterapia, recuperação de cirurgias, doenças respiratórias, intolerâncias alimentares e para pessoas que procuram dietas a partir de alimento com alto teor de proteínas e aminoácidos.

‹›

Tanto Elisabeth como M garida navegam na os alimentares dos brasileiros, que vão do paladar alcançando o pr er de cozinhar, de e pesquisar ingr de além dos alimentos orgânicos ais

Caiu no mangue, subiu na vida

O aratu (*Aratus pisonii*) – que em tupi guarani significa "barulho de queda" –, é um caranguejo de carapaça acinzentada ou avermelhada que costuma escalar, com habilidade, os arbustos dos mangues, exceto quando está acasalando: nessas ocasiões, macho e fêmea acabam se desprendendo dos galhos e tombando na água ou no lamaçal, se for maré vazante. Cozido e servido com vinagrete, em forma de moqueca ou com feijão fradinho, segundo a tradição das marisqueiras do Recôncavo Baiano, é uma iguaria que ganhou *status* gastronômico: para alguns chefs, supera o sabor de todos os demais crustáceos marinhos, com exceção da lagosta.

A única coisa capaz de trazer alguma hesitação ao prazer desse prato é conhecer o caminho que ele percorreu antes de chegar à sua mesa: marisqueiras como Telma de Jesus, 57 anos, Elza Santana de Almeida, 52, Márcia Ferreira, 38, e Roseli Conceição, 42 anos – todas da comunidade de Baiacu, na *contra costa* da Ilha de Itaparica, na Bahia –, costumam acordar às 3 horas da madrugada e percorrer, a pé, distâncias que variam de quatro a seis quilômetros, antes de começar uma jornada que dura o tempo da maré seca, de cerca de seis horas, e só termina depois que o produto da coleta é escaldado em latões de 20 litros sobre fogueiras armadas perto do local da caça. Depois, voltam para casa.

A captura do aratu começa no raiar do dia, quando as marisqueiras conseguem enxergar os bichos se enfiando no lamaçal: atrás deles, elas afundam na lama até a altura do peito, geralmente agachadas, o que, além das eventuais beliscadas, pode causar contraturas e lesões na musculatura lombar. Existe ainda o risco de cortes, arranhões, raios e tempestades. Quando a marisqueira volta para a casa, ainda precisa gastar de cinco a dez minutos em cada caranguejo: uma hora de trabalho para transformar 25 unidades em cerca de um quilo de *catado*, seja de aratu, seja de siri – bóia ou siri caxingá –, variedades mais comuns na região.

O trabalho é tão duro que mudar de atividade, nas comunidades locais, sempre foi considerada uma espécie de *migração social*: "Fulana deixou o mangue", até recentemente, queria dizer que a antiga marisqueira tinha melhorado de vida.

Quando beneficiado, o aratu pode alcançar um valor de aproximadamente 25 reais (7 dólares), para ser vendido ao consumidor final por algo entre 35 e 40 reais (10 e 12 dólares). O preço pago pelos *atravessadores*, que percorrem as comunidades na alta temporada (dezembro a fevereiro), estimula a atividade. O problema é que, depois desse período, eles desaparecem.

Mesmo tendo que vender o seu produto por menos, as marisqueiras da região passaram a viver do seu trabalho durante o ano todo, depois de se organizar em cooperativa, a Repescar, fundada em 2006 com o suporte da Organização Civil de Interesse Público (Oscip) e da Pangea – Centro de Estudos Socioambientais[17] –, apoiadas pela União Europeia, pelo SOS Mata Atlântica, pela ICM Bio e por empresas como as Lojas Renner, o Banco do Brasil e a Petrobras, em períodos distintos.

Além de eliminar os atravessadores, a cooperativa ensinou outras lições às associadas: como dividir o produto do seu trabalho em partes proporcionais ao esforço de cada uma; como administrar os custos de administração e beneficiamento para distribuir a diferença entre essas despesas e a receita da cooperativa; como aferventar, com água de boa qualidade, o resultado das coletas; como aprimorar e controlar a qualidade do produto e de que forma preservar as espécies animais que estão na base do seu sustento. Tudo isso ajudou a melhorar a qualidade de vida dessas mulheres que, em 2014, ganharam o Prêmio MPE Brasil (competitividade para micro e pequenas empresas), patrocinado pela Gerdau, com o apoio da Fundação Nacional de Qualidade e do Sebrae.

---

17 Pangea (ou pangeia), é o nome da massa continental que deu origem aoss continentes.

A socióloga Lilian Mendes, uma das *madrinhas* da Repescar, conta que em seus primeiros anos, a partir de 2006, a cooperativa forneceu treinamento a 250 associadas das comunidades pesqueiras integradas no projeto: Cai-cai/Baiacu, Cacha Pregos, Catu, Campinas, Jiribatuba, Juerana, Matange, Matarangiba e Ponta Grossa. O treinamento abrangeu desde noções de administração e finanças até informática, passando por disciplinas como contabilidade e cooperativismo.

Com o apoio do projeto *Viver Mar*, do Pangea, e da Igreja Católica de Vera Cruz, que doou um terreno à cooperativa, a Repescar ergueu uma unidade de beneficiamento com 300 m² de área construida, que inclui uma linha de processamento com mesas de aço inox dotadas de pias individuais e cadeiras ergonômicas, uma despolpadora, sala de cocção, duas câmaras frias, um túnel de congelamento e uma área de pesagem e embalagem, além do prédio administrativo e áreas de recepção e expedição do pescado.

O prédio começou a ser construído em 2008 e ficou pronto em 2011, mas a obra esgotou os recursos dos patrocinadores e a operação teve que ser interrompida por dois anos, período em que as marisqueiras conservaram as instalações e seus equipamentos, revezando-se voluntariamente nesse trabalho. Em 2013, a Petrobras resolveu apoiar a iniciativa. O prédio ganhou aperfeiçoamentos e a cooperativa obteve um caminhão frigorífico para fazer o transporte dos produtos entre as comunidades mais distantes e a unidade de beneficiamento.

Com a estrutura pronta para funcionar, as marisqueiras, voluntários da Oscip e chefs de cozinha de Salvador, como Edinho Engel, Fabrício Marques e Leila Carreiro, do restaurante Dona Mariquita, iniciaram um movimento para sensibilizar as autoridades locais e estaduais a regulamentar os produtos da cooperativa: o Selo de Inspeção Municipal de Vera Cruz, que permitiu as vendas da Repescar dentro do município, e, em uma segunda etapa, o Selo de Inspeção Estadual (SIE) da Agência Estadual de Defesa Agropecuária da Bahia (Adab).

A Repescar conquistou, em seguida, o Selo da Agricultura Familiar e o direito de vender sua mercadoria em todo o estado: peixe em postas, catado de siri, de sururu e de aratu de ostra, peixe eviscerado e polpa de peixe. Atualmente, as 210 marisqueiras associadas à cooperativa produzem, em média, oito toneladas de marisco e pescado por mês, sendo que três mil são adquiridas pela prefeitura local como parte da merenda escolar.

O passo seguinte será obter da Agência de Defesa Agropecuária (Adag) uma política pública que permita às marisqueiras escaldar os crustáceos logo após a coleta e fazer a primeira catação em suas próprias casas, antes de encaminhá-lo à unidade de beneficiamento, o que incluiria mais famílias ao projeto iniciado pelo Pangea e aumentaria a produção das comunidades da região.

Segundo uma antiga cultura local, o pescador vai para o mar e a esposa trabalha em casa, catando o marisco, o que agrega valor ao resultado da coleta. Além disso, as distâncias e a falta de transporte inviabilizam a exigência das autoridades sanitárias de que o marisco chegue ainda vivo à unidade de beneficiamento.

A cooperativa também estuda alternativas para facilitar o acesso das marisqueiras aos mangues da região: se a produção aumentar, a Repescar poderá financiar pequenas unidades de transporte – terrestre ou aquático – para as marisqueiras das nove comunidades abrangidas pelo projeto e, a longo prazo, a instalação de criatórios que facilitem a produção dos animais marinhos atualmente coletados da natureza.

Por enquanto, o criatório é um sonho distante. Mas, como diz Telma de Souza, que viajou até as nuvens ao sentar-se pela primeira vez no sofá adquirido com o produto do seu trabalho, "nada é impossível para quem passou a maior parte da vida tendo que sair de casa para usar o sanitário e agora conta com todos esses confortos".

trabalho é tão duro
que mudar de atividade,
nas comunidades locais,
sempre foi considerada uma
espécie de migr   social

O bode *cabrito*

Em seis meses de trabalho na Riocon, o braço agropecuário da família Odebrecht, o veterinário e aventureiro Blaz Martines, nascido em Albacete, na Espanha – terra dos moinhos de vento do imortal *Don Quixote*, de Cervantes –, criou duas marcas que mudaram a dinâmica de produção das carnes de ovinos e caprinos da empresa, tentando atingir o hábito alimentar do brasileiro (principalmente do sul do país): Baby Bode e Ternera. Os rótulos identificam cortes de animais abatidos com menos de um ano de idade e que, portanto, têm uma carne mais tenra, além de suas conhecidas vantagens sobre as carnes bovina e suína, do ponto de vista da saúde humana.

Segundo Blaz, 80% da carne de bode consumida no país, atualmente, é de animais mais velhos, abatidos clandestinamente, sem as normas sanitárias impostas a um frigorífico como o da Riocon, instalado na periferia de Feira de Santana, interior da Bahia. Além da presença constante de um fiscal do Serviço de Inspeção Federal do Ministério da Agricultura e Pecuária no local, a empresa segue todas as normas de higiene, alimentação e bem-estar animal nos rebanhos de sua própria criação, além de apoiar pequenos produtores do catingal do Médio Rio das Contas, ao sul da Chapada Diamantina, na Bahia. Isso lhe permite estampar, em seus produtos, o Selo de Agricultura Familiar do Ministério do Desenvolvimento Agrário.

O programa de apoio ao pequeno produtor abrange construir cisternas para 130 famílias do catingal, capazes de garantir água e alimento aos criadores e seus rebanhos, inclusive nos longos períodos de estiagem; e inclui incentivos que vão de insumos como vacinas e ração, no caso dos agricultores que ainda não possuem áreas plantadas de palma e andiroba; garantia de compra do produto final até o apoio de um zootécnico que visita quinzenalmente os sítios e fazendas dos produtores. A coordenação é feita pelo veterinário da Riocon, Fernando do Espírito Santo, especialista nas raças Boer (caprinos), Santa Inês e Dorper (ovinos).

Fernando também comanda a produção da Riocon, cuja fazenda, no município de Manoel Vitorino, concentra um plantel de caprinos e ovinos de aproximadamente cinco mil cabeças, para uma produção que pode chegar a mil animais por mês, principalmente no período da entressafra dos pequenos produtores, que vai de agosto a fevereiro. Além da assistência técnica, o pequeno produtor recebe do frigorífico da empresa, em Feira de Santana, o equivalente a 12 reais (4 dólares) por quilo de carcaça – antes da evisceração. Um terço do que o comerciante Deraldino Coin, de 74 anos, para citar um exemplo, cobra por quilo de sua manta de "bode de sol", no açougue-restaurante Bode do Coin, que funciona há 50 anos na mesma cidade.

O Bode do Coin virou atração turística porque a tal manta – cuja fórmula o proprietário não revela, *nem sob tortura* – ultrapassou as fronteiras da Bahia, depois de atrair chefs de Salvador, como Edinho Engel e Fabrício Lemos, e seus convidados, em reuniões familiares. A manta também é servida por Deraldinho Coin em seu açougue-restaurante sempre do mesmo jeito, com feijão fradinho, arroz, farofa e vinagrete. O prato sempre foi e continua sendo o único da casa, assim como o dono do estabelecimento, que acumula as funções de vendedor, processador, cozinheiro e churrasqueiro além de prosear com seus clientes no diminuto salão do restaurante – a antiga garagem de sua casa.

A caminho do sul

A atual estrutura de produção de carne de caprinos e ovinos da Riocon foi desenhada em 2007, com a aquisição do frigorífico de Feira de Santana – principal entroncamento rodoviário e centro de distribuição de todo o tipo de mercadorias para o nordeste, a 180 quilômetros de Salvador. A instalação foi projetada para empregar cem pessoas em uma área de aproximadamente cinco mil metros quadrados, na periferia da cidade, e tem uma sala exclusiva para o fiscal do SIF, que supervisiona diariamente a produção.

A permanência do fiscal garante o cumprimento, não apenas das normas de higiene, mas também das regras para o manejo dos animais que chegam à unidade. O método de abate, menos cruel que o convencional, no qual a sangria é precedida por um choque de atordoamento que deixa o animal inconsciente na hora do abate, também é fiscalizado. O local possui oito currais de alvenaria nos quais os animais são separados por espécie (carneiro/cabrito) e por gênero (macho/fêmea), para descansar por 24 horas antes da degola.

O frigorífico tem capacidade para abater 3.500 animais por mês, mas, em 2016 – em plena crise econômica – vinha operando com apenas 30% de sua capacidade, com 30 funcionários encarregados do abate, desossa, corte, processamento de linguiça e cortes temperados, embalagem e expedição dos produtos, que são resfriados ou congelados, dependendo do seu destino: Recife, Brasília, Rio de Janeiro e São Paulo.

"Antes da crise", explica o gerente industrial da empresa, Gilmário Evangelista, "tivemos três anos de seca, o que minou a nossa atividade. Se a Riocon não tivesse outros negócios, como a produção de feno, palma e algaroba – usados na alimentação animal e na fabricação de rações – e a criação de cavalos (mangalarga marchador), talvez o sonho de melhorar o sistema de produção e aumentar o consumo de carnes de carneiro e de cabrito no Brasil tivesse que ser abandonado".

"O mercado tem uma demanda reprimida", explica o gerente de vendas e marketing da empresa, Blaz Martines, "porque as pessoas estão, cada dia mais, em busca de uma alimentação mais nutritiva e saudável. A carne de cabrito, além de magra, contém mais ferro que as outras proteínas animais e nenhum tipo de contaminação por hormônios e anabolizantes. Faltava uma cadeia de produção mais moderna e organizada, como a que estamos tentando promover, desde a criação dos animais em regime de semiconfinamento, até o transporte e o abate com o mínimo estresse, como recomendam os especialistas e *gourmets*".

"Temos evitado promover o produto em períodos de entressafra", completa Gilmário Evangelista, "porque a relação entre informação e consumo é direta e também caminha na direção contrária: se a oferta frustrar o consumidor, ele acabará respondendo negativamente aos estímulos futuros", filosofa. "A nossa cadeia está apenas se formando. Se não fossem os fornecedores do sul do país e do Uruguai, a essa altura, estaríamos perdidos".

Somente em 2015, segundo o gerente, surgiu um novo núcleo de produção de caprinos e ovinos fora do Rio Grande do Sul, da Riocon e dos pequenos produtores do nordeste do país: no Paraná, uma cooperativa formada por criadores da região de Castro, a Castrolanda, conseguiu apoio técnico e um financiamento de 204 mil reais para formar um rebanho de oito mil cabeças, incentivado pela Fundação Seab e pela Emater, com o apoio técnico da Embrapa.

"Por enquanto", informa Evangelista, "80% da produção de carne de caprinos e ovinos do Brasil é abatida clandestinamente". O consumo da carne "quente", segundo Gilmário, é muito comum no nordeste. Mesmo em Feira de Santana, cidade de um milhão de habitantes e considerada um polo econômico e educacional da Bahia, a carne fresca ainda pode ser encontrada no Ceasa recentemente inaugurado pela Prefeitura. Os abatedouros clandestinos são abastecidos por atravessadores, que representam outro obstáculo ao projeto da Riocon: em vez de apoiar o produtor durante o ano, eles aparecem quando o animal está pronto para o abate e oferecem um ganho adicional, *furando a fila* de quem apostou em cada elo dessa cadeia de suprimento.

Na opinião do executivo, o consumo de carne de abatedouros clandestinos é um problema de saúde pública que demanda fiscalização mais rigorosa por parte dos órgãos governamentais, na medida que o consumo do produto no Brasil – hoje, de apenas 800 gramas per capita/ano – comece a crescer. "Isso também vai ajudar a qualificar os pequenos produtores", acredita Gilmário. Apesar da tradição brasileira na carne bovina, tanto ele quanto Blaz, que também é especialista em carne de avestruz, acreditam que o consumo de carne de ovinos e caprinos deve crescer exponencialmente no Brasil nos próximos dez anos.

_____

　　　　　mercado tem uma
demanda eprimida
　　　　　　estão, cada
mais, em busca de uma
　　　　alimentação mais
　　utritiva e　　vel
　　　　　(Blaz M　　)
_____

Bicho do mato

Há oito anos, o agricultor Joaquim de Souza Filho, que tem um sítio de sete alqueires no município de Guarantã, na região de Bauru, a 430 quilômetros de São Paulo, criava frangos de corte para o Frigorífico Noroeste, principal fonte de renda da cidade. Ouviu dizer que o frigorífico enfrentava dificuldades (como reflexo da crise de 2008) e decidiu começar uma nova atividade, a sericultura, da qual tinha ouvido falar em um programa de TV sobre o Vale da Seda, que fica no Paraná: reformou um de seus dois barracões de frango e começou a produzir seda, usando sua propriedade como hotel para o bichinho (*Bombyx mori*), que, durante 30 dias, se alimenta de folhas de amoreira e secreta um fio em volta de seu casulo antes de virar borboleta.

O frigorífico Noroeste não chegou a quebrar, mas, em 2011, interrompeu a parceria que mantinha com os pequenos produtores da região, passando a abater, exclusivamente, aves de granjas de sua propriedade. Guarantã tem menos de sete mil habitantes. Lá, o principal meio de comunicação continua sendo o alto-falante da praça da matriz e o boca a boca dos bares e calçadas. Foi assim que o engenheiro eletricista Marco Antonio Matos, de 30 anos, que tinha acabado de virar produtor rural, ouviu falar de Joaquim: "Sujeito trabalhador", lhe disseram, "honesto e dedicado". Marco Antonio, que também engordava galinhas em uma granja arrendada, tinha decidido produzir aves "raras", começando pela galinha d'Angola (*Numida meleagris*), e procurava um sócio para o seu empreendimento.

Na primeira visita à propriedade de Joaquim, o engenheiro encontrou a infraestrutura que buscava para implantar seu projeto: água limpa, um bom pedaço de mata nativa, dois barracões (necessitando de um pequeno investimento de adaptação à cultura silvipastoril), e uma horta orgânica – ideal para alimentar os animais. Bastou uma boa conversa para os dois se tornarem sócios. A produção de galinhas d'Angola iniciada por Marco Antonio, para atender restaurantes como os de Edinho Engel, Alex Atala e Mara Salles, além dos comerciantes de aves do Mercado Municipal de São Paulo, começou cerca de um ano depois desse encontro.

Quatro anos depois, Joaquim e Marco Antonio produziam no sítio cerca de duas mil aves por semestre – entre faisões ou galinhas d'Angola, em produção alternada. Quando visitei o lugar, eles começavam a construir um terceiro galpão para o crescimento de pintinhos, e um novo "pasto" para as aves adultas, além de investir em equipamentos de proteção necessários, para aumentar a produção do sítio de quatro mil para seis mil aves por temporada semestral, podendo atingir dez mil aves por ano.

A aposta de Marco e Joaquim exigiu mudanças, mas nada que soasse pior que a hipótese de Joaquim de Souza Filho ter que abandonar a sua primeira propriedade rural depois de 45 anos de vida no campo, como ele chegou a cogitar, quando o frigorífico Noroeste anunciou que não compraria mais a produção dos criadores da região. Com a ajuda do filho, Elvis, hoje com 17 anos, Joaquim aprendeu a usar a internet e, com ela, novos conceitos, como pegada de carbono, sustentabilidade e "áreas de proteção permanente" – a exemplo da mata ciliar do rio que passa por sua terra.

De posse dessas informações, a propriedade entrou no programa SAF (Sistema Agroecológico Florestal), que abrange o replantio de espécies nativas, inclusive árvores frutíferas – que o agricultor quer explorar comercialmente – e se encaminha para tornar-se um sítio totalmente dedicado às práticas ecologicamente corretas de produção, tanto de hortaliças e frutas orgânicas, como de aves criadas segundo padrões de bem-estar animal.

Vida saudável

O empenho nas mudanças valeu a pena: enquanto um frango de corte, depois de consumir espaço, energia, ração e vacinas durante um período de um a dois meses, não rende mais que o equivalente a algo entre 1 e 2 dólares por quilo, um faisão ou uma galinha-d'angola, pesando 2 quilos, chega a valer 20 vezes mais, embora o seu tempo de vida na propriedade dure de seis a oito meses. O negócio deu tão certo que Joaquim começou a também produzir faisões, comercializados pela Cerrado Carnes, de Gonzalo Barquero, responsável pela profissionalização do mercado de carnes de animais silvestres no Brasil.

Tudo é diferente nesse tipo de atividade, a começar pela comida dos animais. A ave de granja come ração e passa a vida confinada em um galpão, ao passo que as aves silvestres precisam de alimento natural e um espaço que reproduza as condições da natureza. Na primeira etapa de crescimento, as aves silvestres são separadas por idade em um galpão dividido em quatro áreas, duas delas climatizadas para reproduzir a temperatura adequada e constante de 35ºC para abrigar pintinhos das espécies "faisão de coleira" e "versicolor" – as duas mais indicadas para a alimentação humana.

Recebem, nesta fase, todas as vacinas exigidas pelas autoridades sanitárias (Newcastle, Salmonela, Marek, Gumboro e Coccidiose), além dos demais cuidados veterinários e uma supervisão permanente dos criadores, para evitar que se agridam entre si. Os galpões são cobertos com casca de amendoim para que os animais possam bicar livremente, seguindo o seu instinto de ciscar e caçar insetos. Isso também reduz o estresse na fase de crescimento.

Ao atingir a idade adulta com 40 dias de vida, pesando entre 400 e 600 gramas, as aves são soltas em cinco *piquetes* de aproximadamente 300 m², com três espécies diferentes de capim – Estrela, Braquiária e Napier – misturado a feijão *guandu* e mato nativo. Cada piquete costuma ser completamente *devorado* em menos de um mês por um lote de 500 aves. Em seguida, os animais são levados para um segundo, um terceiro e um quarto pasto, mais distantes. Todos esses "pastos" são cercados e possuem árvores que fornecem a sombra necessária ao descanso e à demarcação territorial dos animais, que continuam sendo silvestres. A alimentação é complementada com farelo de milho e de soja.

Joaquim já pensou em produzir o milho e a soja necessários à alimentação das aves, mas essa produção mexeria nos custos de sua criação. Esta, contudo, produz esterco para as amoreiras do cultivo de bicho da seda, depois de passar, é claro, por uma limpeza e desinfecção.

A criação de galinhas d'Angola e faisões é protegida por cercas eletrificadas para afastar predadores de grande porte, como raposas, gambás e jiboias, que, nos últimos anos, já devoraram cerca de 17 aves do sítio. Nos piquetes das aves, Joaquim plantou cerca de mil pés de seringueiras que, além da sombra, vão produzir, em média, dois quilos de borracha natural por planta, em cerca de um ano.

Mas o futuro da propriedade está mesmo na criação de aves silvestres que, na opinião de Marco Antonio Matos, deve crescer exponencialmente no país durante os próximos anos, impulsionada por dois fatores: paladar e saúde. "Além da popularização da gastronomia", ele diz, "as pessoas estão, cada vez mais, optando por uma alimentação saudável, igualzinho a seus avós. Quando esse fenômeno bater no varejo de alimentos, ninguém vai poder segurar os reflexos na produção rural", acredita.

Galinha-d'angola com faisão

Se você gosta de aventura, que tal um pernil de queixada com frutas vermelhas ou uma coxa de faisão assada com arroz selvagem? O risco não está na caçada – que, à exceção do javali, é proibida no Brasil – o problema está no preço que você vai pagar. Mesmo criados em regime de semiconfinamento, os animais silvestres, cuja carne não se compara, em sabor, à produzida pela pecuária intensiva, custa bem mais.

Carré de paca, costeleta de cateto ou galinha-d'angola: qualquer uma dessas iguarias pode ser encontrada nos restaurantes dos chefs entrevistados neste livro, em alguns (poucos) açougues e mercearias *gourmet*, em boa parte, por obra do costarriquenho Gonzalo Barquero, da Cerrado Carnes, que, há dez anos, decidiu aproveitar a sua vocação de zootécnico para montar um negócio capaz de alimentar esse sonho.

Barquero, hoje com 40 anos, chegou ao Brasil aos 9 anos de idade. Tinha morado no México e na Costa Rica, onde seu pai, engenheiro agrônomo, apresentou-lhe a vida no campo: subir nas árvores, caçar, sujar-se na lama, montar a cavalo, correr atrás de boi, ver as sementes brotarem até virarem pé de alguma coisa.

"As férias eram na fazenda", relata o empresário, mas o surf da Costa Rica, que tem os tubos mais perfeitos do mundo, ocupou toda a sua adolescência. O rapaz esticou o quanto pode essa boa etapa de sua vida. Aos 20 anos, foi intimado pelos pais a tomar outro rumo. Optou pelo curso de Ciências Animais – uma combinação de Biologia, Veterinária e Zootecnia – na sisuda universidade de Illinois, em Champaign, ao sul de Chicago, nos Estados Unidos.

Primeira caçada

Como a fruta não cai longe do pé, Barquero decidiu trabalhar com bois ou com cavalos, como seu pai – além da maioria dos jovens que seguem carreira em Zootecnia. O agronegócio não foi propriamente uma decepção, mas a realidade desse universo estava longe do que ele imaginou no começo do curso: os bichos não passavam de matéria-prima de uma complexa cadeia industrial. Um dia, um dos professores de Barquero, Frank Ireland, convidou o pupilo latino-americano para uma caçada – cuja temporada estava aberta – e assim o futuro empresário descobriu não apenas o sabor da carne de veado de cauda branca, como a perspectiva de uma tríade perfeita, com a qual ele sempre sonhara: homem/meio ambiente/animal silvestre.

O estudante nunca tinha enxergado essa interação como um negócio. Professores insistiram para que Gonzalo seguisse a carreira universitária – pós-graduação, mestrado, doutorado – mas, por mais que ele se aplicasse ao estudos, o que ele, de fato, queria, era voltar aos trópicos. Começou a pesquisar métodos alternativos à pecuária tradicional, considerando o bem-estar animal e a pecuária *free range* (animais soltos) como a que vinha sendo desenvolvida, havia algumas décadas, na região do Pantanal. "Hoje, infelizmente, o Brasil está fazendo o caminho inverso", ele diz. "Produtores europeus e norte-americanos começam a buscar métodos alternativos, enquanto o brasileiro se volta à pecuária intensiva".

"Depois da Lei da Fauna, que proibiu totalmente a caça no país, em 1967, os brasileiros das últimas gerações perderam a cultura da caça, com a qual eu acabara de entrar em contato, nos Estados Unidos", diz Gonzalo Barquero. "A bem da verdade, o caçador tem um respeito pelo animal e uma integração com a natureza muito maior que nós, urbanóides com alguma consciência ambiental. Além disso, aproveita totalmente o animal e come uma carne mais limpa".

Antes da universidade, o próprio Gonzalo era contrário à caça. Ele acha que essa mentalidade também começou a mudar, no Brasil, a partir da liberação da caça ao javali, em 2013. Solto na natureza, o bicho – que é de espécie exótica, no país – virou uma praga em algumas regiões, atacando a fauna nativa, destruindo nascentes, comendo pequenos animais e ovos de aves que fazem seus ninhos no chão. O impacto ambiental do javali, no Sul e no Centro-Oeste, foi forte. "Mesmo assim", observa Barquero, "algumas pessoas, desconectadas do campo, continuam lutando para banir a caça. Elas se esquecem de que os índios eram coletores e caçadores, embora nômades, o que dava à natureza tempo de se reequilibrar, ao longo de algumas décadas".

Depois de estudar novos métodos de manejo de fauna – atividade que exerce até hoje, como consultor – Gonzalo Barquero voltou ao Brasil e começou a pesquisar a vida silvestre integrada a comunidades indígenas. Quando as reservas indígenas foram criadas, cedendo à pressão dos colonizadores, o nomadismo se perdeu e a fauna silvestre, nessas áreas, começou a se degradar.

Ao tentar uma autorização para trabalhar nessas comunidades, Gonzalo descobriu que o conhecimento de manejo da fauna silvestre no Brasil estava restrito a estudos sobre a capivara – que começara a invadir as grandes cidades – liderados por um único especialista acadêmico, o agrônomo Paulo Bezerra. Com a ajuda de Bezerra e de estudantes de Zootecnia, o pesquisador montou uma ONG para desenvolver um projeto de manejo sustentável da fauna silvestre que durou dois anos: a iniciativa enfrentou tantos obstáculos – sobretudo por parte de órgãos federais, como o Instituto Brasileiro do Meio Ambiente e dos Recursos Naturais Renováveis (Ibama) – que o empresário desistiu de seu sonho.

O lado brilhante dessa moeda foi a oportunidade de transformar um objetivo científico e cultural em uma atividade comercial, tendo em vista o promissor mercado de restauração e gastronomia no Brasil. Em 2006,

Barquero e o associado de Edinho Engel no restaurante Amado Bahia, Flávio Gomes, fundaram a Cerrado Carnes, que até hoje aproxima produtores de carnes de caça – brasileiras e exóticas – dos chefs de cozinha e *foodies* de todo o país.

Além de viabilizar a comercialização de animais criados no sistema silvipastoril, a empresa fornece assistência técnica a seus cerca de 100 fornecedores e desenvolve, com eles, novos projetos de criação em espaços livres, como os de carnes de jacaré, siri mole e siri de alta qualidade, a serem lançadas em breve. "Descobri que única maneira de fazer conservacionismo era entender o mundo, e o mundo funciona à base de negócios. Para permanecer em pé, a floresta tem de ser sustentável", assinala o empresário.

Manejo Silvipastoril

Um dos carros chefes da empresa, o queixada, apelidado de "javali brasileiro" tornou-se um dos produtos gastronômicos mais caros do mundo, atrás do crocodilo do Nilo e do avestruz. "O patê de fígado de queixada ganhou um lugar privilegiado na alta gastronomia internacional e sua carne só não assumiu o primeiro lugar na preferência dos *gourmets* porque a nossa tecnologia ainda não avançou o suficiente", sustenta Gonzalo Barquero.

Mas a maior surpresa estava por vir: mesmo com a onda da gastronomia, o brasileiro conhecia o javali europeu, mas nunca tinha ouvido falar do queixada, que tem uma carne de melhor sabor. Não havia Regulamento da Inspeção Industrial e Sanitária de Produtos de Origem Animal (Riispoa) de queixada ou de cateto, mas, com o apoio da Embrapa, a Cerrado Carnes desenvolveu um esboço de regulamentação para o produto com base nas especificações da carne de porco.

Outro desafio estava no desenvolvimento da produção. Sem a demanda, nenhum sonho de apoio ao pequeno produtor fica em pé: quando um chef de cozinha apadrinha alguém, a cadeia começa a funcionar, mas a parceria pode ser arriscada para ambos os lados, porque um passa a depender muito do outro. Os sócios da Cerrado Carnes descobriram alguns produtores abnegados que estavam produzindo animais silvestres para uso gastronômico por diletantismo.

Aos poucos, com a ajuda de chefs como Edinho, Jeff Rueda, Mara Salles, Roberta Sudbrack e Alex Atalla, na ponta da demanda, e o apoio técnico do próprio Gonzalo, no início da cadeia, esses criadores foram melhorando e aumentando o seu plantel. Os módulos de criação dos bichos do mato variam de 1 hectare até 30 hectares, dependendo do tipo de animal: galinha-d'angola, do tipo "caipira" (vermelha ou rouge) e faisão requerem áreas menores (até 10 hectares); mamíferos silvestres, como a paca, o cateto e o queixada, áreas maiores. O porco "caipira" (montal) e o javali podem ser criados em espaços de tamanho médio (20 hectares).

Atualmente, a Cerrado Carnes mantém uma rede de aproximadamente 50 produtores, em Minas Gerais, Goiás, interior de São Paulo e do Rio de Janeiro, Rio Grande do Sul e Bahia. Mais importante que o apoio e as normas técnicas fornecidas pelo franqueador tem sido o relacionamento entre a empresa e seus fornecedores que, segundo Gonzalo, se apoiam em valores "antigos" – como a honestidade e uma colaboração permanente – que mais se assemelham a relações familiares.

Com base nessas relações, a empresa tem, à sua disposição, um plantel de aproximadamente 1.600 queixadas e 500 catetos mantidos por seis produtores; cerca de 500 porcos caipiras; 400 aves e 600 exemplares de pacas, capivaras e javalis. O peso aproximado para o abate, no caso do porco caipira, varia de 6 a 9 quilos (três a quatro meses de idade) para a produção de uma carne tenra, e 120 quilos (15 meses) – para cortes semelhantes aos tradicionais de carne de porco. Os javalis são abatidos com 8 meses de idade, pesando aproximadamente 50 quilos; o queixada, com 12 meses, no peso de 30 quilos e o cateto, com o mesmo tempo de vida, pode ser abatido mais de 20 quilos. O tempo de vida das aves varia de 5 a 9 meses.

A logística também é fornecida pela Cerrado Carnes, que tem uma frota de veículos refrigerados para transportar a produção e um centro de distribuição em Cotia, na grande São Paulo, para atender a cerca de 270 clientes. À medida que a demanda aumenta, em consequência da revitalização da cultura da carne de caça nos restaurantes, mídia e lojas especializadas, a empresa vai aumentando o seu potencial de comercialização, chegando às lojas premium de algumas redes de supermercados, como o

Pão de Açúcar e o Wal Mart (Sam's Club). O acordo com os gestores de compras dessas redes passa pela adequação de seus pedidos ao porte que a empresa consegue atender.

Mesmo tendo montado uma estrutura que opera há nove anos no mercado *gourmet*, a Cerrado Carnes teme não suportar o peso de uma divulgação de larga escala em seu negócio, cuja escalabilidade depende da adequação dos pequenos produtores às exigências do mercado.

A informação boca a boca têm trazido outros produtores interessados em participar da rede da Cerrado Carnes, alguns oferecendo a sua produção, outros em busca de apoio técnico para participar da rede. Eles sabem que se ficarem na mão de um único chef que, muitas vezes, atua como patrono desses fornecedores artesanais, ambos correm riscos: um, de ficar sem o produto, em consequência de algum acidente climático ou problemas na etapa de produção; o outro, de ter o seu preço "espremido" por conta de alguma contingência ou circunstância de mercado. Acima de tudo, nessa relação, paira a questão da qualidade. Quando, finalmente, esse produtor sentir-se confortável para comercializar a sua produção para uma rede varejista, terá de enfrentar o peso da grande empresa sobre o pequeno negócio.

"Alguns jornalistas me vêem como um atravessador", queixa-se Gonzalo Barquero. "Eu digo, ok, vocês têm razão, se preferem pensar assim, mas o que eu faço começou com os fenícios. Nós temos, com os nossos fornecedores, uma relação franca e honesta. Eles não são franqueados, mas é como se fossem", garante.

Na virada de 2015 para 2016, Barquero acreditava que depois de construir, durante nove anos, uma estrutura de produção de carnes de caça no Brasil, em mais três anos, a Cerrado Carnes atingiria o ponto de maturação de um trabalho que começou com uma paixão e acabou se transformando em um negócio rentável que, além de tudo, contribuiu com a construção de uma gastronomia brasileira de nível internacional.

Chefs como André Mifano, Alex Atala, Jefferson e Janaína Rueda, Henrique Fogaça, Paola Carosella, Claude Troisgros, Laurent Suadeau e Edinho Engel – que promoveu o primeiro festival de carnes de caça, no Amado Bahia, em 2010 – participaram do crescimento da Cerrado Carnes que, segundo Barquero, está longe de se encerrar na consolidação da empresa como fornecedora do mercado gastronômico. Segundo ele, o potencial do mercado brasileiro, hoje, é inesgotável. A empresa já se preparava para lançar, em 2016, carnes de jacaré e de siri, sem considerar o potencial de aves silvestres do país, no qual o empresário continua de olho.

‹›

Além da popularização
da gastronomia, as pessoas
estão, cada ez
optando por uma
alimentação saudáv
gualzinho a seus avós
Marco ntonio atos)

Fumeiro

Achaques, confiscos, prisões, emboscadas: essa tem sido a rotina dos produtores de carne de fumeiro de Maragogipe, no Recôncavo Baiano, que enfrentam um calor de 50ºC em volta de fogueiras de *pau de pombo* (*moquéns*) para emprestar à carne de porco um sabor incomparável, largamente apreciado por baianos, mas pouco conhecido pelos demais brasileiros. Os *moqueadores* são perseguidos pelo Ministério Público local e pelas autoridades sanitárias por se dedicar a uma atividade que, embora transmitida de geração em geração desde tempos ancestrais, permanece clandestina.

Por sua situação irregular, eles se tornaram presa fácil de policiais corruptos e de assaltantes que, emboscados nas péssimas estradas que ligam as comunidades produtoras aos centros de consumo – usadas como rotas alternativas –, roubam sua féria ou a mercadoria transportada.

Em 2015, com o apoio de chefs de cozinha em atividade na Bahia, como Edinho Engel e Caco Marinho – coordenador do evento gastronômico Boa Praça na capital baiana –, os produtores da carne de fumeiro acreditaram que a vida melhoraria: um projeto social coordenado pela prefeitura de Maragogipe, com o apoio do estaleiro Sete Brasil, organizou 40 famílias de defumadores do município em uma cooperativa que seria dotada de infraestrutura compatível com as exigências legais.

Assim como a carne de sol, o fumeiro ou *moquém* – empregado por algumas tribos indígenas para conservar a carne – atravessou os séculos quando não havia refrigeração: braseiro e fumaça desidratam e selam, rapidamente, a superfície da carne, evitando o desenvolvimento de microrganismos. Nas comunidades do Recôncavo Baiano, o preparo começa pelo corte da carne de porco em *mantas* das carnes nobres: filé, coxão mole e pá (paleta); a "carne de segunda" – formada por costela, pé, rabo, orelha – são preparados em uma segunda etapa, para serem usados como "pertences" de feijoada; o pernil é cortado em pequenos pedaços, para fabricar "chouriças" (linguiças feitas com nacos de carne, com ou sem gordura).

A técnica aprendida com os índios mudou muito pouco nas últimas décadas: antes de ser *moqueada* em um braseiro cuja temperatura varia de 70ºC a 100ºC, a uma distância mínima de 50 centímetros, para evitar partículas de hidrocarbonetos e alcatrão, a carne passa por uma salmoura, evitando qualquer tipo de contaminação bacteriana. Após duas horas de espera, é lavada, escorrida e congelada. Só depois de 48 horas vai para os defumadores, onde fica por cerca de cinco horas, recebendo, em seguida, uma fina camada de urucum e cominho.

Antigamente, o porco vinha dos quintais dos próprios *moqueadores*. Em 2016, os animais da raça Duroc[18] eram fornecidos por um frigorífico instalado na região. Rita Carvalho Pestana, vice-presidente da Cooperativa Agropecuária de Maragogipe (Copama), costuma processar 600 quilos de carne por semana (2,5 toneladas/mês), mas a produção de alguns cooperados passa de 15 toneladas/mês. "Antes da crise", diz ela, "chegamos a produzir 40 toneladas por semana". A carne abastece feiras e o comércio baiano, mas a exigência de documentação e do selo de inspeção sanitária vem afetando as vendas dos produtores.

O município de Maragogipe tem 45 mil habitantes e está situado a 133 quilômetros de Salvador, no *fundo* da Baía de Todos-os-Santos. Tem uma topografia acidentada e fica na margem direita da foz do rio Para-

---

18 A raça suína Duroc desenvolveu-se no nordeste dos Estados Unidos, procedente de animais importados de Portugal e da Espanha, também provenientes da raça "Red Rebanho Duroc Berkshires" (nativos do condado de Berk, na Grã-Bretanha), todos os animais de cor vermelha. No Brasil, a primeira importação ocorreu em 1956. A raça já foi considerada a mais importante no país. Gilberto da Silva, diretor técnico da Associação de Criadores de Suínos do Rio Grande do Sul (Acsurs), explica que o auge do Duroc começou com a chamada Guerra do Óleo de Soja na década de 1950, porque, até então, a suinocultura se dedicava, em grande parte, à produção de banha, conhecida como *ouro branco*. Entre a década de 1960 e 1970, com a concorrência do óleo vegetal, os suinocultores começaram a comercializar a carne e foi aí que a raça se destacou, por produzir animais com uma pequena camada de gordura cuja carne não tem marmoreio, ou seja, sem gordura entremeada no músculo.

guaçu, uma região de manguezais na qual, há cinco anos, instalou-se o estaleiro Sete Brasil, herança da política de nacionalização de equipamentos do ex-presidente Lula, na exploração do pré-sal, que subsidiaria o desenvolvimento do Brasil. A empresa recebeu a incumbência de construir 29 navios-sonda, orçados em cerca de US$ 90 bilhões, seis deles no estaleiro de Maragogipe, onde foram contratados 2.300 trabalhadores. O Senai chegou a programar, para 2015, cursos de 800 horas para dois mil desses trabalhadores, entre operadores de caldeiraria, soldadores, lixadores e outras especialidades.

Com a Operação Lava-Jato e o consequente agravamento das crises política e econômica no país, tudo ruiu: os principais sócios da Sete Brasil, além da Petrobras (9% de participação) e dos fundos de pensão das estatais, eram as empresas UTC, a OAS e a Odebrecht – todas investigadas pelo juiz Sérgio Moro –, cujos executivos foram presos, e alguns, condenados pela Justiça. A japonesa Kawasaki, sócia do empreendimento que manifestara interesse em aumentar a sua participação no projeto, desinteressou-se pelo negócio depois que a confiança dos mercados no país ficou abalada por seu histórico de corrupção.

Maragogipe – que em tupi-guarani significa guerra (mara), vale (goia) e rio (ipe) – sofreu as consequências do sonho desfeito: além da pesca e do fumeiro, o município – que já foi grande produtor de farinha de mandioca, de cana-de-açúcar e de café – ficou arrasado. No século passado, as moças da cidade ficaram conhecidas nacionalmente pela beleza de suas pernas, nas quais desenrolavam as enormes folhas de tabaco usadas nos famosos charutos Swerdick. Os velhos galpões abandonados pelas empresas de tabaco, na metade do século 20, voltaram a assombrar a população, servindo de esconderijo de viciados e criminosos depois que o estaleiro demitiu seus trabalhadores, praticamente encerrando suas atividades.

Na virada de 2015 para 2016, a cidade vivia outro drama: a perseguição do Ministério Público Federal (local) aos produtores de carne de fumeiro. A promotora de Justiça de Maragogipe, Neide Romão, se explica: "Os locais de manipulação eram inadequados ao beneficiamento da carne. Instalei um inquérito para apurar irregularidades que chegaram ao meu conhecimento, sobre a falta de estrutura e sobre o transtorno causado aos vizinhos dos defumadores".

Os produtores resistiram. Somente em 2015, Valter de Carvalho, filho de Rita, foi preso cinco vezes – ele ainda responde a um processo na Justiça; e José Luis da Conceição foi assaltado duas vezes no mesmo local, perto de Cruz das Almas, a caminho de Salvador. No último assalto, ao ser rendido, pensou em jogar o carro em uma ribanceira, só para não ter que entregar o produto de seu trabalho a um ladrão. Só não fez isso, segundo diz, por causa da mulher, que o acompanhava na viagem. Leonardo de Jesus Silva, outro produtor clandestino, foi apanhado em um pedágio: chantageado, ficou sem a mercadoria, que passava de 500 quilos. Seu irmão, Paulo, de 60 anos, perdeu a visão depois de passar por uma situação semelhante – tinha sido operado de catarata e sofria de hipertensão.

Chefs de cozinha e consumidores baianos não resistem ao produto: para eles, o fumeiro é uma iguaria que pode ser consumida de várias formas, no churrasco, cozido ou na feijoada, ou em pratos sofisticados como os que são preparados por Caco Marinho, por exemplo, em seu restaurante (DOC, em Salvador), com mel de Uruçu, farofa d'água e vinagrete. Chefs paulistas como Jefferson Rueda e André Mifano já prepararam suas receitas de fumeiro a convite do caderno *Paladar*: *Sanduíche aberto com relish de beterraba*, feito por Rueda, e *Carne grelhada com feijão caupi e picles de mini chuchu e cenoura*, preparado por Mifano.

O projeto da Copama prevê a construção de uma central para o armazenamento da carne *in natura* e para o preparo da carne, com paredes de azulejo, mesas de aço inox, além de uma área de defumação que seria compartilhada por todos os produtores, em boxes a serem ocupados alternadamente, em horários e dias diferentes, preservando a privacidade de cada receita individual, que pode variar. O chef Caco Marinho teme a perda do sabor tradicional da carne, mas parte da verba prevista no projeto está destinada a uma pesquisa para, justamente, evitar que o sabor tradicional dessa carne se perca.

Em 2016, o secretário da prefeitura de Maragogipe, Gilberto Sampaio, buscava recursos do Banco Mundial para o projeto, dentro do programa *Bahia Produtiva*, ligado à Secretaria de Desenvolvimento Rural do governo estadual, que já beneficiou laticínios e abatedouros de caprinos, ovinos e emas no município de Irecê, no noroeste baiano.

Na mesma ocasião, os produtores conseguiram uma trégua por parte do Ministério Público e da Adag, para continuar operando enquanto a junta comercial do município providenciava a inscrição da cooperativa. Para a ex-presidente da associação que deu origem à cooperativa, Simone Assis, uma área de moquéns dotada de exaustores de fumaça, uma câmara fria para a matéria-prima e outra, climatizada para conservar a carne pronta, bastaria para viabilizar a produção do fumeiro dentro de condições aceitáveis pelas autoridades sanitárias e ambientais.

"A gente não pode continuar trabalhando sob tanta pressão", desabafa Simone. "É como se tivesse um machado pendendo sobre a nossa cabeça, e não somos criminosos. A nossa carne agrada tanto que até nossos perseguidores, na surdina, costumam comprá-la para seus eventos gastronômicos", argumenta.

⟨⟩

Paraopeba

Algumas coisas deixaram saudade: o bule de café, o galinho de crochê no bico do bule, a caneca de ágata, a galinha de arame para os ovos, o medidor de açúcar feito de flandres, a lamparina, o mandiopã. Tudo isso – e mais ovo caipira, linguiça e cachaça caseiras, fubá de moinho de pedra, arroz vermelho, sabão de cinza e doce de limão-capeta – você encontra na Mercearia Paraopeba, em Itabirito, Minas Gerais, cujo proprietário, Roney de Almeida, o Roninho, segue a tradição do pai, do avô e do tetravô, praticando um comércio de escambo, relacionamento, logística, inovação e pesquisa de fazer inveja a marqueteiros e administradores das grandes empresas.

Bom de prosa e de negócio, Roninho explica porque o seu negócio se chama *venda* até hoje (sinônimo de mercearia, antônimo de autosserviço). "Para vender", simplifica, "a gente tem de conversar. Disso, vem todo o resto". Meia-verdade: a pé, de caminhonete ou a cavalo, ele costuma percorrer a região, do Topo do Mundo, na Serra do Rola Moça, a Santo Antonio do Leite, ao sul de Itabirito, passando por Ouro Branco e Ouro Preto, em busca de produtos naturais ou processados que tenham, acima de tudo, qualidade. Se também forem novidade, melhor.

O café orgânico que o casal José Magno e Rejane Braga deixou de produzir, em 2014, por questões ligadas à saúde do casal, ele ainda não conseguiu substituir. Mas, em 2016, começou a vender o palmito de Elenir Coelis, originalmente destinado à exportação (próximo capítulo).

Ciente de que o seu público não é formado somente por *gourmets* das grandes cidades – embora esse tipo se torne cada vez mais frequente no estabelecimento – o comerciante não se esquece de barganhar com os fornecedores, centavo a centavo, *pisando em ovos* para não desagradá-los em nenhuma hipótese. Essa arte vem sendo cultivada desde 1875, quando o tetravô de Roninho, seu Almeida, inaugurou a mercearia que o atual proprietário espera legar a seus filhos, Pedro Augusto (chegando à maioridade), Maria Eduarda e Ana Clara, jovens adolescentes no momento deste relato.

No fim de 2010, a Mercearia Paraopeba – nome da região que também abriga o maior museu a céu aberto de arte contemporânea do mundo, o Inhotim, a 60 quilômetros de Belo Horizonte – alcançou repercussão nacional, por meio da reportagem de Camila Marconato em um dos melhores programas jornalísticos do país, o *Globo Rural*. O estabelecimento também foi tema do *Globo Repórter*, em 2015. Depois disso, o proprietário recebeu uma comenda do então governador do estado, Fernando Pimentel, por difundir a cultura mineira, como parte do programa *Viver Minas*.

Por outro lado, Roninho tem sido obrigado a enfrentar obstáculos, muitas vezes, quase intransponíveis em seu modelo de negócio: o travesseiro de macela, por exemplo, que fez sucesso em 2014, feito da flor do campo que também serve de decoração e para perfumar o ambiente, deixou de ser produzido no ano seguinte, porque as moças encarregadas de colher as flores nas montanhas de Itabirito, na ocasião, foram recrutadas para trabalhar como camareiras em uma pousada da região e se esqueceram de avisar o comerciante.

Toma lá, dá cá do bem

Mas nem a morte de José Augusto de Almeida, o seu Juca, pai de Roninho, em 2014, abalou o negócio, embora qualquer menção ao nome do pai faça o empresário – sempre falante – se calar e desviar o olhar para longe. A crise política e econômica que abalou o país, de 2014 a 2017, tampouco mudou a rotina da família Paraopeba, que, além da esposa de Roninho e seus filhos, inclui o fiel escudeiro, Josimar Dias de Miranda – o Neném –, cuja vida também se confunde com a história da mercearia nos últimos 20 anos. O escambo continua presente na grande maioria dos negócios do comerciante, que costuma conquistar seus fornecedores com sua franqueza mineira: "Se você vai levar o meu dinheiro, pode deixar um pouco do seu comigo", costuma dizer. Com Aurora Pereira, por exemplo, uma de suas fornecedoras-clientes mais assíduas, Roninho vai além: leva todas as *compras do mês* até a casa dela, de onde, aproveitando a viagem, costuma sair com dois a três cachos de bananas, de três a seis galinhas e até 20 dúzias de ovos.

Antes de voltar a Belo Horizonte, por questão de saúde, Rejane Braga, outra fornecedora-cliente, trocava suas provisões da mercearia por queijo e café orgânico produzido pelo marido em um sítio de oito alqueires, próximo a Itabirito. Ela mesma torrava e ensacava o produto de sabor incomparável – aquele que Roninho nunca mais conseguiu substituir. Certa vez, o dono da venda vislumbrou, na propriedade do casal, um canteiro de copos de leite ao longo do riacho que corta o terreno perto da casa: imediatamente, fez uma proposta e passou a vender buquês de copos de leite em sua loja.

Os raros momentos de melancolia de Roninho só afloram quando chega a saudade do pai ou de algum parceiro/cliente que, por alguma razão, deixou de fazer negócios com ele: dona Isabel, por exemplo, da geleia de mocotó – que preferiu ganhar mais dinheiro fazendo faxina –, e os fregueses Aquiles Paz, pai de Bernardo Paz, do museu Inhotim, e Nilton Cavalieri, que chamava a Mercearia Paraopeba de *pequena grande empresa*.

Diante de elogios à administração de seu negócio, Roninho resiste: "Tem uma falha, que preciso corrigir", assume, referindo-se ao seu controle de estoque, cuja extensão já passou de 1.500 itens. "Às vezes", diz, "alguém pede uma vasilha que eu juraria ter, mas não consigo encontrar".

As pipas que a molecada procura em agosto ou no verão, junto com as linhas Corrente, nunca são suficientes. Até penico, segundo Roninho, tem a sua procura, por mais incrível que possa parecer: coisa de gente simples, mais velha, que ainda tem banheiro fora de casa.

Há outro problema que o dono da mercearia nunca vai poder corrigir: a oferta de mercadorias produzidas em escala pequena ou artesanalmente, uma a uma. De acordo com Roninho, muitos de seus fornecedores enxergam qualquer tipo de conselho técnico como intromissão. "Eles gostam de fazer as coisas do jeito deles", informa. "Os mais jovens podem até mostrar interesse em aumentar a sua produção, mas já perceberam que a opção pelo produto artesanal, mesmo dando mais trabalho, é mais interessante que a larga escala, que requer adubo e agroquímicos, em se tratando de produtos agrícolas. Na produção em escala, o pequeno produtor concorre com grandes empresas, que, necessariamente, têm um poder muito maior".

Torcer o pepino

Quando Roninho era mais jovem, viu um pequeno produtor oferecer a seu pai um lote de pepinos em miniatura, quase maduros. Em vez de recusar a oferta, seu Juca pagou o preço que ele pedia, sob a discreta reprovação do filho, que não entendeu a decisão. Depois de pagar, o pai sugeriu ao produtor que passasse a colher o fruto um pouco mais verde, para ser consumido *in natura* ou processado em forma de picles. Isso aconteceu há 20 anos. Hoje, o agricultor Antonio Maria, de 70 anos, continua fornecendo à Paraopeba – onde, aliás, também faz suas compras regularmente – pepino verde e outros legumes, tubérculos, cebola e verduras.

Entre o lado profético, que o fez perceber há muitos anos o crescimento da demanda por alimentos orgânicos produzidos artesanalmente, e a habilidade de relacionamento herdada ou aprendida com seu pai, Roney de Almeida reconhece em si outra característica: a curiosidade em relação às pessoas e às coisas. Isso lhe permite renovar permanentemente o estoque da Mercearia Paraopeba e, de certo modo, atender à demanda diversificada de seus clientes. "Não tenho bola de cristal", esquiva-se "mas, geralmente acerto".

Segundo o comerciante, o consumo de produtos como a farinha de feijão – usada, no interior de Minas, para fazer bolinho (semelhante ao acarajé baiano, mas frito na banha de porco) –, o fubá de moinho, o jatobá (fruta), o ovo caipira, o parmesão de Entre Rios e o azeite de mamona (usado para *curar* umbigo de recém-nascido, lubrificar sino e amaciar couro), sempre foi normal em Itabirito. O que o espanta é ver uma criança da cidade não acreditar que dentro de uma vagem marrom, que mede algo entre um e três centímetros, existe amendoim.

Assim como o amendoim, a maioria dos alimentos vendidos na Mercearia Paraopeba vem de clientes que têm alguma coisa a oferecer: um ovo de pata, uma galinha, uma colheita de jabuticaba, um lote de pêssego.

Roninho nunca trai os seus antigos fornecedores, mas com as vendas em alta, começou a pesquisar novidades. Quando é que ele poderia imaginar que o fubá de moinho de dona Virgínia ou o mandiopã de dona Maria fossem virar ingredientes da gastronomia brasileira? Ou que o seu sabão de cinza pararia em Nova York e, depois, no *Globo Rural*?

Nas vizinhanças de Itabirito, o sabão de cinza sempre foi usado para curar doenças de pele ou para simples limpeza, por não conter soda cáustica: "Um sujeito que tem problema de pele vai a tudo quanto é lugar, até se benze, e nada daquilo dá resultado", conta Roninho. "Depois, toma banho com o sabão de cinza, e o trem sara".

Mas o comerciante também se preocupa com a transmissão desses saberes através das gerações e dos reflexos disso em seu negócio. Diz que os pais de hoje querem ver os filhos doutores, para não terem de ralar como eles ralaram. Mas se esquecem de lhes transmitir certos valores. Antigamente, a honestidade, por exemplo, era um valor supremo, filosofa o comerciante: "Às vezes, eu pago um preço um pouquinho além do que o mercado pratica, apenas para estimular o fornecedor a continuar produzindo. Outras vezes, acontece o oposto. Um produtor de alho, por exemplo, acha que o seu preço poderia subir um pouco, porque o seu produto é superior, mas não vê que está competindo com outro, que é produzido e comercializado em larga escala, tornando essa competição muito difícil".

Alguns produtos da mercearia poderiam ser vendidos a um preço mais alto, como o travesseiro de macela e a florzinha que deixou de ser colhida em 2015 por falta de mão de obra. "Se eu tivesse oferecido um preço maior, com certeza, teria o produto", lamenta-se, "mas eu não posso trabalhar com um preço muito mais alto, porque o meu público principal são as pessoas daqui mesmo".

Dívida antiga

Situações como essa ainda permeiam a atividade da Mercearia Paraopeba, passados 140 anos de sua fundação. Filho único de seu Juca, Roninho se lembra de quando, pela primeira vez, aos 18 anos, perguntou ao pai sobre suas férias no trabalho. "'Como é que eu vou fazer, pai?', perguntei. 'Só se você estudar', ele respondeu, 'porque nesse serviço, férias, nunca mais, filho'". Roninho formou-se em Contabilidade, mas decidiu parar os estudos para não abandonar o negócio da família, negócio este, que hoje ele admite, era a sua vocação.

— Você é o cara que não vende fiado? — interrompe uma consumidora que acaba de entrar na mercearia.

— Não, não, não — responde o dono do armazém. — Vamos pesar já o seu feijão roxinho.

A senhora, como logo se fica sabendo, veio acompanhada pela irmã, por uma amiga e pelo sobrinho, cinegrafista, que vive em Nova York. A conversa se estende:

— Veja aí se o meu avô ficou devendo alguma coisa para o seu — ela diz.

— Se ficou, está tudo certo — responde Roninho, sem interromper a pesagem do produto que ela veio buscar, além do sabão de cinza, que ela conheceu pela reportagem do *Globo Rural*.

As pessoas sempre se interessam por algum objeto exibido na prateleira ou pendurado no teto da mercearia: o grupo que acaba de chegar também quer saber de onde veio a ideia de uma vassourinha para limpar o borralho do fogão a lenha, e que também serve para limpar churrasqueira. A vassourinha é feita de capim amarrado por tiras de embira e acaba sendo comprada pelo grupo por seu efeito decorativo.

E lá vem mais história: depois de uma reprise de uma reportagem do *Globo Rural* que mostrou o livro de contas do avô de Roninho, outra cliente da loja lhe enviou um *whatsapp* indagando quanto seu bisavô tinha ficado devendo. Sócia de uma rede de postos de combustíveis, ela não resistiu a fazer pilhéria com as contas do parente: "Não sabia que o meu bisavô comprava fiado na mão do seu, não, uai", disse. "Ele ficou devendo?". Roninho diz que foi difícil resistir à tentação. "Ela tem muitas posses", explica. "Mas informei que estava tudo certo".

O comerciante participou de outra situação, na qual uma conta real deixou de ser paga por um chefe de família que comprava na mercearia durante toda a sua vida, sempre com muita dificuldade. Quando a viúva procurou o seu Juca para acertar o montante, o pai de Roninho se fez de desentendido. Disse que o débito tinha sido zerado. "Tenho certeza de que ele também ajudou no enterro, sem que ninguém soubesse", emociona-se o filho do antigo cliente.

Quem faz e quem aprende

Os mineiros de Nova York resolvem levar, também, bacalhau, puxando outra história do dono da venda. Seu Juca costumava colocar um aviso de papel sobre a pilha do pescado: "Olhe, me leve, mas não me belisque". Roninho explica que alguns clientes, depois de tomar uma cachacinha, tinham por hábito puxar um pedacinho do peixe para servir de tira-gosto. "Acontece que, quem vai comprar, não quer levar o bicho beliscado, faltando pedaço", explica. "Uma vez, um sujeito perguntou ao meu pai quanto custava a cachaça que tinha tomado, e o meu pai disse que não ia cobrar pela cachaça, só pelo bacalhau beliscado, que custaria 3,90 reais. Depois, disse que estava brincando, mas o tal sujeito nunca mais beliscou o bacalhau da venda".

A Paraopeba tem uma demanda extra, formada pelo público em contato com a mídia, que deu projeção internacional ao negócio nos últimos anos. No entanto, Roninho acredita que se o seu negócio crescer demais, ele, proprietário e administrador, vai acabar ficando doente. Ele se diz feliz com o que conquistou, talvez além do próprio merecimento: um sítio em Capanema, a poucos quilômetros de Itabirito, uma casa no centro da cidade e uma segunda loja de sua propriedade ao lado da igreja matriz. "Tenho uma boa qualidade de vida", acrescenta, "uma família bacana, que me ajuda muito, ar puro, boa saúde, graças a Deus, e um trabalho que me gratifica. O que mais poderia querer?".

"No meu negócio", acrescenta, "de nada adianta muita quantidade e pouca qualidade. Tem gente querendo que eu monte uma loja franqueada em São Paulo, por exemplo. Mas como é que eu vou fazer para vender tanto ovo caipira, se a galinha bota só um ovo por dia?". Em alguns produtos, ensina Roninho, é possível combinar quantidade e qualidade. Em produtos como o cumbú mineiro (espécie de bolo de fubá) ou o travesseiro de macela, não adianta elevar a relação de custo-benefício, porque o público da loja não aceita pagar mais por esses produtos.

"As hastes da vassourinha de cinza", continua o comerciante, "só crescem em um terreno ruim, mas se ninguém quisesse colher, não teríamos o produto. Só começamos a vender a vassourinha depois de muito insistir com um vizinho meu de sítio, Adão Feliciano, que não acreditava que isso pudesse ter algum interesse. Mas ele resolveu providenciar a matéria-prima depois que eu disse que ele podia colher o mato no meu terreno, assim como a embira da amarração. Hoje, um monte de gente compra. Porque é prático e ainda serve de decoração. O ninho de fibra de bambu para a galinha, também vi um senhor fazendo em São Gonçalo do Barção. Fez tanto sucesso que começaram a surgir imitações. Agora, ele não tem mais preço, porque faz com muito capricho e as imitações são baratas, como se diz".

Tanto a vassourinha, quanto o ninho feito de bambu, são exemplos de produtos desenvolvidos pelo pesquisador Roney de Almeida, mas que surgiram em seu caminho. Outros, ele acaba recriando: depois que o mercado dos ninhos tornou-se inviável para o seu inventor, por causa das imitações, Roninho convenceu-o a produzir pequenos balaios, feitos com o mesmo material, para acomodar ovos. Foi outro sucesso de vendas.

Segundo Roninho, a maioria dos artesãos que fornece utensílios e objetos de decoração para a mercearia são pessoas simples, que se divertem e se contentam em produzir em pequena escala. "Se o universo deles fosse mais amplo, talvez eles não se contentassem com esse pouco", afirma o empresário, "mas, como têm paciência e se dedicam totalmente ao trabalho, o seu produto tem qualidade".

"Também peço a muitos clientes que tenham essa mesma paciência", filosofa Roninho, "porque, às vezes, um produto não está disponível naquela semana, nem na outra, mas, um dia, chega. Quando eu aviso que a encomenda está comigo, a pessoa fica feliz. Sabe que compensa esperar. Porque aquele produto foi feito com o maior carinho e tem a qualidade esperada".

Roninho acha que a gastronomia brasileira não pode abrir mão dessa busca por insumos de qualidade e de ingredientes naturais, assim como os seus fregueses de Itabirito, que não se deixaram contaminar pelas facilidades do alimento industrializado. Existem pessoas jovens que visitam a mercearia para buscar produtos como amoníaco (para fazer a *quitanda*, composta por tortas e biscoitos – presente na memória afetiva do chef Edinho Engel) ou farinha de feijão para o bolinho (acarajé) mineiro.

"Os jovens podem não estar fazendo essas receitas, mas suas mães, com certeza, estão lhes transmitindo esses saberes, o que inclui onde comprar as coisas certas, o queijo, o ovo, o mel, o utensílio", acredita Roninho. "Aqueles que preferem não fazer, vêm comprar o produto final comigo, porque eu tenho quem as faça. O fubá de moinho, a farinha, o fermento, também servem para a Cidinha fazer as rosquinhas que eu vendo, por exemplo".

Quituteiras

Maria Aparecida Oliveira dos Santos, a Cidinha, é uma senhora de meia idade que aprendeu a fazer rosquinhas de milho e de leite com a mãe, Lurdes, e fornece, pelo menos, 200 pacotes desses produtos à Mercearia Paraopeba, uma vez por semana. Cidinha também fabrica o *cubú* de fubá, outra receita mineira que inclui farinha de trigo, ovos, gordura de porco (ou óleo vegetal), fermento e um pouco de leite, para ser assado na folha de bananeira. Ela ensina que a rosquinha de fubá tem de ser assada no forno à lenha ou elétrico, rapidamente, sob alta temperatura, ao passo que a rosquinha de leite, de textura tenra, pode ser feita no forno a gás.

Cidinha tem um espaço dedicado exclusivamente à sua produção e diz que essa história de alimento sem glúten não chegou a Itabirito, ao contrário da intolerância à lactose. "Mas minha avó, diabética", diz, "aos 95 anos, come de tudo e goza de boa saúde". Segundo ela, a crise econômica não afetou o seu negócio, mas as mudanças climáticas, sim: as pessoas comem mais rosquinhas no inverno, com um café quentinho, enquanto que, no verão, não costumam ficar muito tempo dentro de casa. Como o inverno está cada vez mais escasso, a venda de rosquinha tende a cair um pouco.

"Quando têm algum problema de saúde, nossas quituteiras param de trabalhar", revela o Roninho. "Não estão nem aí. Eu que me vire". Não é o caso de Antonio Maria, o homem do pepino verde, que vendeu o sítio onde produzia hortaliças para um novato e comprou um brejo, com pouco menos de dois mil metros quadrados, perto de um riacho, na periferia de Itabirito. Em pouco tempo e com um investimento de apenas 4 mil reais na irrigação do terreno, ele passou a produzir pelo menos 30 tipos de verduras, frutas e legumes. Seu Antonio orgulha-se de nunca ter ficado doente.

Com uma coleção de seis enxadas diferentes, dois ancinhos, uma tulha de pau-a-pique para guardar parte da colheita, uma caixa d'água de mil litros e uma área para descarga de adubo natural na entrada do terreno, seu Antonio produz, regularmente, couve, alface, almeirão, ora-pro-nóbis, cenoura, beterraba, quiabo, pimentão, tomate, cebola, brócolis, batata, amora, uva, tangerina, limão, ameixa, maracujá, caqui, mamão e morango. "Pequeno, mas atrevido", na definição do proprietário, o terreno também produz mandioca, mas a prensa na qual ele fazia farinha foi vendida junto com o sítio anterior.

O produtor mora perto da chácara, cujas verduras, muitas vezes, abastecem os vizinhos gratuitamente. Quando a produção excede o volume de compras da Mercearia Paraopeba, o agricultor pega a bicicleta e sai vendendo, ele mesmo, a produção excedente. Dona Laurinha, que fornece doces em barra à mercearia, não tem esse problema: toda a produção do seu quintal – espécie de edícula munida de duas fornalhas à lenha construídas pelo filho, Daniel, de 22 anos –, têm destino certo.

Laura Fernandes Pinto, a dona Laurinha, começou a fabricar doces em barra para ajudar o marido, Romeu, que seguiu a tradição de seu pai, Bartolomeu, ambos já falecidos. Por coincidência, o avô dela, Mário Fernandes, também fabricava doces em Itabirito. Talvez por isso, os produtos que saem dos tachos (sem alças e de fundo reto) e tachas de cobre da família – seja a goiabada-cascão ou os doces de limão-capeta, de pêssego ou de figo – têm um sabor inigualável. "Varia de acordo com a pegada da pessoa", explica Laura com modéstia, "além da temperatura da fornalha, da capacidade do tacho e a idade da fruta". Só de goiabada, ela processa 120 sacos da fruta por ano, a maioria fornecida por uma vizinha ou pelo próprio Roninho.

Quando faz sol, a família produz doces de cidra e de laranja cristalizados, mas o doce de leite é o que tem mais saída: de 15 a 18 tachos por mês, equivalentes a 1.200 litros. No fim do ano, a demanda aumenta, porque as pessoas querem abastecer suas casas para as festas de Natal e Ano-Novo. "Fico com dor na coluna", queixa-se dona Laurinha. Cada barra de doce de leite leva mais de três horas para ficar pronta em um tacho que mede 1,20 metro de diâmetro, enquanto o doce pastoso consome duas horas e meia de trabalho.

Quando Daniel não está na fábrica (quase sempre), ela se divide entre o cozimento do doce e a alimentação das fornalhas com grossas toras de eucalipto. Mas não perde o bom humor e, muito menos, o jeito mineiro de receber as visitas: café fresquinho, bolo de fubá de milho, queijo feito em casa e – claro – goiabada-cascão.

Alguns dos fornecedores de Roninho são arredios: evitam contato com os *gourmets*, jornalistas e chefs de cozinha que se tornaram amigos do dono da mercearia, para não se deixar contaminar pela vaidade. São os casos de Jair (do arroz vermelho) e de Márcio, do alho de Amarantina, que ficou famoso por seu sabor especial. Diz a lenda que, há 40 anos, espiões argentinos contaminaram as terras do maior produtor local, Juca Santos, oferecendo um adubo especial que melhoraria ainda mais a produção. Duas safras depois, as raízes do alho desse produtor e de seus vizinhos, aos quais ele fornecia sementes, apodreceram, contaminando toda a região produtora.

"Os técnicos da Emater não acreditam em sabotagem", explica um antigo produtor, Celso Álvares Rodrigues, "mas o nosso alho nunca mais foi o mesmo". Segundo Roninho, nos últimos três anos, um produtor arredio, conhecido como seu Márcio, que não gosta de gente estranha, conseguiu voltar a produzir um alho de primeira linha no distrito de Glaura, vizinho de Amarantina. Mas como ele conseguiu essa proeza, ninguém sabe.

Produtos como o alho do misterioso Márcio e o fubá de moinho de pedra de dona Virgínia Toledo, hoje com 94 anos, e Júlia Odília, sua filha, o mandiopã de dona Maria e o azeite extra-virgem Oliq, produzido em São Bento do Sapucaí, na Serra da Mantiqueira, em São Paulo – são vendidos há anos pela Mercearia Paraopeba. Agora, abastecem restaurantes de chefs famosos como Roberta Sudbrack, no Rio de Janeiro (que se tornou amiga do comerciante), Francisco Trindade e Felipe Rameh (eleito chef do Ano de Belo Horizonte pela *Veja BH* em 2015), do restaurante Trindade, e Nelsa Trombino, do restaurante Xapuri, também em BH.

Novidades nunca amedrontaram o abre-alas da Paraopeba, ao contrário. "Se esse for o nosso caminho," arremata Roney Almeida, "vamos em frente".

Palmito real

A palmeira-real (*Archontophoenix cunninghamiana*) veio da Austrália para substituir a nativa juçara (*Euterpe edulis*) em nossa mesa. De tanto consumi-lo, quase extinguimos o palmito-juçara, que tem uma textura e um sabor muito superiores aos do palmito de açaí, tendo se tornado uma espécie de coringa de todo chef de cozinha, seja profissional ou de fim de semana, no risoto, na salada, nas tortas ou como acompanhamento de peixes, aves e carnes. Coincidência ou não, a palmeira-real, que também fornece um produto de primeira linha, acabou repovoando a região da Estrada Real, em Minas Gerais, entre Itabirito, Ouro Preto e Congonhas, onde a gastronomia e o turismo andam juntos desde o início do século passado.

Em 2005, 108 agricultores, responsáveis por 1,5 milhão de palmeiras-reais cultivadas em um raio de 150 quilômetros a partir de Itabirito, se reuniram para fundar a Associação dos Produtores de Palmito da Região dos Inconfidentes (Aperi). Enquanto o palmito-juçara leva de sete a oito anos para ser colhido e o de de açaí apenas dois anos a palmeira-real precisa de um período de três a quatro anos de cultivo. Com dois metros de altura, já pode ser cortada. O sabor do seu caule varia entre o doce e o amargo, semelhante ao do palmito-juçara.

Em 2013, 15 desses agricultores resolveram bancar a instalação de uma agroindústria, a Eco Brasil, para processar e comercializar o produto de seu cultivo. Com um investimento de 350 milhões de reais (106 milhões de dólares) em 337 metros quadrados de área construída, a fábrica ficou pronta em 2015 e começou a operar, em escala experimental, em

2016, com uma capacidade de produção de 1,2 milhão de potes de 350 gramas por ano, podendo alcançar 1,5 milhão de potes/ano.

À margem da Rodovia dos Inconfidentes, a cinco quilômetros de Itabirito, a instalação foi entregue à administradora de empresas Elenir Coelis, de 45 anos. Depois de trabalhar em grandes empresas como a Móveis Europa, com sede em Belo Horizonte, aceitou o desafio para acompanhar o marido, André, em suas aventuras como ex-construtor que virou caminhoneiro e optou por viver na zona rural, em um sítio de cinco alqueires, onde a família (o casal e seus três filhos) produz verduras e legumes em pequena escala.

Antes de ser contratada pelos sócios da Eco Brasil, Elenir conheceu Roninho, da Mercearia Paraopeba, da qual tornou-se fornecedora de abóboras e, em seguida, de suspiro, que ela chegou a produzir em lotes de 3.430 unidades cada. "Eram 14 tabuleiros com 35 unidades cada um, vezes sete fornadas", conta. No fim de um ano, a administradora sofreu uma lesão no braço direito, por esforço repetitivo, e teve que parar. "O suspiro tem de ser artesanal, um a um", explica.

"A vida no campo tem muitas vantagens", justifica, "mas tem de ser uma opção consciente. A pessoa precisa se acostumar ao carro sempre sujo de barro, à internet que, às vezes, não funciona, a planejar direitinho suas compras. Nós poderíamos alugar um apartamento, mas escolhemos arrendar um sítio", ela diz. "Quando alguém fala que gostaria de fazer como nós, eu costumo repetir a frase do pai do Roninho, o seu Juca: 'A vida só tem uma safra, aproveite'".

A produção da Eco Brasil, segundo Elenir, também foi uma ótima escolha em sua vida profissional. "A gente chama de fábrica", explica, "mas a produção é praticamente artesanal, embora totalmente esterilizada e isolada do mundo exterior, como se exige de toda estrutura de processamento de alimentos". Na fase inicial de produção, a fábrica empregava 15 pessoas, mas, à plena capacidade, tem expectativa de empregar o dobro desse contingente.

Elenir conhece o estigma do palmito em conserva, relacionado a uma suspeita de botulismo, que ganhou repercussão nacional em 1997, mas lembra que esse é apenas um dos microrganismos combatidos no processamento do produto. A própria diretora industrial raramente entra na área de preparação e cozimento, que exige roupas e acessórios adequados, além de uma rigorosa descontaminação no corredor sanitário da fábrica.

O processo, segundo Elenir, é 90% manual, da descarga dos lotes na área externa da unidade à retirada da primeira casca dos troncos da palmeira que, em seguida, ingressam na área de produção por meio de portinholas, onde é retirada a última camada de casa e são preparados os toletes de aproximadamente nove centímetros de comprimento. Os que não alcançam esse tamanho são cortados em rodelas e a base do palmito é picada: o produto pode ser comercializado nessas três formas.

Uma vez cortado, o lote recebe a adição da salmoura com ácido cítrico, em uma "receita" definida pela análise de suas amostras, que determina a curva de acidez do palmito, cujo PH tem de ficar abaixo de 4,3. A fórmula varia de acordo com cada lote.

Junto com a salmoura, o palmito é cozido em uma cuba aquecida a vapor (100ºC) durante cerca de 35 minutos. Depois disso, segue para o envase. Nos potes de vidro, o palmito permanece por 15 dias em uma área de quarentena, finda a qual, passa por uma nova bateria de testes, incluindo vácuo e pressão. Só depois de aprovado, o lote de fabricação segue para o envase e a rotulagem.

A Eco Brasil vem negociando com o Sistema Integrado de Vigilância Sanitária de Minas Gerais (Sigvisa) a obtenção do seu alvará sanitário para poder comercializar o seu produto nas redes varejistas do estado e em mercearias *gourmet* de todo o país. O rótulo do palmito real da Eco Brasil será preto e dourado, indicando a alta qualidade do produto, que deverá chegar ao consumidor por um preço sugerido entre 18 e 35 reais (6 a 12 dólares), cada pote de 350 gramas. A ideia é competir com as marcas *premium* do produto, que são comercializadas a preços acima dessa faixa. Além das embalagens de 350 gramas, o palmito da Eco Brasil será comercializado em potes de 1,8 quilo para a restauração industrial.

Nos períodos de entressafra, de agosto a novembro – quando os produtores evitam colher a palmeira-real, considerando a queda de produtividade das culturas em face da seca –, a Eco Brasil pretende instalar uma linha de produção de pastas e geleias, hoje produzidas artesanalmente pelo produtor Vitor Malilo, também de Itabirito, que vende as suas geleias de jiló (de gosto semelhante ao da marmelada) e de pimenta no Mercado Municipal de Itabirito (Rua Dr. Eurico Rodrigues, 486, às terças, quartas e sábados).

Peixe do dia

Depois de criar o primeiro restaurante-peixaria de São Paulo, na onda gastronômica das últimas décadas, o chef Cauê Tessuto, então com 32 anos, decidiu aproveitar outra corrente do mesmo fenômeno – a demanda por ingredientes frescos e de boa qualidade por parte de seus colegas de restauração. Estimulado por chefs como Helena Rizzo, do Maní, Marcelo Bastos, do Jiquitaia, Gabriel Mateuzzi, do Tête-à-Tête e Ivan Ralston, do Tuju, ele abriu um entreposto pesqueiro no coração da Vila Madalena, em São Paulo, perto dos principais restaurantes da cidade. Usou o aprendizado adquirido em dois anos de A Peixaria, para atender, também, alguns *foodies* que sabem valorizar o pescado fresco, independentemente da espécie.

À experiência de quem foi obrigado a virar do avesso a cadeia que vai da produção (ou coleta) da matéria-prima do restaurante, Cauê somou o conhecimento adquirido nas cozinhas dos restaurantes por onde passou no Brasil, Chile, Argentina e Espanha, para ocupar o seu próprio nicho no mercado gastronômico. Foi subchef do restaurante Namesa em 2004, trabalhou nos espanhóis Kokotxa, na Espanha, em 2009, e Martin Berasategui (três estrelas Michelin), também no País Basco, e no Eñe, no Rio e em São Paulo, em 2011. Foi na costa espanhola que o chef aprendeu a valorizar peixes locais – ainda que estranhos, como o rodaballo, na época desconhecido, assim como os langostinos de Denia, Palamós e Vinaroz – que chefs do mundo todo começam a substituir pelos peixes *conhecidões*.

Depois de percorrer todo o litoral sul do país, de São Sebastião (São Paulo) a Tubarão (Santa Catarina), Tessuto delimitou como principal área de atuação o trecho que vai do litoral norte de São Paulo até Paranaguá (Paraná), passando pelo litoral sul (Iguape e Cananeia, em São Paulo) – de onde ele traz, por exemplo, a tainha que desova nos canais em janeiro e chega ao auge da temporada em junho. Desses locais, o peixe de Tessuto chega ainda fresco à cozinha dos restaurantes, depois de percorrer apenas alguns quilômetros. O fornecedor desenvolveu uma logística sob medida, que inclui desde o financiamento de canoeiros, pescadores autônomos e cooperativas, até os funcionários de seu entreposto na Vila Madalena, passando pelos dois caminhões frigoríficos que transportam a mercadoria. O peixe chega fresquinho, poucas horas depois de pescado, ainda no período da manhã.

Assim como no A Peixaria, que funcionou em Moema até maio de 2016, os clientes da nova empresa, Pescado Já, fazem suas encomendas pela oferta do dia, e não por peixes específicos, como antigamente – prejereba, beijupirá, pescada olhuda – a preparação e, consequentemente, a "venda" depende do estilo do chef que vai pesquisar um prato ou servir o produto mas, principalmente, da coleta do dia (*the catch of the day*).

"Os novos chefs romperam com antigas práticas de enganar os clientes, vendendo abadejo como se fosse badejo", resume Cauê. "No consumo em larga escala, isso ainda acontece, quase tudo vira pescada, mas nos bons restaurantes, não é mais assim", garante. "Muita gente aprendeu que o melhor peixe é o que acaba de ser retirado da água, independentemente da espécie, e essa mudança, embora lenta, é bem-vinda, porque os peixes mais badalados, como o badejo, o cherne, a garoupa e o robalo, ou estão desaparecendo, ou se tornaram muito caros".

"Estamos vivendo uma nova era", diz o especialista, entre cético e empolgado, "mas a mudança é lenta e difícil. O mesmo trabalho educativo, voltado à sustentabilidade, que temos feito junto aos pescadores artesanais da nossa região, a começar pelos do nosso projeto, o Lagamar, fazemos também com nossos clientes e parceiros".

Embora a pesca industrial esteja focada em outras espécies, como o atum e a sardinha, os pescadores artesanais também estão suscetíveis às tentações do imediatismo, na opinião do mercador, que vive em contato com eles. "Se você disser a um pescador que estão pagando 60 reais pelo quilo do robalo, ele vai jogar até bomba no canal", diz. "É preciso muito cuidado e muita conversa também, até ele entender que se fizer isso, vai acabar com o seu próprio meio de vida".

Cauê faz esse trabalho *educativo* por saber que o seu negócio depende disso: sustentabilidade econômica, que se confunde com a sustentabilidade ambiental e social. "Não adianta comprar peixe com peso menor que o permitido", observa, "porque, amanhã, o produto vai faltar, como aconteceu com a lula e o polvo em 2016 e 2017, e com a água em São Paulo, em 2015. Infelizmente, as pessoas só se dão conta do valor dos recursos naturais quando eles começam a escassear", diz.

Uma das principais fontes de suprimentos da Pescado Já, o projeto Lagamar foi criado no fim de 2014, na região que vai da Bacia do Paranaguá ao Vale do Ribeira – principal faixa de atuação da empresa –, para estreitar laços com os pescadores artesanais, via preços justos e educação ambiental. Foi com o produto desses pescadores que Cauê começou a atender os restaurantes Varanda, Maní, Chef Vivi e Tête-à-Tête.

Por outro lado, quem aproximou a empresa dos pescadores de Toque-Toque, no litoral norte de São Paulo, foi Ivan Ralston, chef do Tuju. Como rota de passagem dos cardumes, a região tem muito a oferecer: olho-de-boi, sororoca, cavala, garoupa, pirajica, vento leste. Com a Pescado Já, que passa longe de robalos e salmões, Cauê transmite a seus clientes o conhecimento que acumulou sobre essas e outras espécies de peixes – os que apresentam mais colágeno, os de pedras, que se alimentam de mariscos e têm carne mais adocicada, os de profundidade, de carne firme. "Os peixes não são iguais", ele ensina, "mas a graça está em se aventurar em novos sabores."

Beijupirá

Em suas andanças pelo litoral, Cauê conheceu um especialista em beijupirá (*Rachycentrum canadum*), Domingos Llorca, da Maricultura Itapema, que tem um berçário da espécie em uma área cedida pela prefeitura de São Sebastião. No continente, a empresa – também mista de fornecedora e educadora ambiental – possui dois criadouros: um em Ilhabela (SP) e outro na ilha de Búzios (litoral de São Paulo). Além disso, uma terceira área de cultivo, em Ilha Grande (RJ) é mantida em parceria com o criador Kazuo Tonaki, da Pousada Nautilus. Nessa parceria, Domingos fornece os alevinos e a logística de comercialização do beijupirá.

Kazuo Tonaki é outro entusiasta da ecologia marinha: cria vieiras – consideradas um indicador da qualidade da água em que vivem, por serem muito sensíveis –, e mantém um projeto social junto aos pescadores da ilha. Esse trabalho começou em 1995 e, hoje, inclui um laboratório responsável pelo fornecimento de "sementes" para outros produtores e para o repovoamento de espécies na região. Em consequência das vieiras e do beijupirá, Kazuo também passou a criar ouriços e pepinos-do-mar. A "fazenda" recebe, regularmente, a visita de pesquisadores de várias universidades brasileiras. Segundo o criador, o beijupirá poderá contribuir muito com a alimentação da humanidade – sem destruir a fauna marinha – nas próximas décadas.

Mas o que de fato aproximou os três amigos – Cauê, Domingos e Kazuo – foram os princípios da *ecogastronomia*, que começa com a produção sustentável de um dos últimos alimentos extraídos da natureza em estado selvagem, o peixe.

No caso do beijupirá, a qualidade e as características almejadas pelos chefs se origina na produção sustentável que vai do início ao fim dessa cadeia, incluindo o reaproveitamento de rejeitos de pescado na engorda dos peixes e um processo de abate humanizado: o peixe é colocado no gelo assim que é retirado do viveiro, onde tem morte instantânea, uma vez que a espécie não sobrevive abaixo de 17ºC.

Em Ilha Grande, o criadouro do beijupirá possui seis gaiolas de bambu de 15 metros de diâmetro e 10 metros de profundidade e o peixe – alimentado com rejeito de pesca e ração até alcançar o peso de comercialização, que varia de três a quatro quilos – vive em seu habitat natural. O volume individual de cada gaiola é de aproximadamente 1.600 metros cúbicos, o que pode abrigar 6.400 peixes jovens por gaiola.

A produção de um criadouro desse porte, considerando um peso médio de três a quatro quilos é de duas toneladas por mês, aproximadamente, mas, segundo Domingos Llorca, a produção só se torna economicamente viável a partir de três toneladas por mês, se forem considerados os custos de produção de alevinos. Em 2011, a produção mundial da aquicultura do beijupirá foi estimada em 40.863 toneladas (FAO, 2013), com a maior parcela oriunda de gaiolas (tanques-rede) instaladas em áreas marinhas protegidas principalmente na China, Taiwan e Vietnã.

Em São Paulo, o maior entrave à produção desse peixe elogiado por todos – clientes e donos de restaurantes – de forma sustentável, por incrível que pareça, é a certificação ambiental. Os sócios da Itapema já investiram, ao longo de 2016, no trâmite da documentação, mas a Secretaria de Pesca do Governo de São Paulo alegou que o assunto depende de decisão direta do governador. O Ministério Público Federal, por sua vez, decidiu investigar o assunto, mas afirma não ter parâmetros para decidir se a criação atende ou não às normas ambientais.

A meta prioritária da Itapema continua sendo a licença ambiental do seu criadouro de Ilhabela, mas, por enquanto, para não correr riscos, os sócios decidiram investir na criação de Ilha Grande, protegido por lei estadual.

"Tanto os chefs como os produtores artesanais de ingredientes gastronômicos precisam de uma representação junto ao Congresso Nacional e demais autoridades", sugere Domingos. "A legislação tem avançado muito pouco nessa área, e a pesquisa, menos ainda. A mesa brasileira evoluiu, mas a viagem do alimento até a mesa continua longa e difícil".

| Beijupirá, o peixe que fisgou os chefs do Rio |

(Leandro Lima, *O Globo*, 19/5/2014. Disponível em: https://oglobo.globo.com/rio/bairros/beijupira-peixe-que-fisgou-os-chefs-do-rio-12530796)

Os apreciadores da boa mesa mais atentos já se deram conta da chegada de um peixe branco, de sabor fresco e textura macia a alguns dos mais gostosos pratos com frutos do mar servidos na cidade. O beijupirá — que ganhou de pescadores a alcunha de "rei dos peixes" por não nadar em cardume e ter capacidade de chegar a dois metros de comprimento e pesar até 80 quilos — começou a ser fornecido no Rio há um ano e meio por criadores de Angra dos Reis. O peixe é típico do mar do Nordeste, mas começa a conquistar os chefs da Zona Sul.

Pioneiro em servir o beijupirá no Rio, o chef francês Pascal Jolly, do Chez L'Ami Martin, considera a iguaria delicada e ideal para ser sugerida como uma boa surpresa aos seus clientes:

— O beijupirá que servimos é pescado às 6h e chega aqui às 10h. Eu o pego praticamente vivo. Esse frescor, aliado ao sabor sensível e delicado do peixe, faz eu considerá-lo especial. Por isso gosto de sugeri-lo como uma boa surpresa aos fins de semana — diz.

O chef à frente do Irajá, Pedro de Artagão, conta que conheceu o beijupirá no Nordeste e, logo que soube do fornecimento do peixe de cativeiro na cidade, fez questão de servi-lo.

— Ele tem propriedades de peixe gordo, como cherne e namorado. E é essa gordura que precisamos para as nossas receitas. — explica Artagão, que aborda ainda a distribuição do insumo. — Geralmente, os peixes oferecidos na cidade são frutos de uma pesca desregulada. Passam por vários intermediários e chegam para nós pouco frescos, e ainda caros. O peixe de Angra está sempre com qualidade, porque é criado em cativeiro e de maneira sustentável — defende.

Demanda pelo produto fresco

O chef Ricardo Lapeyre, que serve o "rei dos peixes" há mais de um ano no Laguiole, lembra que não tinha ouvido falar da espécie até o dia em que o fornecedor Marcelo Lacerda bateu em sua porta oferecendo a mercadoria.

— Ele veio na cara de pau oferecê-lo. Foi a melhor coisa, porque eu sofria com a procura por peixe fresco. O beijupirá é tão suave que gosto de servi-lo como aperitivo, para beliscar, seja no balcão ou à mesa — diz.

À frente dos novatos Mee e Lasai, Rafael Hidaka e Rafa Costa e Silva recebem o peixe sazonalmente. Hidaka, que comanda a cozinha do pan-asiático do Copacabana Palace, prepara a iguaria em versões de sashimis e carpaccios.

— Nós o preparamos com qualidade técnica, mas de maneira simples, porque ele já tem um sabor muito agradável. É uma excelente sugestão do dia — afirma.

Assim como Hidaka, todos os outros chefs o servem de uma a duas vezes por semana, de acordo com a distribuição. Por isso, o peixe não está no cardápio fixo dos restaurantes acima. Como diz Pascoal Jolly, a exclusividade do beijupirá só aumenta seu prestígio.

Epílogo

Nunca ouvi o Edinho gritar. Ele tem doçura, gentileza, sabe conquistar. Poderia ser o nosso embaixador.
Emmanuel Bassoleil, p. 195

Para onde?

As entrevistas que se encontram neste livro foram feitas dentro do espírito de camaradagem, quase de família, que vigora nas relações entre os chefs no Brasil, especialmente os que tiveram o mérito de se tornar celebridades, ou quase. Todo mundo se respeita. Todos ralam muito e, mesmo assim, estão sempre de alto-astral. Alguns são mais afáveis, casos de Rodrigo Oliveira, Alex Atala e Edinho Engel, mas a competência culinária, o espírito empreendedor e o carisma são comuns a todos.

No desenrolar dessas conversas, os problemas enfrentados pela restauração brasileira – como tributação excessiva, carência de mão de obra qualificada e obstáculos no acesso a ingredientes regionais – acabaram prevalecendo. A conclusão de que a gastronomia brasileira precisa de um interlocutor, ou mais interlocutores, junto aos órgãos da administração federal, para fortalecer o cardápio do nosso turismo receptivo, aflorou em cada uma de nossas conversas e agradou a todos.

O que não estava previsto era que a maioria dos entrevistados elegesse, justamente, Edinho Engel como um dos ou o embaixador ideal para essa tarefa, o que estava fora deste livro. Houve uma exceção: Claude

Troisgros mostrou-se disposto a compartilhar a função, falando pelo Rio, mercado que ele conhece como ninguém.

"Qualquer tarefa parece uma coisa pesada, chata", disse Emmanuel Bassoleil. "Missão caberia melhor. Com o Edinho, a história vai ficar divertida. Ele tem o conhecimento do mercado, a comunicação e a capacidade de conquistar as pessoas". Faltava comunicar isso ao próprio Edinho, pensei. E, depois, aos *adversários*, como naquela história de Mané Garrincha. Bassoleil corrigiu-me de novo: "No caso do Edinho, os adversários vão acabar virando a casaca".

Mas sabemos que as relações com o poder, nessa esfera, não são *café pequeno*: queijeiros e produtores de mel batalham no Brasil há anos para obter o certificado de inspeção sanitária de alguns produtos, para poder lançá-los no chamado circuito comercial – na maior parte das vezes, sem sucesso. Às vezes, não conseguem preservar as características de sua produção original, como são os casos do queijo meia cura e do mel silvestre (cru).

Muitas estradas percorridas pelos restauradores e seus fornecedores de insumos e outros ingredientes terminam no meio do nada: produtores de fumeiro de Maragogipe, que se organizaram em cooperativa, não conseguem autorização para continuar trabalhando em suas condições originais enquanto esperam que o governo do estado e/ou a prefeitura local construam um pavilhão para abrigar todos os cooperados em um único lugar controlado pelos inspetores sanitários.

Catadores de aratu da Ilha de Itaparica se uniram, mas não conseguiram liberação para fornecer o seu produto a grandes restaurantes por causa do processamento doméstico exigido para preservar o sabor característico do crustáceo. O senhor Ejiri, criador de Pirarucu em São Paulo, apesar de o fazer dentro das mais rigorosas condições de higiene e bem-estar animal, na prática, não poderia estar desenvolvendo essa atividade longe dos rios amazônicos.

Caminho da roça

Nem Edinho, nem Alex Atala – outro batalhador pelos direitos dos produtores de ingredientes culinários –, nem Claude Troisgros jamais pensaram, até agora, em assumir a representação dos chefs de cozinha e *restaurateurs* junto aos poderes constituídos, e representantes de suas respectivas cadeias de valor (*sous chefs*, *maîtres*, garçons, fornecedores, transportadores etc.).

O que eles já sabem é que, para fazer seus restaurantes funcionarem e se manterem vivos, eles têm de se esforçar muito, tanto ou muito mais que qualquer outro empresário, com uma diferença: em um restaurante, você sempre está mais exposto à fiscalização de inúmeras regras e exigências do que, por exemplo, em uma atividade informal ou em uma grande corporação. Independentemente disso, alguém precisa valorizar essa atividade que dá tanto prazer enquanto alimenta as pessoas.

Ao longo desta narrativa, vários chefs revelaram suas agruras: "Não consigo comprar 60% dos produtos brasileiros aqui no hotel por falta de regulamentação", disse Emmanuel Bassoleil. "Aqui, no Mocotó, fornecemos curso supletivo e aulas de inglês à nossa brigada de serviço", revelou Rodrigo Oliveira. "Nossa carga tributária está em torno de 35%, mas não se vê o retorno disso: o transporte é precário, a educação é de má qualidade. E, se você tem problemas, o governo não participa deles. Se o seu mês foi terrível e você teve que fechar o restaurante por alguns dias, a parte do governo está garantida", assinalou.

Ser dono de restaurante, no Brasil, é uma profissão quase tão heroica quanto ser professor.

"Nós temos pendências", observou Ivan Ralston, "sobretudo na regulação de coisas que a gente precisa comprar *vivas*, como vieiras, alguns tipos de mel e queijos tecnicamente considerados ilegais". Na opinião de Ralston, entre os restauradores de hoje, talvez o Alex seja o único com algum acesso à administração pública, mas o Edinho também poderia assumir esse papel, por sua capacidade de articulação. "Fica a ideia", provocou. "Podemos jogar essa bandeira no colo dele, o que acham?", perguntei a Mara Salles e seu sócio, Ivo Ribeiro. "Perfeito, vamos em frente", eles responderam, entre sérios e divertidos.

"Na Bahia, não sei como ele conseguiu furar o bloqueio", assinalou Mara Salles, "mas continua abrindo portas: trabalhou nos camarotes da Fonte Nova, durante a Copa, depois, abriu o Amadinho, no Rio Vermelho, criou um bufê, conquistou o prêmio da revista *Prazeres da Mesa*, participa de todos os eventos, consegue cuidar de muita coisa".

"O movimento que projetou a culinária peruana no mundo", lembrou Ivo Ribeiro, "deve muito a Gastón Acurio, que, além de chef, é um grande articulador político e organizou esse movimento por lá. Esse tipo de liderança seria fundamental, e no meio dos chefs brasileiros, não tem ninguém melhor para isso do que o Edinho".

Um dos objetivos desta narrativa era ressaltar a participação do chef Edinho Engel no movimento que deu origem à chamada gastronomia brasileira, a partir do empenho dos chefs que tiveram a ousadia de combinar uma tradição culinária ancestral e produtos do nosso quintal com o apuro e a técnica gastronômica internacionais.

Mas a ideia de investir ao chef mineiro/baiano/paulista a responsabilidade de liderar ou, pelo menos, organizar a interlocução dos chefs e empresários de restaurantes brasileiros com as autoridades sanitárias, órgãos reguladores e respectiva cadeia de valor da atividade surgiu por acaso.

Espero que o Edinho não me puna pela carga que estamos jogando em seus ombros, até porque ele não precisa aceitá-la. Afinal, se o agronegócio, por exemplo, principal atividade econômica do país e a mais resistente às crises, luta com problemas sérios, sobretudo fora de sua porteira – infraestrutura, energia cara, tributos e custos financeiros, além da falta de apoio para promover produtos como o café, frutas e alguns tipos de carnes no exterior – imagine-se os donos de restaurantes, cujo faturamento costuma ser calculado com seis ou três zeros a menos.

Como autor deste relato nunca imaginei chegar a esta bifurcação: de um lado, um caminho novo para Edinho Engel, Alex Atala e Claude Troisgros – no qual eles podem ser ajudados por aqueles que lhes impuseram a missão (espero) –; de outro, a nova trilha que, em uma de nossas últimas entrevistas, o Edinho já começava a preparar, como forma de administrar seus restaurantes: a cogestão, a começar pelo estabelecimento-símbolo, o Manacá, que completará 30 anos em 2018, e o pequeno restaurante que ele pretende abrir em São Paulo, para competir com netos gastronômicos como Renata Vanzetto e Aline Frey, do Marakuthay, Marcelo Correa Bastos, do Jiquitaia, e Flávio Miyamura, do Miya.

Se ele vai tomar essa ou aquela trilha, ou se vai dar um jeito de fazer que elas se encontrem – não é mais comigo. Os embriões das sementes plantadas por ele e seus pares (Alex, Mara, Claude, Emmanuel, Laurent, Carla, Roberta, Jefferson e Janaina) estão dando ótimos frutos. Abençoados sejam. E que a nossa cozinha – seja no requinte de Manu Buffara, Helena Rizzo e Roberta Sudbrack, seja no feijão com arroz, picadinho e farofa – continue matando a nossa fome – do corpo e da alma.

Agradecimentos

Agradeço a minha família, Cecília e filhos – Camila, Fernando, Ricardo Corá Reis Pinto – meu genro Paulo Piccini, minha nora Denise Hoefinger e amigos – Renata e Moa Palmeira, Patrícia Ferraz, Rodolpho Gamberini, Araquém Alcântara, Samuel Seidl e esposa.

Ao meu editor, Renato Guazzelli, e a equipe de produção da Crayon Editorial – Natalia Aranda, Alberto Mateus e Fernanda Marão – e Nik Neves, que fez a ilustração da capa.

Agradecimento especial a Edinho Engel e seu sócio, Flávio Gomes, Alex Atala, Ivo Ribeiro e Mara Salles. Também agradeço aos chefs entrevistados para este livro: André Mifano, Carla Pernambuco, Claude Troisgros, Emmanuel Bassoleil, Helena Rizzo, Ivan Ralston, Janaina e Jefferson Rueda, Roberta Sudbrack e Rodrigo Oliveira. E, também: Fabrício Lemos, Gabriel Lobo e Leca Hatori.

E aos produtores e fornecedores de ingredientes culinários: Cauê Tessuto, Elenir Coelis e Emater-Itabirito-MG, Elemar Schwingel, Elizabeth Shober, Elza Santana de Almeida, Lílian Mendes, Márcia Ferreira, Telma de Jesus, Jerônimo Villas-Bôas, Margarida Mendonça, Roninho Almeida, Dona Laurinha Fernandes Pinto, Cidinha Oliveira, Rynuoske Ejiri, Blaz Martinez, Gilmário Evangelista, Gonzalo Barquero, Joaquim de Souza Filho, Marco Antonio Matos e Rita Carvalho Pestana.

E mais: Domingos Carelli, Eulina Borges e Georgeta Gonçalves.

Créditos das imagens

14 Divulgação; **34** Divulgação; **68** Roberto Pinto; **76** Rubens Kato; **88** Rubens Kato; **94** Roberto Pinto; **98** Prefeitura de Uberlândia; **122** Divulgação; **136** Divulgação; **150** Rubens Kato; **162** Estadão; **187** Divulgação; **191** Divulgação; **198** Divulgação; **202** Divulgação; **207** Divulgação; **217** Divulgação; **225** Divulgação; **232** Divulgação; **239** Divulgação; **242** Rubens Kato; **248** Araquém Alcântara; **252** Jerônimo Vilas Boas; **258** Roberto Pinto; **268** Roberto Pinto; **286** Araquém Alcântara; **292** Divulgação; **298** Roberto Pinto; **310** André Fofano; **316** Roberto Pinto; **328** Emater-Itabirito-MG; **332** Roberto Pinto.